Kompendium der Humankapitalwirtschaft

Teil II: Humankapitalmanagement, Band 1

Gregor Bräutigam

Selbstmanagement

Orientieren – Fokussieren – Transformieren

Wie durch wissensbasiertes Individualmanagement
Humankapital die persönliche Erfüllung optimiert

Shaker Verlag
Aachen 2008

Bibliografische Information der Deutschen Nationalbibliothek
Die Deutsche Nationalbibliothek verzeichnet diese Publikation in der Deutschen
Nationalbibliografie; detaillierte bibliografische Daten sind im Internet über
http://dnb.d-nb.de abrufbar.

ISBN 978-3-8322-7728-4

Shaker Verlag GmbH • Postfach 101818 • 52018 Aachen
Telefon: 02407 / 95 96 - 0 • Telefax: 02407 / 95 96 - 9
Internet: www.shaker.de • E-Mail: info@shaker.de

Vorwort:

Im Verlauf der vergangenen Jahre hat die literarische Ratgebung zum Selbstmanagement weite Verbreitung gefunden. Die vorliegende Schrift verbindet unterschiedliche Ansätze zu einem dreistufigen Handlungsangebot (Orientieren, Fokussieren, Transformieren). Das Konzept ist eingebettet in das Kompendium der Humankapitalwirtschaft und nutzt dessen wissenschaftlichen Unterbau (Teil I: Erkenntnisse zur Verhaltens-, Kultur- und Arbeitsmarktökonomie).

Die Hintergründe der Thematik sowie ihre Relevanz und Brisanz sind nachvollziehbar aus wenigen Worten des weltberühmten Management-Vordenkers *Peter F. Drucker:* „In einigen Jahrhunderten, wenn die Geschichte unserer Zeit aus einer langfristigen Perspektive heraus geschrieben wird, werden die Historiker wahrscheinlich weder die Technologie noch das Internet oder den E-Commerce als wichtigstes Ereignis betrachten, sondern die großen Veränderungen der Lebenssituation. Zum ersten Mal hat eine erhebliche, schnell wachsende Zahl von Menschen die Freiheit zu wählen. Zum ersten Mal müssen sie sich selbst managen. Und darauf ist unsere Gesellschaft in keiner Weise vorbereitet" (zit. n. *Covey* 2006, 27).

Dass manch einer die Herausforderung spürt, zeigt der Umsatz des Lebenshilfe-Konsums. Dass kaum jemand sie zu meistern versteht, belegen Befunde aus empirischen Untersuchungen zur Humankapitalbildung. Dass die Selbstführung der Personalführung vorausgehen sollte, gehört gleichwohl fast schon zum Allgemeinwissen (vgl. *Eberspächer* 2002, 8f; *Klein* 2003, 53; *Bräutigam* 2004, 97-105; *Müller* 2004, 32; *Bischof/Bischof* 2006, 6; *Bräutigam* 2006, 223-235).

Indessen beobachtete bereits die fundamentale Verhaltensforschung eine gewisse kreatürliche Abneigung gegen Selbstmanagement. Die verbreitete Flucht vor dem Notwendigen veranschaulicht seit Jahrzehnten mit seiner klassischen Wald-Episode der führende deutsche Zeitmanagement-Experte, *Lothar J. Seiwert*: „Ein Spaziergänger geht durch einen Wald und begegnet einem Waldarbeiter, der hastig und mühselig damit beschäftigt ist, einen bereits gefällten Baumstamm in kleinere Teile zu zersägen. Der Spaziergänger tritt näher heran, um zu sehen, warum der Holzfäller sich so abmüht, und sagt dann: ‚Entschuldigen Sie, aber mir ist da etwas aufgefallen: Ihre Säge ist ja total stumpf! Wollen Sie sie nicht einmal schärfen?‘ Darauf stöhnt der Waldarbeiter erschöpft auf: ‚Dafür habe ich keine Zeit – ich muß sägen!‘" (2007b, 37).

Die alternativ bzw. ergänzend zur Flucht vor dem Notwendigen zuweilen ergriffene Flucht in das Überflüssige veranschaulicht ein lakonischer Erinnerungsbericht des amerikanischen Schriftstellers *Mark Twain*: „Nachdem wir das Ziel endgültig aus den Augen verloren hatten, verdoppelten wir unsere Anstrengungen" (zit. n. *Seiwert* 2005c, 49; vgl. *Bräutigam* 2005, 86-99, 130-141 u. 174-182).

Derartige Denkanstöße plus eigenwilliges Zuwachsstreben brachten vor mehr als zwei Jahrzehnten den Autor dieser Zeilen zum Selbstmanagement. Der zunächst übende und schließlich gewohnheitliche Einsatz dieses Erfolgswerkzeugs erleichterten dem gelernten Bankkaufmann und promovierten Diplom-Kaufmann seine Karriere in der führenden deutschen Großbank bis hin zum internationalen Personalmanagement der Konzernspitze. Heute, seit achtzehn Jahren Professor an der Fachhochschule Düsseldorf (und rückblickend auf dreißigjährige Erfahrung in Weiterbildung, Forschung, Beratung), bedeutet ihm Selbstmanagement die zentrale Schlüsselkompetenz für den Zugang zu beruflichem wie privatem Erfolg.

Mit der Ausrichtung dieser Schrift auf alltagstaugliche Handlungsempfehlungen schwenkt die Inhaltsbearbeitung im Kompendium der Humankapitalwirtschaft von der wissenschaftlichen Grundlegung hin zur praktischen Anwendung der Forschungsbefunde. Den Perspektivenwechsel pointiert der renommierte Managementberater *Fredmund Malik*:

„Wissenschaft orientiert sich an Wahrheit; Management an Wirksamkeit. Die Wissenschaft strebt nach Allgemeingültigkeit; der Manager hat es aber mit dem Einzelfall zu tun. ... Die Theorie fragt: ‚Ist es wahr?'; Management fragt: ‚Funktioniert es?'" (2006, 388).

Das Kompendium der Humankapitalwirtschaft in seiner Ganzheit vertritt freilich sowohl die Forschungs- wie auch die Praxisorientierung. Hierzu ordnet das Gesamtkonzept sich in zwei gestufte Teile:

Teil I („Humankapital-System") stellt grundlegende ökonomische Erklärungsansätze des menschlichen Leistungspotentials dar. Gegliedert in die Bände Verhaltensökonomie, Kulturökonomie und Arbeitsmarktökonomie vermittelt er Erkenntnisse zu Individuum und Umfeld.

Teil II („Humankapital-Management") entwickelt auf der in Teil I errichteten Erkenntnisplattform praxisgerechte Steuerungsverfahren zur Lösung bzw. Handhabung ökonomischer Aufgabenstellungen. Dabei folgt die Aufspaltung der Inhalte in die Bände Selbstmanagement und Personalmanagement den Implikationen einer voranschreitenden Individualisierung der privaten und beruflichen Lebensverhältnisse, in denen wachsende Freiheitsgrade und zunehmende Eigenverantwortlichkeit einhergehen mit steigenden Anforderungen an die Selbststeuerung aller Beteiligten.

Zielrichtung der Gesamtdarstellung ist die Förderung erkenntnisfundierter ökonomischer Handlungskompetenzen zur Steigerung der Produktivität beim haus- und betriebswirtschaftlichen Einsatz von Humankapital.

Das Veröffentlichungsprogramm präsentiert sich danach wie folgt:

Kompendium der Humankapitalwirtschaft

Teil I: Humankapitalsystem (Erkenntnisteil)

Band 1:   Verhaltensökonomie:
          Wie natürliche Eigeninteressen
          die Kernausrichtung des Humankapitals vorgeben.

Band 2:   Kulturökonomie:
          Wie gesellschaftliche Verfahrensmuster
          die Ausprägung des Humankapitals beeinflussen.

Band 3:   Arbeitsmarktökonomie:
          Wie politische Machtverhältnisse
          den Wettbewerbsrahmen des Humankapitals bestimmen.

Teil II: Humankapitalmanagement (Anwendungsteil)

Band 1:   Selbstmanagement:
          Wie durch wissensbasiertes Individualmanagement
          Humankapital die persönliche Erfüllung optimiert.

Band 2:   Personalmanagement:
          Wie durch wissensbasiertes Kollektivmanagement
          Humankapital die betriebliche Leistung optimiert.

Nichts gilt absolut, auch kein Management-Paradigma. Aus der Eigen-
erfahrung gebührt ein besonderer Dank dem Alltagswirken der besten aller
Ehefrauen und Mütter, Sonne der Autorenfamilie. Unbeirrt leuchtend erhellt sie
ihren Liebsten Wege zum Glück – natürlich: völlig unbelastet von administra-
tivem Selbstmanagement, geleitet und erfüllt allein von wärmender Hingabe.

Merke: „Es geht auch anders, aber so geht es auch!" (*Ulrich Roski* o.J.).

Albert Schweitzer sagte: „Das einzig Wichtige im Leben sind die Spuren von
Liebe, die wir hinterlassen, wenn wir gehen" (zit. n. *Hinterhuber* 2007, 182).

Gregor Bräutigam

Abkürzungsverzeichnis:

Abb.	Abbildung(en)
Aufl.	Auflage(n)
bzw.	beziehungsweise
CD	Compact Disc
ca.	circa
D	Deutschland
DW	Die Welt
etc.	et cetera
f	folgende
FA	Frankfurter Allgemeine
ff	fortfolgende
FS	Focus
Hrsg.	Herausgeber
IV	Immobilien vermieten (Zeitschrift)
JK	(Junge) Karriere
KR	Kölnische Rundschau
Nr.	Nummer(n)
NZ	Neue Zürcher Zeitung
o.ä.	oder ähnliche(s)
o.J.	ohne Jahrgang / ohne Jahresangabe
o.S.	ohne Seitenangabe(n)

PF	Personalführung (Zeitschrift)
PL	Personal (Zeitschrift)
RM	Rheinischer Merkur
S.	Seite(n)
Sp.	Spalte(n)
SY	simplify your life (persönlicher Beratungsdienst)
u.	und
u.a.	und andere(s)
u.ä.	und ähnliche(s)
USA	United States of America
usw.	und so weiter
vgl.	vergleiche
vs.	versus
WU	Wirtschaft und Unterricht
WW	Wirtschaftswoche
z.B.	zum Beispiel
zit. n.	zitiert nach
ZM	Zeitschrift für Management

Inhaltsverzeichnis:

1. Orientieren

Das Forschungsfeld der Humankapitalwirtschaft umfasst die Gesamtheit aller Bemühungen, menschliche Bedürfnisse nach dem knappen Gut Humankapital zu befriedigen. Daraus ergibt sich als Zielsetzung des Kompendiums der Humankapitalwirtschaft die Förderung erkenntnisfundierter ökonomischer Verfahrensweisen für den haus- bzw. betriebswirtschaftlichen Aufbau und Einsatz von Humankapital (vgl. *Bräutigam* 2005, 29 u. 32).

Der Konzeptansatz verfolgt ein zweistufiges Vorgehen: Teil I des Kompendiums dient der Errichtung einer grundlegenden Erkenntnisplattform (Humankapitalsystem, mit den Bänden Verhaltensökonomie, Kulturökonomie und Arbeitsmarktökonomie). Darauf aufbauend entwickelt Teil II konkrete Handlungsempfehlungen. Diese sind zweckgerichtet geordnet nach den Spannungsfeldern der Entscheidungshandlungen in die Bände Selbstmanagement (individuell anwendbare Verfahrensweisen der hauswirtschaftlichen Lebenspraxis) und Personalmanagement (kollektiv anwendbare Verfahrensweisen der betriebswirtschaftlichen Unternehmenspraxis; vgl. ebenda, 32ff u. 37f).

1.1 Anspruchsrahmen

Das Humankapital der Leistungsträger am Personalstandort Deutschland gerät seit dem Auslaufen des vergangenen Jahrhunderts zunehmend unter Wandlungsdruck. Die Beschleunigung technisch-ökonomischer Fortschritte im Produktions-, Kommunikations- und Transportwesen unter Nutzung politischer Öffnungen befeuerte die Internationalisierung und Dynamisierung des Wirtschaftsgeschehens mit der Folge vielfältig verstärkter Einflussrelevanz „diskontinuierlicher Umweltentwicklungen" (*Macharzina* 1999, 652). Hieraus wuchs ein globaler Anspruchsrahmen mit neuen Herausforderungen für die Prozesse sowie Institutionen der Staats-, Unternehmens- und Haushaltsführung (vgl. *Bräutigam* 2004, 150ff; *Covey* 2006, 125f; *Welge/Al-Laham* 2008, 292-296).

1.1.1 Herausforderungen

Die Herausforderungen des globalen Anspruchsrahmens offenbaren sich schwerpunktmäßig in einer Zunahme der Komplexität des gesellschaftlichen, betrieblichen und privaten Lebensraums; daraus entstehen allgegenwärtige Zwänge zu erhöhten Produktivitätsleistungen.

1.1.1.1 Komplexitätszunahme

(1) Gesellschaftskomplexität

Die Zunahme der Komplexität des gesellschaftlichen Lebensraums ist erkennbar in verschiedenen Umwälzungen.

Vor allem anderen ermöglichten die erwähnten technisch-ökonomischen Fortschritte im Produktions-, Kommunikations- und Transportwesen unter Nutzung politischer Öffnungen weltweite Informations- und Migrationsströme. Die Informationsflut beförderte in zahlreichen Nationen pluralistische Expansionen des kollektiven Wissens, die Migrationswelle in einigen das Entstehen multikultureller Gesellschaften.

Eine Verbreitung divergenter Wert- und Lebensansprüche in vormals homogenen Kollektiven erhöht zwangsläufig deren Heterogenität und infolgedessen auch die Komplexität des jeweiligen Gemeinschaftsgefüges.

Nicht selten empfinden angesichts dieserart entstandener Unübersichtlichkeit eingesessene wie gegebenenfalls neu hinzugekommene Mitglieder der betroffenen Gesellschaften Geborgenheitsverluste und dementsprechende Diskrepanzreaktionen, beispielsweise Frustration mit nachfolgender Regression (z.B. Engagementverzicht, Stadtteilflucht) oder Aggression (z.B. Kulturkampf, Fremdenhass).

Am Standort Deutschland begünstigt zusätzlich die politische Überdehnung der Sozial- und Interessengruppenausrichtung spaltende Gesellschaftstendenzen. Beispielgebend ist die gesinnungsmoralisch verkrustete schematische Bevorzugung bestimmter Anspruchsgruppen durch einseitige Zuteilung juristischer bzw. ökonomischer Privilegien (z.B. Arbeitnehmer vor Arbeitgeber, Mieter vor Vermieter, Alte vor Junge, Linke vor Rechte, Ausländer vor Inländer, Kinderlose vor Alleinverdienerfamilie o.ä.). Auch „die fiskalische

Ausbeutung der Minderheit der Besserverdienenden durch die Mehrheit der Wenigerverdienenden" (*Koslowski* 2006, 15) gehört hierhin.

Zwar wird die offensichtliche Tendenz zur „Gefälligkeitsdemokratie" (*Hamer* 2000, 1) durch zahlreiche disziplinierende Öffentlichkeitsmaßnahmen vernebelt (z.B. durch Pflege der „Political Correctness"), doch wird sie vom Bürger wahrgenommen.

So stellt sich auf einigen Gesellschaftsfeldern durchaus die Frage nach der Zukunftstauglichkeit des intransparenten Systemrahmens (Steuerrecht, Sozialversicherung, Arbeitsmärkte, Migrantenintegration u.a.), dessen politische Ausfüllung vermehrt Verunsicherung und Desorientierung hervorruft (vgl. *Bräutigam* 2004, 41-96 u. 128-178; *Hansch* 2004, 220f; *Bräutigam* 2005, 139ff; *Brenner* 2005, 58; *Bräutigam* 2006, 63-74, 110-125, 136-155, 177-194, 305-327 u. 397-421; *Koslowski* 2006, 15; *Jörges* 2008, 46; *Plewnia* 2008, 40-47).

(2) Wettbewerbskomplexität

Die Zunahme der Komplexität des betrieblichen Lebensraums ergibt sich aus der Internationalisierung sämtlicher unternehmerischer Funktionsbereiche, vom Absatz über die Beschaffung einschließlich Finanzierung bis hin zur Produktion.

Die so eingeleitete ökonomische „Ausweitung der Kampfzone" (*Sloterdijk*, zit. n. *Schnaas* 2005, 24) bewirkt über das vervielfältigte Auftreten von Nachfragern bzw. Anbietern jeglicher Investitions- und Konsumgüter eine wachsende „Unbeständigkeit der Wettbewerbsumwelt" (*Grant/Nippa* 2006, 43).

Damit steigt der Konkurrenzdruck, insbesondere auf Unternehmen mit internationalem Kostennachteil (beispielsweise infolge ihrer Beheimatung an einem Hochlohn-Standort). In der Betriebspraxis am Wirtschaftsstandort

Deutschland resultieren hieraus erhöhte Leistungsanforderungen bei gleichzeitig verschärftem Zwang zur Kostensenkung.

Voraussetzung zur Positionierung auf den globalen Absatzmärkten ist eine Qualität der „Weltklasse" (*Covey* 2006, 126); die ersehnten Preis- und Erlöspotentiale freilich sind stets unsicher angesichts hoher Volatilitäten. Demgemäß verkürzen sich die Horizonte der Erfolgsplanung.

In der Konsequenz steigen die Anforderungen an die unternehmerische Beweglichkeit in den Dimensionen Zeit (Reaktionsgeschwindigkeit), Leistungsinhalt (fachliche Flexibilität) und Raum (regionale Mobilität).

Zwar treffen diese Herausforderungen zuvorderst die Anbieter oder Nachfrager internationaler bzw. internationalisierbarer Güter; sie betreffen dahinter aber auch all jene Leistungserbringer, die für die global Verflochtenen in der Funktion eines Zulieferers stehen bzw. ökonomisch von deren Prosperität abhängen. Die Verknüpftheit des einzelnen Wirtschaftssubjekts mit der jeweils aktuell herrschenden Wettbewerbskonstellation am globalen Absatzmarkt wird somit evident.

Die Folgen schlagen durch auf den konkreten betrieblichen Arbeitsplatz. Tätigkeitsverdichtung und -flexibilisierung sind zur Selbstverständlichkeit geworden, ebenso durchgängige Computerisierung und ständige Verantwortungsausweitung (organisatorisch erkennbar an abgeflachten Hierarchien, einhergehend mit verbreiterter Leitungsspanne bei abnehmender Führungsintensität und zunehmender Selbststeuerung).

Ökonomisch gleichwohl unvermeidlich ist die Ausgliederung ganzer Leistungsbereiche auf zuarbeitende Betriebe mit niedrigerer Kostenbelastung. Organisatorische Vernetzungen mit diesen und weiteren Lieferanten erfordern kulturübergreifend feinsinnig gesponnene Koordinationsbeziehungen; desgleichen gilt für supranationale Vertriebsnetze. Interkulturelle Kontakte bzw. Konfrontationen ergeben sich daneben aus heterogen zusammengesetzten Mitarbeiterkreisen, Konzernstäben und Projektgruppen.

Global verzweigte und projektbezogen terminlich begrenzte Teamstrukturen erfordern passende Arbeitsbeziehungen mit fristenkongruenter Mobilität und Vertragsbindung. Angesichts erklärungsbedürftiger Produktpaletten und kundenseitig gestiegener Ansprüchlichkeit ruft auch der Vertrieb nach fachlich, zeitlich und räumlich erweiterter Servicebereitschaft (vgl. *Notz* 2001, 162f; *Cassens* 2003, 56; *Bräutigam* 2004, 55-128 u. 150ff; *Gross* 2004, 55ff; *Reichwald* 2004, 42ff; *Bräutigam* 2005, 34; *Seiwert* 2005a, 41f; *Bräutigam* 2006, 177-194; *Covey* 2006, 125f; *Roßbach* 2006, C1; *Ackermann* 2007, 38f; *Mai/Ruess* 2007, 97ff; *Welge/Al-Laham* 2008, 292-296).

(3) Hauswirtschaftskomplexität

Die Zunahme der Komplexität des hauswirtschaftlichen Lebensraums folgt den angerissenen gesellschaftlichen und gesamtwirtschaftlichen Entwicklungen.

Einerseits sorgt der (durch übermäßige Lohnansprüche obendrein geschürte) Konkurrenzdruck für Verunsicherung. Die Unternehmen gestalten Beschäftigungsverhältnisse rechtlich, organisatorisch und inhaltlich zunehmend „elastischer, poröser, fluider" (*Kocka*, zit. n. *Ackermann* 2007, 38); klassische Funktionsfelder sind in Auflösung begriffen. „Es gibt keine zukunftssicheren Berufe mehr" (*Horx*, zit. ebenda, 39).

Andererseits leben die Menschen hierzulande in einem historisch und global beispielhaften Wohlstand mit extrem kurzen Arbeitszeiten und ebenso hohen Löhnen bzw. Sozialleistungen, von denen ihre Leistungskonkurrenten an Niedriglohn-Standorten nicht zu träumen wagen. Und demgemäß konsumieren sie ein unübersehbar reichhaltiges Produkt- sowie Freizeitangebot. Doch mit Ausweitung der persönlichen Wahlmöglichkeiten vermehren sich die

Opportunitätskosten (= Kosten der entgangenen Gelegenheiten) und damit die Zwänge zu ökonomischer Wägung und Entscheidung. So erwächst aus der Vielfalt an Lebensoptionen in Verbindung mit Reizüberflutung, Gier und Orientierungsmangel schließlich ein hausgemachter „Wohlstands-" und „Freizeitstress" (*Meier* 2007, 1./25).

Unterdessen ist das gesellschaftliche Umfeld in Deutschland einer orientierungsklaren Lebensführung kaum noch zuträglich. Die oben angesprochene Erosion einer gemeinschaftlichen Wertepraxis (von der Religions- bis zur Solidaritätspflege) vermittelt dem Einzelnen weniger Handlungssicherheit als der Traditionalismus homogener Kulturvölker.

So wirkt beispielsweise der Übergang von der gemeinschaftsverpflichtenden Familienkultur zur bindungsarmen Individualgesellschaft tendenziell egozentrierend, entwurzelnd, vereinsamend und entsolidarisierend. Im mittlerweile verbreiteten Missachten traditioneller Gruppennormen (gegenüber Eltern, Ehepartnern, Kindern, Nachbarn, Amtsträgern u.a.) geht soziale Geborgenheit verloren; komplizierte wechselnde Beziehungen in Single-Existenzen und Patchwork-Familien machen das Gefühlsleben selten überschaubarer.

Schlussendlich bietet der Lebensraum im deutschen Wohlstand zwar vergleichsweise viele Optionen, doch deren reflektierte Wahrnehmung gerät zur persönlichen Herausforderung im Umgang mit einer subjektiv kaum beherrschbaren Umfeldkomplexität (vgl. *Deysson* 1999, 148ff; *Notz* 2001, 162f; *Bräutigam* 2004, 108-118; *Borstnar/Köhrmann* 2004, 74f; *Bräutigam* 2005, 45ff; *Seiwert* 2005a, 93, 127f u. 142ff; *Seiwert* 2005b, 31ff; *Bräutigam* 2006, 93-96, 168ff, 247-276 u. 305-327; *Domke/Obmann* 2006, 48ff; *Öttl/ Härter* 2006, 9f; *Ackermann* 2007, 38f; *Köcher* 2007, 154; *Mai/Ruess* 2007, 97ff).

1.1.1.2 Produktivitätszwänge

(1) Ergiebigkeitsparadigma

Das allseitige Wuchern der Vielschichtigkeit jeglicher Vorgänge nötigt dem Individuum ein Mehr an Vigilanz und Reflexion ab, einzusetzen in umsichtig vernetztem Denken, Urteilen und Handeln. Es erscheint von daher naheliegend, dass ein normaler Alltagsvorgang heutzutage eine erhöhte intellektuelle Leistungskraft des Humankapitals erfordert und überdies erhöhten Zeitaufwand – insbesondere angesichts der hinzugekommenen nicht automatisierbaren Koordinationsaufgaben.

Dieser Praxislogik widerspricht der Praxisanspruch: Erwartet wird allenthalben eine Beschleunigung jeglichen Geschehens. Aufgaben sind, auch unter Verweis auf technische Kommunikationshilfen, umzusetzen in jederzeitiger Leistungsbereitschaft zur sofortigen Adressatenbefriedigung.

Naturökonomische Basis dieser Anspruchshaltung ist wohl der kreatürliche Drang des Menschen nach Nutzenmaximierung im Streben, „das Beste aus dem Leben zu machen" (*George Bernard Shaw*, zit. n. *Becker* 1993, 1).

Gemäß dem „ökonomischen Prinzip" (Rationalprinzip, Vernunftsprinzip) wird die Bedürfnisbefriedigung des Individuums dann maximiert, wenn es gelingt, mit einem vorgegebenen Mitteleinsatz möglichst großen Erfolg zu erzielen („Maximalprinzip") bzw. einen vorbestimmten Erfolg mit möglichst kleinem Mitteleinsatz („Minimalprinzip").

Die mengenmäßige Ergiebigkeit der in diesem Optimierungshandeln eingesetzten Leistungsfaktoren (z.B. Human- bzw. Sachkapital, Arbeitszeit) wird gemessen anhand der Erfolgsrelation Produktivität (= Ausbringungsmenge : Faktoreinsatz).

Wer ökonomischen Nutzen steigern will, sucht somit nach Optimierung des Verhältnisses zwischen dem der Wertschöpfung entspringenden Output (= Erfolgsergebnisse, z.b. Ausstoßzahlen, Gewinnbeträge, gegebenenfalls psychische „Genussfreuden" o.ä.) und dem die Leistungsfaktoren repräsentierenden Input (= Mitteleinsatz, z.B. Human- bzw. Sachkapital, Arbeitszeit, gegebenenfalls psychische „Verdrussleiden" o.ä.).

Durch Umrechnung unterschiedlicher Maßeinheiten in Geldbeträge entsteht, als marktpreisgewichtet vereinheitlichende, wertmäßige Ergiebigkeit, die Erfolgsrelation Wirtschaftlichkeit (= Ertrag : Aufwand bzw. Leistungen : Kosten).

Die günstige Entwicklung einer derartigen Erfolgsrelation, in welcher ihrer Spielarten auch immer, ist, ob laut angekündigt oder still ersehnt, steter Antrieb des ökonomischen Schaffens (vgl. *Kals* 2004, 55; *Simon* 2004, 80ff; *Bräutigam* 2005, 20-24 u. 48ff; *Covey* 2006, 125f; *Weuster* 2008, 7ff).

(2) Verdichtungsdruck

Vor diesem Hintergrund erscheint es erklärbar, dass im komplexen Wirtschaftsumfeld am Hochlohnstandort Deutschland mit Desorientierung und Zukunftszweifeln die Neigung wächst, potentiell flüchtige Erfolgsergebnisse kurzfristig abzuschöpfen unter gleichzeitiger Senkung der Kosten des Faktoreinsatzes; dies gilt insbesondere angesichts weltweit einzigartiger Personalbürden (Mitbestimmung, Kündigungsschutz u.ä.).

Produktivitätsrechnerisch ist damit nachvollziehbar, wenn Stammbelegschaften reduziert und Aufgaben auf weniger Schultern verteilt werden, wenn die Arbeitsdichte und damit der Leistungsdruck des Einzelnen steigt, wenn bei zeitzonenübergreifender Vernetzung Büros und Fertigungsanlagen rund um die Uhr auszulasten sind. Doch trotz solch organisatorischer Flexibilisierung lässt sich vielfach dieselbe Qualität an anderen Standorten kostengünstiger erzeugen und von dort dann preisgünstiger anbieten – infolge ausländischer Genügsamkeiten.

Unter Fortbestand ihres Kostennachteils drohen hiesigen Hochlohnarbeitskräften weitere Zumutungen. Der deutsche Spitzenökonom *Hans Werner Sinn* bringt die Kausalität auf den Punkt: „Wer eine Arbeitsleistung anbietet, die die Unternehmen im Ausland deutlich billiger einkaufen können, der kann nicht zu den Gewinnern der Globalisierung gehören" (*Sinn* 2005, 12; vgl. *Bräutigam* 2004, 41-86 u. 97-128; *Balzter* 2008, C4).

Die aus diesen Zusammenhängen ersehbaren Produktivitätszwänge führen zu schmerzhaften Konsequenzen. Verlangt wird von Leistungsträgern nichts anderes als „in immer schnellerem Tempo, unter stärkerem Druck mit weniger Budget und weniger Personal in kürzerer Zeit immer mehr zu schaffen" (*Seiwert* 2005b, 31).

Empirische Erhebungen ermitteln als aufreibendstes Arbeitsmerkmal den „Zeitdruck" (*Küstenmacher* 2004, 160). „Acht von zehn Deutschen beklagen, dass sich die Welt für ihr Empfinden zu schnell verändert und sie Mühe haben, mit diesem Tempo Schritt zu halten" (*Ruf* 2007, 35). Viele leben wie „Hamster im Laufrad" (*Kastner*, zit. n. *Volk* 2005, 63), etliche konditionieren sich zu „workaholics" (*Liesem* 2006, 57), manche – vermehrt Jüngere – sind ausgebrannt und leiden unter dem so genannten „Burnout-Syndrom" (*Cassens* 2003, 54).

Deutschlands führende Wirftschaftszeitschrift konstatiert: „Wer nicht schafft, sich stetig zu verbessern, ist schon ein Verlierer. In der Zunft der Unternehmensberater gibt es dafür sogar eine simple Formel: ‚Grow or go' (‚Wachse oder zieh Leine'). Erstaunlich viele setzen das ungeprüft um" (*Mai/Schlesiger* 2007, 147).

In diesem Kontext ist die Forderung nach „Multitasking" als „Fähigkeit, umfangreiche und verschiedene Aufgaben gleichzeitig zu bearbeiten" (*Farin/Parth* 2007, C1), „eine Selbstverständlichkeit geworden.

Mehr als zwei Drittel der ‚Schreibtischarbeiter' ... müssen täglich mehrere Vorgänge zugleich im Auge behalten" (*Hildebrandt-Woeckel* 2007, C5). „Aber das ist allein hirntechnisch nicht möglich" (*Hüther*, zit. n. *Farin/Parth* 2007, C1), denn naturbedingt sind Menschen keine „Simultanten" (*Geißler* 2005, 6), sondern „Monotasker" (*Frese*, zit. n. *Nöcker* 2006, 57).

Die ständige Überforderung durch fremdstimuliertes gedankliches Hin- und Herspringen in geistiger Anspannung führt zu Zeit- und Qualitätsverlusten (Umstiegsaufwand, Intensitätsdefizite, Fehlerhäufung usw.); kreatürliche Überforderung freilich erhöht nicht etwa, sie senkt die Arbeitsproduktivität (vgl. *Notz* 2001, 109ff; *Eberspächer* 2002, 97f; *Cassens* 2003, 54ff; *Gross* 2004, 55ff; *Kals* 2004, 55; *Kräkel* 2004, 340; *Küstenmacher* 2004, 159f; *Geißler* 2005, 6; *Blankenburg* 2006, C5; *Nöcker* 2006, 57; *Seiwert* 2006b, 209; *Conen* 2007, 209; *Farin/Parth* 2007, C1; *Hildebrandt-Woeckel* 2007, C5; *Mai/Ruess* 2007, 97ff u. 104; *Meier* 2007, 1./18f; *Ruf* 2007, 34ff u. 67ff).

(3) Vergleichzeitigungsfolgen

Derweil ist „Zeitverdichtung" (*Geißler* 2005, 6) durch „Vergleichzeitigung" (ebenda) heute längst nicht mehr nur ein geschäftliches Phänomen. Sie kennzeichnet das „High-Speed-Leben" (*Seiwert* 2005a, 22) in der modernen „Non-Stop-Gesellschaft" (ebenda, 33). Auch wenn zuweilen „zeitökonomische Parolen" (*Seiwert* 1999, 15) aufkommen zwecks „Entschleunigung" (*Ruf* 2007, 36) und eine Protestgemeinde die „Slobbies" (= „Slower but better working people"; *Seiwert* 1999, 15) entdeckt haben will, beherrscht die „Hurry Sickness (Hetzkrankheit)" (*Seiwert/Tracy* 2002, 19) längst auch das Freizeitverhalten vieler Privathaushalte.

Zahlreiche Mitglieder der so genannten „Generation @" (*Seiwert* 2005a, 144) akzeptieren die Alternative „entweder-oder" nicht mehr. „Ihr Lebensstil ist dadurch geprägt, dass sie in ihre Zeit immer mehr Aktivitäten packen und alles möglichst schnell und gleichzeitig erledigen" (ebenda, 145). „Die Generation @ agiert nicht alternativ − zum Beispiel PC-Nutzung statt Bücher lesen oder Video statt Radio. Für sie heißt es eher: Video plus Radio plus Computer plus Buch plus Free-TV plus Pay-TV plus Teleshopping plus Einkaufsbummel. Sie will alles und von allem möglichst noch mehr" (*Opaschowski*, zit. ebenda). „Wir sind eine Gesellschaft, die es verlernt hat zu warten, die immerzu aktiv ist − pausenlos, von Montag bis Sonntag. Selbst die kleinsten Unterbrechungen, ob bei der Arbeit, bei Sportereignissen oder im Theater, werden zum Telefonieren oder auch zur Sichtung eingegangener Nachrichten und Informationen genutzt. ... Man ist möglichst immer online und sichert seine Erreichbarkeit zusätzlich auch noch über das stets einsatzbereite Handy ab. ‚Immer und überall!' − so lautet das Motto unserer ‚Rund-um-die-Uhr-Gesellschaft'. Wir machen die Nacht zum Tag, und wenn unser Körper damit nicht klarkommt, helfen wir mit Kaffee, Koffein-Drinks oder anderen Muntermachern nach. Wirklich abwesend, einfach auch einmal nicht erreichbar zu sein, ist in Zeiten von Mobiltelefonen, Laptops und E-Mails extrem schwierig geworden" (*Seiwert* 2006b, 15).

„Dieses Immer-mehr und Immer-schneller hat seinen Preis. Hin- und hergerissen sein zwischen den vielen Interessen ist eine Konsequenz des Alles-zugleich, eine zunehmende Oberflächlichkeit eine andere. Letztere manifestiert sich in der schwindenden Fähigkeit, sich auf eine Sache zu konzentrieren. Denn: ‚Je länger ich mich auf eine Sache konzentriere, umso mehr Zeit geht mir für die restlichen Angebote verloren'.

Dieses Sich-nicht-konzentrieren-Können manifestiert sich im Kindesalter in einem stets wachsenden Berg von Spielzeug. Und im Jugend- und Erwachsenenalter in stets wechselnden Freundschaften und Lebenspartnerschaften. Um die wachsende Zahl von Eindrücken, Erlebnissen und Impulsen noch aufnehmen zu können, scannen wir ... zunehmend die Ereignisse, die auf uns einwirken, statt uns mit ihnen zu befassen. Alles wird nur oberflächlich gestreift" (*Seiwert* 2005a, 146f).

Im Gefolge des „Gleichzeitigkeitswahns" (*Hildebrandt-Woeckel* 2007, C5) kann es kaum verwundern, dass inzwischen jeder fünfte Deutsche typische Stress-Symptome verspürt (z.B. Kopfschmerzen, Herzrasen, Schlafstörungen etc.) und dass psychisch bedingte Krankheitsfälle sich vervielfachen. „Kinder haben Stress in der Schule, Studenten in der Uni, Erwachsene im Job; wir spüren den steigenden Druck im Büro genauso wie in der Freizeit, im Sport, im Stau, im Freundeskreis, in der Ehe und beim Sex" (*Mai/Ruess* 2007, 97). Den „Erholungswert der Stille" (*Langguth* 2006b, 122), einen „Platz zum Rückzug" (ebenda) ohne Lärmpegel bzw. „Geräuschteppich" (ebenda) lernen viele nicht mehr kennen. „Zwischen der Zeitkultur, die wir leben, und den natürlichen Zeit- und Lebensrhythmen klafft eine immer größer werdende Lücke" (*Seiwert/ Tracy* 2002, 23; siehe hierzu auch Abb. 1).

Missachtet wird, dass der Mensch determinierenden Naturvorgaben unterliegt. Ausgeblendet wird auch, dass die Beschleunigung zwecks Konsumvermehrung zwar ein ge-fülltes, langfristig aber kaum ein er-fülltes Leben bescheren kann. Denn was die Gegenwart vieler Zeitgenossen füllt, ist letztlich „ein Sich-irgendwie-Beschäftigen, ein Dahinleben ohne Tiefgang, Verstand und Ziel. Die Frage nach dem Sinn des Lebens erschöpft sich in der Frage, was man am nächsten Wochenende unternehmen könnte" (*Gross* 2004, 194); man führt „eine Art ‚Oberflächenexistenz'" (ebenda).

Abbildung 1:

<u>Zwecklos, aber sinnvoll</u>

Frauenstimme aus der Küche Richtung Wohnzimmer: „Was tust du gerade?" Antwort: „Ich sitze!" –
„Schaust du gerade Fernsehen?" – „Nein, ich sitze!" – „Liest du gerade ein Buch?" – „Nein, ich sitze!" –
„Willst du nicht mit dem Hund rausgehen?" – „Nein, ich möchte hier sitzen!" Dieser unsterbliche Sketch
von Loriot erklärt, was Muße ist und warum sie es heute so schwer hat. Müßiggang ist aller Laster
Anfang, sagt der – deutsche – Volksmund.

Für die alten Griechen war das ganz anders. Aristoteles erklärte: Wir arbeiten, um Muße zu haben.
Muße hat also nichts zu tun mit dem, was man jetzt „Freizeit" oder gar „Erholung" nennt. Denn das sind
lediglich die kleinen Geschwister der Arbeit: Da macht man sich fit für die Arbeit, oder man arbeitet
einfach weiter – im Hobbyraum oder im „Erlebnisurlaub". Dagegen war Muße, scholia, im klassischen
Griechenland, das Eigentliche des Lebens. Die Arbeit dagegen war die a-scholia, die Nicht-Muße.

Muße ist also völlig zwecklos, aber höchst sinnvoll verbrachte Zeit. Es ist die Zeit, in der wir wir selbst
sein können, wo wir keine Rolle spielen müssen, nichts herstellen müssen und die unwiederholbare Zeit
unseres Lebens intensiv erleben können. Wer sich keine Mußezeiten gönnt und sich nur im täglichen
Betrieb aufreibt, der brennt irgendwann aus, der lebt nicht selbst, sondern der wird gelebt – von seinem
Terminkalender, seinem Job, seinen „gesellschaftlichen Verpflichtungen".

Muße hat nichts mit Langeweile zu tun. Fähigkeit zur Muße heißt auch, einmal eine gewisse Langeweile
gelassen aushalten zu können. Muße ist keine einfach nur passive Zeit. Vielmehr sind alle Sinne wach
und gelassen aufnahmebereit für das Schöne der Welt. Die Gedanken schweifen lustvoll ziellos dahin –
und werden bisweilen gerade darüber erfinderisch. ...

Solche Mußezeit hat gewiss auch Ergebnisse, aber absichtslose und dadurch vielleicht kreativere.
Muße ist die Zeit von Erkenntnis ohne Interesse. In solchen Momenten kann es geschehen, so sagen
die Alten, dass das Göttliche den Menschen berührt. Und vor nichts und niemandem muss man sich
dafür rechtfertigen, wie man diese Zeit verbracht hat. ...

Kleine Übung für Lebenslustige und solche, die es werden wollen: Nehmen Sie sich mal eine halbe
Stunde pro 168 Wochenstunden Zeit und tun Sie in dieser Zeit nichts irgendwie Zweckmäßiges. Gehen
Sie durch den Wald, nicht mit einem Pflanzen- und Tierbestimmungsbuch, nicht aus Gesundheits- oder
Erholungsgründen, auch nicht, um Ihrer Frau zu erzählen, dass Sie durch den Wald gegangen sind,
sondern nur um diesen einmaligen unwiederholbaren Moment Ihres Lebens zu schmecken, zu riechen,
zu genießen. Oder lauschen Sie einer schönen Melodie im Radio, ohne sich gleich zu fragen: „Wie
kann ich die noch einmal hören, wo bekomme ich sie auf CD?" Was Sie in diesem Moment wirklich
berührt, können Sie niemals wiederholen! Oder spielen Sie irgendein Spiel, nicht um zu gewinnen,
sondern ganz zweckfrei, nur um zu spielen. Sollten Sie das verlernt haben, dann nehmen Sie sich ein
Beispiel an Kleinkindern, die stundenlang selbstvergessen im Spiel versinken.

Kurz: Bemühen Sie sich nicht nur darum, gute finanzielle, häusliche und sonstige Rahmenbedingungen
fürs Leben herzustellen, sondern versuchen Sie einfach mal selbst höchstpersönlich mit Leib und
Seele, mit allen Sinnen wirklich zu leben!

(*Lütz* 2006a, 124)

So ist das physische Produktivitätsparadigma „Zeit ist Geld" (*Benjamin Franklin*, zit. n. *Seiwert* 2001, 58) schlussendlich zwar material-ökonomisch erfolgsträchtig. Für die persönliche Lebenserfüllung aber, unter emotional-ökonomisch langfristig erweitertem Nutzenkalkül, empfiehlt sich eine relativierende Ergänzung um das psychische Produktivitätsparadigma „Zeit ist Leben" (*Michael Ende*, zit. n. *Seiwert/Müller/Labaek-Noeller* 2006, 72; vgl. *Seiwert/Tracy* 2002, 18f; *Borstnar/Köhrmann* 2004, 74ff; *Gross* 2004, 193f; *Bräutigam* 2005, 134-139; *Geißler* 2005, 6; *Seiwert* 2005b, 31ff; *Bräutigam* 2006, 244ff; *Langguth* 2006b, 122; *Lütz* 2006a, 124; *Mai/Ruess* 2007, 97-108; *Meier* 2007, 1./25; *Ruf* 2007, 34ff).

1.1.2 Bewältigungsansätze

1.1.2.1 Management

Die Darstellung der gesellschaftsweiten Komplexitätszunahme mit wachsenden Produktivitätszwängen verdeutlicht die Herausforderung des Humankapitals am Personalstandort Deutschland. Es gilt, material- und emotional-ökonomisch nachhaltig ergiebigkeitsfördernde Verhaltensmuster aufzunehmen, einzuüben und zu kultivieren. Voraussetzung hierfür ist die Verbreitung wirksamer Instrumente und Methoden, deren Einsatz Komplexität reduziert bzw. beherrschbar macht und Produktivität bzw. Nutzen maximiert.

(1) Managementdefinition

Der „Umgang mit Komplexität" (Robbins 2001, 369) zwecks produktiver „Transformation von Ressourcen in Nutzen" (Malik 2000, 19) verkörpert Management; in ihm offenbart sich „die Kunst der Wirksamkeit" (ebenda).

„Das englische Wort ‚manage' bedeutet handhaben und im erweiterten Sinn leiten, bearbeiten, beeinflussen, zustande bringen, regeln, hinkriegen, bändigen, die Geschäfte führen. … Ein Manager ist jemand, der verantwortlich organisiert, durchsetzt, zum Erfolg führt" (Dadder 2006, 9; vgl. Robbins 2001, 369; Eberspächer 2002, 8; Schmidt 2003, 66f; Reimer 2005, 3ff; Steinmann/ Schreyögg 2005, 6f; Malik 2006, 73-78).

Management im Betrieb bezeichnet sowohl eine wirksam transformierende
- Institution (= handlungsbefugte Aktionseinheit, z.B. Gremium oder Einzelperson) wie auch eine entsprechende
- Funktion (= Kranz von Gestaltungs- und Steuerungsaufgaben).

Es ist grundsätzlich eingerichtet zur Wahrung der Trägerinteressen, dient mithin organisationalen Zwecken. Im wertschöpfenden Alltagsgeschehen „richtet sich das Engagement immer nach den unternehmerischen Anforderungen. Ergebnisorientierung ist die Basis" (Deekeling 2004, 20).

Die Ergebnisverantwortung wird nicht selten schwerpunktmäßig abgestuft, so in der Betriebspraxis etwa nach
- Hierarchieebenen (z.B. in Top-, Middle- und Lower-Management), nach
- Sachbereichen (z.B. Beschaffungs-, Finanz-, Personalmanagement), nach
- Planungs- und Entscheidungshorizonten (strategisch, taktisch, operational) oder, theoretisch, gegebenenfalls in einem
- Regelkreismodell (Zielen, Planen, Organisieren, Realisieren, Optimieren o.ä.).

Denkbar ist außerdem eine Unterscheidung zwischen Kollektivmanagement (Steuerung von Betrieben, Abteilungen, Arbeitsgruppen etc.) und Individualmanagement (Steuerung von Einzelpersonen, z.B. mittels Coaching oder im Selbstmanagement; vgl. *Staehle* 1994, 69f; *Robbins* 2001, 370; *Eberspächer* 2002, 8; *Reimer* 2005, 3f; *Steinmann/Schreyögg* 2005, 6-13 u. 14ff; *Wöhe/ Döring* 2005, 62ff; *Züger* 2005, 26; *Malik* 2006, 73-78).

In der Managementforschung stellt sich zuweilen die Frage der Gewichtung von Sach- vs. Personenbezogenheit (ähnlich älterer Diskurse um die Aspekte „Leiten" und „Führen"), in jüngster Zeit verbunden mit Überlegungen, ob und inwieweit Management auch „Leadership" abdeckt (als visionäre Mitarbeiter- und Unternehmensführung) bzw. sogar „Super-Leadership" (als Führung zur Selbstführung).

Die vorliegende Schrift vertritt nicht die Ansicht einer Teilbarkeit des Managementphänomens, wenngleich beispielsweise der weltbekannte Verhaltensforscher, Unternehmensberater und Bestseller-Autor *Stephen R. Covey* durchaus eingängig bemerkt: „Menschen werden geführt ..., Dinge hingegen werden gemanagt" (2006, 122). Es sind jedoch nicht etwa die „Dinge" schlechthin (wie Kugelschreiber, Suppenlöffel etc.), die Management benötigen, selbst nicht die komplizierteren (wie Autos, Computer etc.), sondern es sind zuvorderst jene komplexen apparativen Gebilde (Fertigungsbetriebe bzw. -abteilungen, Fertigungsplanungen bzw. -prozesse usw.), deren Steuerungserfordernis sich just ergibt aus der zweckbezogenen Zusammenarbeit von Menschen (welche, gleichzeitig inbegriffen, Führung benötigen).

Eine Abspaltung der physischen von den psychischen Managementkomponenten ist mithin zwar theoretisch denkbar; die Reduzierung des Blickfelds auf technokratische Gesichtspunkte erscheint aber, insbesondere für humanwirtschaftliche Betrachtungen, wenig zuträglich (vgl. *Bisani* 1985,

25; *Staehle* 1994, 70f; *Schieffer* 1998, 38-53; *Ridder* 1999, 523ff; *Robbins* 2001, 369f; *Borstnar/Köhrmann* 2004, 13; *Reimer* 2005, 3f; *Covey* 2006, 120ff; *Malik* 2006, 34-40; *Müller, G.F.* 2006, 9; *Pilsl* 2006, 85ff; *Hinterhuber* 2007, 20ff).

(2) Managementbefähigung

„Wirksamkeit" (*Malik* 2000, 19) im „Umgang mit Komplexität" (*Robbins* 2001, 369) bei der „Transformation von Ressourcen in Nutzen" (*Malik* 2000, 19) erfordert Aktivität.

Im Hinblick auf die Aktivitätsergebnisse besteht ein personalökonomisches Interesse an den individuellen Voraussetzungen der Erfolgswirksamkeit des Management-Einsatzes. Benötigt wird – neben formaler Positions-Kompetenz (= Handlungsbefugnis) – eine Reihe persönlicher Kompetenzen (= hervor-ragende Qualifikationen, erweitert um profunde Einsichten und Bereit-schaften).

An vorderster Stelle steht, als Management-Kernkompetenz, eine ge-neralistisch breit angelegte Handlungskompetenz. Diese ist zu unterfüttern bzw. zu umrahmen durch ein nur schwerpunktmäßig von ihr abgrenzbares Merkmalsbündel, zuweilen untergliedert in
- Fachkompetenz (Sachwissen und -können),
- Methodenkompetenz (Verfahrenssouveränität),
- Sozialkompetenz (zwischenmenschliches Geschick) und
- Selbstkompetenz (Eigenregulation).

Die der Kompetenzentfaltung zugrundeliegenden Qualifikationen (= Kennt-nisse, Fähigkeiten und Fertigkeiten) erwachsen aus dem Zusammenwirken naturbedingter Erbanlagen (nebst deren Reifung) und kulturbedingter Lernprozesse. Letztere vollziehen sich formell-intentional in Bildungseinrichtungen sowie informell-funktional im Alltagsgeschehen.

Berufspädagogische Beachtung finden so genannte „Schlüsselqualifikationen" (= zentrale Befähigungen, welche weitere Qualifikationen erschließen helfen), von denen manche sich aneignen und trainieren lassen. Nach einschlägigen Katalogen benötigt Management

- Selbständigkeit (einschließlich Leistungsfreude, Initiative, Kreativität, Flexibilität und Belastbarkeit),

- Verantwortungsbereitschaft (einschließlich Neigung zu Arbeitstugenden, zu Klarheit, Wahrhaftigkeit und Unabhängigkeit),

- Kommunikationsfähigkeit (einschließlich Präsentations-, Moderations-, Integrations-, Team-, Netzwerk- und Konfliktfähigkeit) sowie gegebenenfalls

- Marktorientierung (einschließlich Servicebereitschaft, Analyse-, Strategie-, Konzeptions-, Planungs- und Durchsetzungsvermögen).

Auf ökonomische Basisqualifikationen (z.B. das Beherrschen von Entscheidungstechniken oder von kaufmännischen Verfahren der Kosten-, Finanz- und Investitionsrechnung) verzichten merkwürdigerweise die gängigen Auflistungen (vgl. *Schanz* 1998, 129f; *Ridder* 1999, 235; *Bröckermann* 2000, 38ff; *Eberspächer* 2002, 50ff; *Henkel* 2002, 255ff; *Meier* 2002, 274; *Werner* 2003, 16f u. 31ff; *Blom/Meier* 2004, 136f; *Laske/Habich* 2004, 1006ff; *Simon* 2004, 11ff; *Bräutigam* 2005, 99f; *Drumm* 2005, 410; *Weber/Mayrhofer/ Nienhüser/Kabst* 2005, 279; *Stender-Monhemius* 2006, 1ff).

In diesem Zusammenhang warnen Praktiker vor einer realitätsfern überhöhenden Akademisierung der Thematik. So krönt der international renommierte Management-Experte *Fredmund Malik* einen Aufruf zur Wahrung der betriebswirtschaftlichen Bodenhaftung mit dem Fazit: „Management ist Handwerk" (zit. n. *Noack* 2005, 22). Es bedürfe lediglich der Anwendung einiger Werkzeuge und weitgehend erlernbarer Fertigkeiten, sei insoweit also eher einfach, wenngleich nicht leicht in der Umsetzung. Diese nämlich erfordere Charaktereigenschaften wie Eigenantrieb, Selbstdisziplin, Gewissenhaftigkeit, Sorgfalt, Gründlichkeit und zudem, nach einer soliden Ausbildung, ständige Übung (vgl. *Malik* 2000, 19; *Noack* 2005, 22; *Malik* 2006, 15-42; *Seiwert* 2007b, 6f).

1.1.2.2 Selbst-Management

(1) Deutungsansätze

Vor Übertragung des Inhalts der allgemeinen Management-Definition auf das Selbstmanagement ist zunächst dessen sprachliche Doppeldeutigkeit aufzuzeigen.

Selbstmanagement kann für den Einzelnen bedeuten, seine Belange selbst (= eigenständig) in der Hand zu halten (in Abgrenzung zur Fremdgesteuertheit); es kann ihm aber auch bedeuten, das eigene Selbst (= sein individuell-ganzheitliches Daseinszentrum) zu managen.

Das Selbst umfasst als fundamentales Hirnsystem des Menschen dessen gesamte Eigenart einschließlich seiner auf die Umwelt gerichteten Strebungen und Sichtweisen. Es verkörpert die strukturierende, emotionalisierende und handlungsweisende Ganzheit des Individuums und bestimmt letztlich das Qualitätspotential des Humankapitals der Persönlichkeit sowie deren Verhaltensspektrum.

Indessen erlebt der Mensch seine persönliche Eigenart nur teilweise bewusst; viele seiner Verhaltensweisen sind unreflektiert, gesteuert durch sein kreatürliches Wesen, entwachsen aus seiner konzeptionell-einzigartigen

Beschaffenheit (= Selbst-Konzept). Allerdings ist es dem Individuum möglich, über die Pflege einer vertieften Aufmerksamkeit für das eigene Dasein (= Selbst-Achtsamkeit) und über die Entwicklung einer entsprechenden Eigensicht (= Selbst-Bewusstsein) eine reale bzw. ideale Vorstellung von seinem Selbst-Konzept zu erarbeiten, um sodann, in willentlicher Gestaltungs-aktivität, das eigene Selbst ergebnisgerichtet zu formen und zu führen (vgl. *Remplein* 1975, 226 u. 406; *Doucet* 1987, 226; *Goleman* 1996, 67ff; *Sprenger* 1999, 17; *Eberspächer* 2002, 11; *Feser* 2003, 20 u. 107f; *Volk* 2003, 22; *Aronson/Wilson/Akert* 2004, 150ff; *Kuhl* 2004, 30ff; *Müller* 2004, 32ff; *Zimbardo/Gerrig* 2004, 205; *Berk* 2005, 267ff; *Conen* 2007, 182f).

In diesem Zusammenhang stellt sich – analog der Diskussion genereller Managementinhalte – auch für das Selbstmanagement die Frage seiner Sach- vs. Personenbezogenheit. Die frühe einschlägige Literatur bearbeitet das Themenfeld überwiegend psychologisch – begrifflich umschrieben als „Selbstregulation" (= situationsangepasst balancierte Willenssteuerung) bzw., aktueller und umfassender, als „Life-Leadership" (= visionär balancierte Lebensführung). Im ökonomischen Kontext bietet sich an, mit Selbst-management auch materiale Gesichtspunkte abzudecken.

Wie in Abschnitt 1.1.2.1 begründet, vertritt die vorliegende Schrift nicht die Ansicht einer grundsätzlichen Teilbarkeit des Managementphänomens nach Sach- vs. Personalbezogenheit; dies gilt gleichermaßen für das Selbst-management. Seine oben ersterwähnte Begriffsdeutung, die persönlichen Belange eigenständig in der Hand zu halten, verweist, da sie Materielles nicht ausschließt, bereits sprachlich auf die kreatürliche Absicht, auch physische Lebensumstände steuern zu wollen; sie verknüpft also personale mit sachlichen Elementen. Die zweiterwähnte Begriffsdeutung, das eigene Selbst zu managen, zielt zwar auf die Eigensteuerung des der menschlichen Psyche zurechenbaren Selbst-Konzepts. Dieses jedoch umfasst, wie oben

ausformuliert, die „strukturierende, emotionalisierende und handlungsweisende Ganzheit" des Individuums „einschließlich seiner auf die Umwelt
gerichteten Strebungen und Sichtweisen"; letztere indessen beziehen
naturgemäß auch Sachbelange ein (z.B. Strebungen nach Besitz und Eigentum).

Eine Abspaltung der physischen von den psychischen Komponenten ist auch
im Selbstmanagement somit zwar theoretisch denkbar; die Reduzierung
seines Handlungsfelds auf psychologische Aspekte erscheint freilich gerade
für eine ökonomische Betrachtung wenig zuträglich (vgl. *Schieffer* 1998, 150ff;
Seiwert 2001, 3 u. 7ff; *Seiwert/Tracy* 2002, 14; *Müller* 2004, 30-42; *Berk* 2005,
267; *Covey* 2006, 367; *Dadder* 2006, 9; *Müller, G.F.* 2006, 9ff; *von Münchhausen* 2006a, 24ff; *Welch/Welch* 2006a, 112; *May* 2007, 20).

(2) Sachbezüge

Die moderne Ratgeberliteratur zum Selbstmanagement berücksichtigt von
daher neben mentalen Ansätzen auch sachbezogene Befunde aus jüngeren
empirischen Erhebungen.

Nach den Ergebnissen zahlreicher globaler Befragungen zu den persönlichen
Schwierigkeiten der Menschen in ihrer privaten und beruflichen Lebensführung
stehen an vorderster Rangstelle weltweit durchgängig Geld- und Zeit-
Engpässe, gefolgt von Gesundheits- und Beziehungsproblemen; letztere
betreffen privat Eheführung, Kinderaufzucht und Freundschaftspflege,
beruflich Störungen in Vertrauen und Motivation.

Damit sind, wie weiter oben bereits angesprochen, die im Selbstmanagement
zu bewältigenden Herausforderungen umrissartig wohl tatsächlich skizzierbar
einerseits mit dem materialökonomisch-physischen Produktivitätsparadigma

„Zeit ist Geld" (1.1.1.2) und andererseits mit dem emotionalökonomisch-psychischen Produktivitätsparadigma „Zeit ist Leben" (ebenda).

Wirksames Selbstmanagement beruht offenbar nicht zuletzt auf der Kunst-fertigkeit im Umgang mit Zeit und Geld (vgl. *Seiwert* 2005a, 22ff; *Covey* 2006, 367; *von Münchhausen* 2006a, 24ff; *May* 2007, 20).

Der Umgang mit Zeit wird heutzutage gerne zusammengefasst in der Fertigkeitsdisziplin „Zeitmanagement". Gegen diesen Begriff kann eingewandt werden, managen lasse sich nicht die Zeit (weil sie verrinnt), sondern allenfalls deren Verwendung.

Denn, um es mit den Worten des römischen Alltagsphilosophen *Lucius Annaeus Seneca* zu sagen: „Es ist nicht wenig Zeit, die wir haben, sondern es ist viel, die wir nicht nutzen" (zit. n. *Seiwert* 2005b, 9). Der amerikanische Zeitmanagement-Experte *Alan Lakein* konkretisiert: „Vergeudete Zeit ist ver-geudetes Leben – genutzte Zeit ist erfülltes Leben. ... Wer seine Zeit aus der Hand gleiten läßt, läßt sein Leben aus der Hand gleiten; wer seine Zeit in der Hand hat, hat sein Leben in der Hand" (*Lakain*, zit. n. *Nagel* 2001, 10).

Insoweit dient ein sorgfältiger Umgang mit der Zeit (z.B. unter Anwendung von Verfahrenstechniken) nur vordergründig der Zeit-Ersparnis; er ermöglicht „Zeitgewinn" (mit Betonung auf der ersten Silbe), verstanden als Freiraum-Zugewinn infolge Methodik-Einsatz. Hintergründig dient der sorgfältige Um-gang mit der Zeit einer sinnreicheren Zeit-Verwendung; denn er ermöglicht „Zeitgewinn" (mit Betonung auf der zweiten Silbe), verstanden als Ergebnis-Zugewinn durch Nutzensteigerung infolge wertschöpfender Freiraum-Füllung.

Der Umgang mit Geld ist ein altes Tabu der deutschen Kultur: „Über Geld spricht man nicht" (*Hildebrandt-Woeckel* 2008, 19). Daraus folgt ein kollektives Verbergen persönlicher Finanzdaten (Einkommen/Vermögen, im Gegensatz beispielsweise zur amerikanischen Offenheit).

Institutionelle Festigung erhält das Verschwiegenheitsgebot durch Ausgrenzung ökonomischer Lehrinhalte aus dem Fächerkanon des allgemeinbildenden Schulwesens; unterfüttert wird die Geheimnisumwitterung unter anderem durch das Betreiben einer unternehmerfeindlichen Neidpolitik der überproportional einflussnehmenden Gewerkschaftsmacht.

In der Konsequenz pflegen die Deutschen ein gestörtes Verhältnis zum Wirtschaftswettbewerb. So ist nur etwa jeder zehnte Erwerbstätige selbständig; vierzehn von fünfzehn hiesigen Haushalten meiden die Aktienbörse und investieren mehrheitlich auch nicht in Immobilien (womit sie im Europavergleich weit abgeschlagen zurückhängen). Eigenverantwortlich-kaufmännisches Kalkulationsengagement ist ihnen fremd.

Für ein profitabel zukunftswirksames Selbstmanagement ist aber insbesondere eine unternehmerische Wettbewerbs- und Investitionsmentalität unverzichtbar. Denn nur mit materiellen wie immateriellen markttauglichen Investitionen lässt sich jener ökonomische Wachstumsprozess anstoßen und vorantreiben, dessen Erntefrüchte in der Folge material- und emotional-ökonomischen Renditegenuss zulassen – zur individuellen sowie zur kollektiven Nutzenstiftung (vgl. *Bräutigam* 2004, 43ff, 100-106 u. 161-173; *Simon* 2004, 80ff; *Bräutigam* 2006, 177-194, 223-235 u. 295f; *Kals* 2006b, 51; *von Münchhausen* 2006a, 76ff; *Pilsl* 2006, 71-75 u. 80f; *Häcker* 2007, 1-4; *Hildebrandt-Woeckel* 2008, 19).

(3) Praxisumsetzung

Im zeitlichen wie geldlichen Nutzenkontext bietet Selbstmanagement „eine methodisch geleitete Herangehensweise zur erfolgreichen Gestaltung und Führung des eigenen Lebens" (*Borstnar/Köhrmann* 2004, 15).

Wie für jegliches Management ist auch für das Selbstmanagement nicht die Erkenntnis (als lediglich erster Schritt) der Qualitätsmaßstab, sondern die praxiswirksame Realisierung von Erfolgsergebnissen. Deswegen gilt auch hier die alte Handlungsmaxime, vornehm formuliert durch den Weisen *Johann Wolfgang von Goethe*: „Es ist nicht genug, zu wissen, man muss es auch anwenden. Es ist nicht genug, zu wollen, man muss es auch tun" (zit. n. *von Münchhausen* 2006a, 196). *Erich Kästner* verkürzt dies zu seinem Reim: „Es gibt nichts Gutes, es sei denn, man tut es" (zit. n. *Maiwald* 2004, 10).

Der Weg zum physisch und psychisch Früchte erntenden „Selbst-Unternehmer" (*Seiwert* 2005a, 41) erfordert regelmäßig Anstrengung und zumeist das Verlassen einer gewohnten „Komfortzone" (*Klöckner* 2001, 26; siehe hierzu auch Abb. 2).

„Lebenskunst" (*Gross* 2004, 166) als Verhaltenskompetenz entfaltet sich aus der ständigen Übung einer engagierten, reflektierten und diszipliniert aktiven Steuerung der eigenen Belange. Denn „nur Taten geben dem Leben Stärke" (*Jean Paul*, zit. ebenda, 289). Sogar der rheinische Volksmund weist bekanntlich darauf hin: „Von nix kütt nix!"

Im Übrigen umschließt Leben einen Entwicklungsprozess, der das komplette Dasein überdauert. Selbstmanagement bedeutet folglich unaufhörliche Arbeit an der Wirklichkeit; es ist weder ein theoretisches noch ein zeitlich zu befristendes Projekt.

Der menschliche Daseinsverlauf mit all seinen natürlichen Regelmäßigkeiten (Jugend, Reifung, Alter etc.), kultürlichen Unwägbarkeiten (Umbrüche in Beruf, Gesellschaft, Politik o.ä.) und individuell wechselnden Anforderungen (Weichenstellungen, Glücksfälle, Schicksalsschläge etc.) nötigt zu einer permanenten Fortentwicklung der persönlichen Vorstellungen sowie der einzusetzenden Instrumente und Methoden entsprechend den sich wandelnden Rahmenbedingungen.

Abbildung 2:

Jede Entscheidung, die Sie treffen (oder nicht treffen!) ist eine Weichenstellung

Mit jeder Entscheidung stellen Sie die Weichen in Ihrem Leben in eine bestimmte Richtung. ...

Das gilt ... nicht allein für die so genannten „großen" Entscheidungen, sondern genauso für die kleinen, unscheinbaren Alltagsentscheidungen, die in ihrer Summe das eigene Leben mindestens ebenso prägen. ...

Stellen Sie sich vor, es ist 22:00 Uhr, Sie haben einen langen und anstrengenden Tag hinter sich und einen ähnlichen vor sich, und Sie überlegen, wie Sie den restlichen Abend verbringen können. Eigentlich sind Sie müde und möchten sich hinlegen. Endlich einmal früh genug ins Bett, Zeit genug, um noch in einem guten Buch zu lesen, sich zu entspannen und richtig auszuschlafen. Aber – vielleicht läuft ja doch noch etwas Spannendes im Fernsehen. Also, eine schnelle Entscheidung und Sie setzen sich hin. Nur kurz! Nun, spannend ist eigentlich nichts, aber Sie können ja umstellen und der Mix aus 20 Kanälen, den Sie sich zusammenzappen, der hat doch irgendetwas Fesselndes. Dann kommt, trotz eines ausgiebigen Abendessens, noch einmal Heißhunger auf. Ein oder zwei Flaschen Bier (später die dritte), eine Tüte Chips, und Sie fühlen sich ganz wohl. Halt, dieser Film könnte jetzt was sein, nein, doch nicht, aber der auf dem Nebenkanal, nein, der auch nicht. Eigentlich reicht es Ihnen nun, aber jetzt sind Sie viel zu erschöpft, um einfach aufzustehen. Irgendwann dröhnt Ihnen der Kopf so sehr, dass Sie sich doch einen Ruck geben und aus der Couch hochwuchten. Verflixt, der Blick auf die Uhr zeigt es, schon weit nach Mitternacht, schon wieder so spät! Erst noch alles aufräumen, dann endlich, endlich hinein ins Bett. Kaum sind Sie eingeschlafen, klingelt auch schon der Wecker. Oh je, das wird wieder ein Tag werden ...

Kennen Sie solche Situationen? Eine kleine, vermeintlich unwichtige Entscheidung, und schon ist nicht nur ein Abend vergeudet, sondern auch die Stimmung und die Leistungsfähigkeit für den ganzen folgenden Tag ruiniert. Und wenn man nun noch bedenkt, dass dieser betreffende Tag im Leben einmalig ist und dass er nie wiederkommen wird, dann sieht man, welche Wirkung die eigenen Entscheidungen im Leben haben und was alles von ihnen abhängt. ...

Denken Sie daran, dass Ihr Leben aus einer Abfolge von Entscheidungen besteht. Je bewusster und wacher Sie Ihre Entscheidungen treffen, desto bewusster und wacher gestalten und führen Sie Ihr Leben insgesamt.

Denken sie gleichzeitig daran, dass jede Ihrer Entscheidungen mit einer konkreten Wirkung verbunden ist. Egal, was Sie tun oder was Sie unterlassen, es hat Folgen. Machen Sie sich deshalb immer klar, was Sie mit einer bestimmten Entscheidung tatsächlich bewirken werden. Übersehen oder verdrängen Sie es nicht.

Achten Sie insbesondere weit stärker als bisher auf Ihre Alltagsentscheidungen. Vielleicht hat jede dieser Entscheidungen für sich alleine genommen keine langfristigen oder nachhaltigen Konsequenzen. In ihrer Addition sind es aber die kleinen, normalen und alltäglichen Entscheidungen, die Ihre Lebensqualität bestimmen und die festlegen, ob und wie schnell Sie Ihre Ziele erreichen.

(*Gross* 2004, 273-276)

Selbstmanagement zielt deswegen auf eine überdauernde „Realisierungskompetenz" (ebenda, 346). Es ist „eine lebenslange Lern- und Anpassungsaufgabe" (*Borstnar/Köhrmann* 2004, 250), wahrzunehmen jeweils punktgenau in der Anforderungssituation – ohne „Probelauf" (*Gross* 2004, 17) und ohne „zweiten Versuch" (ebenda, 19).

Erfolgreiche Selbstmanager sind demzufolge „Realisierungsexperten" (ebenda, 393; vgl. *Mayrhofer* 1992, 1240-1254; *Helm* 1999, 1; *Klöckner* 2001, 13ff; *Wehmeier* 2001, 13f u. 22f; *Borstnar/Köhrmann* 2004, 226-238 u. 250; *Kappler* 2004, 1069-1079; *Seiwert* 2005a, 134f; *Dadder* 2006, 9 u. 13; *Lange* 2006, 45f; *von Münchhausen* 2006a, 29ff u. 195ff; *May* 2007, 20; *Schwägerl* 2007, 31).

1.2 Bedingungsrahmen

Alles Irdische dieser Welt lässt sich dichotomisch klassifizieren „in einerseits von den Menschen Vorgefundenes (= Natur) und andererseits von den Menschen Geschaffenes (= Kultur)" (*Bräutigam* 2006, 13). Die Gesamtheit der Elemente dieser Kategorien verkörpert den natürlichen bzw. kultürlichen Bedingungsrahmen des Selbstmanagements. Der so umrissene Möglichkeitsraum persönlicher Nutzenmaximierung ist nur in abgesteckten Grenzen vom einzelnen Individuum beeinflussbar.

1.2.1 Naturvorgaben

Eine grundlegende Voraussetzung zur Nutzenmaximierung ist die Beachtung der existentiellen Naturvorgaben. Das zuweilen praktizierte Ignorieren des Naturzusammenhangs bietet keine Zukunftsperspektive, denn Traumwelten sind nicht von Bestand. Zwangsläufig wird der Phantast konfrontiert mit seiner Selbst-Täuschung und erleidet so kumulierende Ent-Täuschung (mit nachfolgender Diskrepanzreaktion). Zudem verstellt Realitätsverweigerung den Blick auf das Füllhorn wahrhaftiger Genussgelegenheiten. Diese sind aufgreifbar freilich nur mit klarem Sinn für das Wesentliche; ausschöpfbar werden sie zumeist erst in Anwendung wirksamer Werkzeuge und Verfahrensweisen durch Management (vgl. *Wehr* 2001, 8; *Eberspächer* 2002, 4f; *Henkel* 2002, 256ff; *Bräutigam* 2004, 160-168; *Gross* 2004, 17ff; *Kirchhof* 2004, 26f; *Bräutigam* 2005, 239-244; *von Cube* 2005, 13f u. 17f; *Di Fabio* 2005, 272; *Bräutigam* 2006, 93-96, 131-134, 235-241, 253-289 u. 412-421; *Liesem* 2006, 57; *Pilsl* 2006, 55ff; *Schnaas* 2006, 46-53; *Nöcker* 2007, C4).

1.2.1.1 Kreaturanlagen

(1) Evolutionsrahmen

Den fundamentalen Bedingungsrahmen der persönlichen Lebensführung setzen die naturgemäßen Zentralvorgaben. Sie determinieren im kreatürlichen Existenzzusammenhang das Kernstreben des Menschen nach Erhaltung seiner Art. Bestätigung fand diese Festlegung über einige hunderttausend Jahre hinweg durch die Maximierung des Fortpflanzungserfolgs im evolutionären Selektionsprozess.

Die genetische Elementarbestimmung wird auf biologisch nachgeordneter Ebene umgesetzt durch Instinkte, Triebe und Verhaltensdispositionen, die, wenngleich je nach Erbgut unterschiedlich ausgeprägt, seit jeher das individuelle Handeln antreiben.

Auch heute noch „ist das spontane Trieb- und Aktivitätspotential des Menschen seiner ursprünglichen, natürlichen Umwelt angepaßt, einem aktiven und anstrengenden Leben als Jäger und Sammler. ... Ein paar Jahre Zivilisation sind stammesgeschichtlich bedeutungslos" (*von Cube* 2005, 15).

„Wir sind immer noch Neandertaler", konstatiert der Evolutionsforscher *Markus Preiter*, „nur in Nadelstreifen" (zit. n. *Mai/Ruess* 2007, 108).

Freilich hat über seine Zivilisationsleistung der Mensch sich vom kollektiven Dasein in körperlicher Anstrengung befreit und dieses ersetzt durch ein individuales Dasein in physischer Verwöhnung (Übersättigung bei gleichzeitiger Unterforderung).

Mit fortgeschrittener Industrialisierung fiel, innerhalb weniger Generationen, der Anteil körperlicher Arbeit an der gesellschaftlichen Wertschöpfung von 99 % auf 5 %; derweil schrumpfte die normale Organisationsform des Privatlebens von der Großfamilie zum Einpersonenhaushalt.

Die Konsequenzen dieser artwidrigen Lebensweise beschädigen „das natürliche Gleichgewicht des Verhaltens" (*von Cube* 2005, 17); sie verleiten zu zerstörerischen Defizitreaktionen.

Mit Blick auf die Möglichkeit eines jeden Individuums zur Eigensteuerung (und der daraus folgenden Eigenverantwortlichkeit) benötigt Selbstmanagement die Erkenntnis und Beachtung der biologisch angelegten Kreaturerfordernisse des Menschen.

Wer ein Haustier zu halten beabsichtigt, den erwarten gewisse Mindest-
ansprüche an dessen artgerechtes Management: „Hunde und Pferde muß
man regelmäßig ausführen, und der Hamster braucht sein Laufrad" (ebenda,
31). Wer sich selbst (bzw. sein Selbst) zu managen beabsichtigt, den erwarten
nach den Befunden der Verhaltensforschung artbedingt gehobene Ansprüche
in verschiedenen Wesensschwerpunkten (vgl. *Sprenger* 1999, 30f; *Küsten-
macher/Küstenmacher* 2004, 130; *Bräutigam* 2005, 39-45; *von Cube* 2005, 14-
17 u. 78-87; *von Münchhausen* 2006a, 140ff; *Pils*/ 2006, 55ff; *Schnaas* 2006,
46-53; *Gigerenzer* 2007, 222ff; *Mai/Ruess* 2007, 97-108; *Nöcker* 2007, C4;
Lohse 2008, 10).

(2) Triebkraftgewichte

Der erste hier anzusprechende fundamentale Schwerpunktbereich betrifft „das
verhaltensökologische Gleichgewicht" (*von Cube* 2005, 78) zwischen den
Aggressions- und den Bindungspotentialen des Menschen.

Ob zur Verteidigung der Brut, zur Vertreibung von Rivalen, zum Aufbau einer
Gruppenhierarchie („Hackordnung"; *Bisani* 1985, 97): In der Evolution steht die
Aggression „im Dienste des Überlebens" (*von Cube* 2005, 63). Sie ist
„notwendig zur Sicherung des Lebensraums, zur Sicherung der Fortpflanzung,
zur Verbesserung der eigenen Lebensbedingungen" (ebenda) und hierzu
naturwüchsig auch dem Menschen gegeben.

„Der Mensch verteidigt nicht nur sein bestehendes Revier, seinen Raum im
Büro, seinen Platz im Restaurant, seine Wohnung oder sein Haus. Er versucht
auch, spontan sein Revier auszudehnen, seinen Rivalen auszuschalten oder
seinen Rang zu erhöhen, und benutzt dabei ein ganzes Arsenal aggressiven
Handelns" (ebenda, 69).

Von daher ist die Triebkraft menschlichen Aggressionspotentials zweifellos auch heute noch gegenwärtig, ohne sich allerdings über die einst alltäglichen körperlichen Anstrengungen abbauen und auflösen zu können.

Obwohl „unter den Geschöpfen Rivalität die natürliche Normalbeziehung darstellt" (*Bräutigam* 2005, 53), ist nicht zu bestreiten, dass der Mensch gleichfalls Bindung sucht. Er „empfindet es als lustvoll, mit anderen zusammen zu essen, zu spielen, zu arbeiten, zu lachen, zu kämpfen. Er braucht den Mitspieler, den Mitarbeiter, den Mitstreiter, den Mitmenschen.

Je intensiver die Bindung ist, desto näher will man sich sein. Sehen und hören reichen nicht aus, man will den Partner berühren, festhalten, umarmen.

Bindung ist gekennzeichnet durch Gegenseitigkeit, durch Kontinuität und Stabilität. Nur so kann man sich aufeinander verlassen, nur so funktioniert gemeinsames Handeln. Die persönliche Kenntnis ermöglicht auch arbeitsteiliges Vorgehen. Dieses ist besonders effektiv, da die Mitglieder dann diejenigen Aufgaben übernehmen können, für die sie sich besonders eignen. ...

Der Selektionsvorteil von Bindung liegt im gemeinsamen Handeln – sei es bei der Nahrungsbeschaffung, sei es bei der Brutpflege, beim Kampf oder bei der Führung" (*von Cube* 2005, 75).

So finden die Bedürfnisse nach Geborgenheit und Zugehörigkeit schließlich zuvorderst Befriedigung im Schutz- und Entfaltungsraum der Primärgruppe. Hier keimen Kreativität (= Neuschaffungskompetenz) und Empathie (= Einfühlungskompetenz; siehe begriffsvertiefend Abb. 3, 4, 17 u. 18); hier beweisen sich die praktischen Vorteile des Zusammenwirkens. Diese bleiben auch im zeitgenössisch individualisierten Leben wirtschaftlich konkretisierbar; zu nennen sind beispielsweise „Kostensenkungen durch Degressionseffekte (Doppelnutzung von Vermögensgegenständen, Wahrnehmung von Einkaufsvorteilen etc.) und/oder Leistungssteigerungen durch wechselseitige Ergänzung spezifischer Partnerfähigkeiten (z.B. Kochen und Heimwerken, Gartenarbeit und Finanzverwaltung)" (*Bräutigam* 2005, 147).

Abbildung 3:

Grundbegriffe der Empathiebildung 1: Urvertrauen

Angenommen, ein Baby von zwei Monaten wacht um drei Uhr nachts auf und beginnt zu weinen. Die Mutter kommt herein, und in der folgenden halben Stunde nuckelt das Kind zufrieden an der Brust der Mutter, die das Kind liebevoll anschaut und ihm sagt, wie gern sie mit ihm zusammen ist, auch mitten in der Nacht. In der Liebe seiner Mutter geborgen, schlummert das Kind wieder ein.

Jetzt stellen wir uns ein anderes Baby von zwei Monaten vor, das gleichfalls in den frühen Morgenstunden weinend aufgewacht ist; seine Mutter ist nervös und reizbar, denn sie ist nach einem Streit mit ihrem Mann erst vor einer Stunde eingeschlafen. Das Kind verkrampft sich sofort, als die Mutter es abrupt aufnimmt und zu ihm sagt: „Sei bloß still – ich kann nichts mehr ertragen! Los, bringen wir's hinter uns." Während das Kind saugt, starrt die Mutter mit versteinerter Miene vor sich hin, ohne ihm einen Blick zu gönnen, läßt den Streit mit seinem Vater noch einmal an sich vorüberziehen und wird, während sie darüber nachgrübelt, immer erregter. Das Kind, das ihre Spannung spürt, windet sich, versteift sich, hört auf zu saugen. „Das war alles, was du wolltest? Dann bekommst du auch nichts", sagt die Mutter. Und genauso abrupt legt sie das Kind in sein Bettchen zurück und stapft hinaus, und anschließend läßt sie es schreien, bis es erschöpft in den Schlaf sinkt. ...

Natürlich lernen die meisten Babys zumindest als Kostprobe beide Arten von Interaktionen kennen. Doch je nachdem, welche Art das Verhalten der Eltern gegenüber dem Kind im Laufe der Jahre überwiegend bestimmt, fallen die emotionalen Grundlektionen aus, die dem Kind darüber vermittelt werden, wie geborgen ein Kind in der Welt ist, wie durchsetzungsfähig es ist und wieviel Verlaß auf andere ist. Das Kind lernt, mit Erik Erikson zu sprechen, schließlich ein „Urvertrauen" bzw. Mißtrauen zu empfinden.

Dieses emotionale Lernen setzt in den ersten Lebensmomenten ein und geht während der ganzen Kindheit weiter. All die kleinen Interaktionen zwischen Elternteil und Kind haben einen emotionalen Subtext, und durch die jahrelange Wiederholung dieser Botschaften entwickeln Kinder den Kern ihrer emotionalen Einstellung und ihrer Fähigkeiten. Ein kleines Mädchen, das beim Puzzle nicht weiterkommt und seine beschäftigte Mutter bittet, ihm zu helfen, bekommt, wenn die Mutter ehrlich erfreut auf die Bitte reagiert, eine bestimmte Botschaft vermittelt; ganz anders lautet die Botschaft, wenn es nur ein schroffes „Stör mich nicht, ich habe etwas Wichtiges zu erledigen" zu hören bekommt. Bestimmen solche Interaktionen das Verhältnis zwischen Mutter und Kind, dann prägen sie seine emotionalen Erwartungen im Hinblick auf Beziehungen, und die so geprägten Einstellungen werden sein Verhalten in allen Lebensbereichen im Guten wie im Bösen einfärben.

(*Goleman* 1996, 245ff)

Abbildung 4:

Grundbegriffe der Empathiebildung 2: Abstimmung

Abstimmung ... ist der unscheinbare, wiederholte Austausch von Blicken zwischen Mutter und Kind; in diesen intimen Momenten werden ... die grundlegenden Lektionen des Gefühlslebens erlernt. Dabei kommt es darauf an, daß das Kind erfährt, daß seine Emotionen mit Empathie aufgenommen, akzeptiert und erwidert werden. ...

Die Abstimmung erfolgt stillschweigend im Verlauf der Beziehung. ... Durch die Abstimmung ... lassen die Mütter ihre Kleinen wissen, daß sie spüren, was das Kleine empfindet. Wenn zum Beispiel ein Baby vor Freude quietscht, bekräftigt die Mutter diese Freude, indem sie das Baby sanft wiegt oder gurrt oder sich mit der Höhe ihrer Stimme auf das Quietschen des Babys einstellt. Die bestätigende Botschaft besteht bei dieser Interaktion darin, daß die Mutter sich in etwa auf das Erregungsniveau des Babys einstellt. Solche unscheinbaren Einstellungen geben dem Kind das beruhigende Gefühl, emotional verbunden zu sein – eine Botschaft, die ... Mütter ungefähr im Minutenabstand abschicken, wenn sie mit ihren Kleinen interagieren. ...

Wiederholte Abstimmungen ... lassen beim Kleinkind das Empfinden entstehen, daß andere an seinen Gefühlen teilhaben können und wollen. Dieses Empfinden kommt mit etwa acht Monaten auf, wenn das Kind zu erkennen beginnt, daß es etwas von anderen Getrenntes ist, und es wird im weiteren Verlauf des Lebens immer wieder von intimen Beziehungen geprägt. Eine Fehlabstimmung zwischen Eltern und Kind wirkt zutiefst verstörend. ...

Ein längeres Ausbleiben der Abstimmung zwischen Mutter und Kind fordert einen ungeheuren emotionalen Tribut vom Kind. Zeigt die Mutter beharrlich keinerlei Einfühlung in bestimmte Emotionen des Kindes – seien es Freuden oder Tränen, sei es das Schmusebedürfnis –, so fängt das Kind an, die Äußerung, vielleicht sogar das Empfinden dieser Emotionen zu meiden. Auf diese Weise können vermutlich ganze Empfindungsbereiche aus dem Repertoire für intime Beziehungen getilgt werden, besonders wenn diese Gefühle während der Kindheit weiterhin versteckt oder offen entmutigt werden. ...

Mangelnde Abstimmung in der Kindheit kann später hohe emotionale Kosten nach sich ziehen – und nicht nur für das Kind. Kriminelle, die die grausamsten und gewalttätigsten Verbrechen begangen hatten, unterschieden sich, wie eine Untersuchung herausfand, von anderen Kriminellen in dem einzigen Punkt, daß sie in ihrer Jugend von einer Pflegestelle zur anderen gewechselt oder in Waisenhäusern aufgewachsen waren; sie waren vermutlich emotional vernachlässigt worden und hatten kaum Gelegenheit zur Abstimmung gehabt.

(*Goleman* 1996, 132ff)

Ist Bindung für das einzelne Individuum nicht erreichbar, „kann es zu schweren psychischen (und physischen) Leiden kommen. Einsame Menschen werden oft depressiv oder zumindest ‚schrullig'.

Bei Säuglingen und Kleinkindern führt mangelnde Bindung zu dauerhaften psychischen und physischen Schädigungen" (von Cube 2005, 77). Denn Diskontinuitäten in der mütterlich-empathischen „Abstimmung" (Stern, zit. n. Goleman 1996, 132) behindern die Entfaltung eines gesunden „Ur-Vertrauens" (Erikson, zit. n. Feser 2003, 37). Die Bedeutung der zitierten Begriffe und der Empathie sowie die Auswirkungen ihrer Vernachlässigung auf das spätere Selbstmanagement sind in den Abbildungen 3, 4 und 17 konkretisiert.

Unbestritten ist damit die Triebkraft des menschlichen Gemeinschafts-potentials auch heute noch wirksam, ohne freilich im bindungsarmen Single-Dasein der Individualkultur einstige Erfüllung zu finden.

Der vermeintliche Gegensatz zwischen Aggression und Bindung löst sich auf bei naturwüchsiger Zusammenführung zugunsten der Arterhaltung im verhaltensökologischen Gleichgewicht. Aggression befördert äußere, materielle Stabilität und bereitet insoweit der Aufzucht Ernährungsvorteile. Bindung befördert innere, emotionale Stabilität und bereitet insoweit der Aufzucht Erziehungsvorteile. Die ergänzende Entfaltung beider Aktivitäts-potentiale begünstigt demnach die Maximierung des Fortpflanzungserfolgs im evolutionären Selektionsprozess.

Der Umgang des Menschen mit seinen Aggressions- und Bindungspotentialen gerät zur kollektiven wie individualen Herausforderung der modernen Kultur. Denn in ihr ist Aggression physisch überflüssig und Bindung psychisch unerwünscht, während ihre Mitglieder unverändert „umtriebig" nach ent-sprechender Befriedigung suchen.

Hier kommt dem Individuum die Aufgabe zu, seine Aggressions- und Bindungsbedürfnisse zu erforschen und sich vor ungezügelten Befriedigungs-aktivitäten zu bewahren − durch richtungleitendes, kontrolliert steuerndes

Selbstmanagement (vgl. *Dyer* 1986, 75; *Goleman* 1996, 129-134; *Wehr* 2001, 8; *Noelle-Neumann* 2002, 5; *Feser* 2003, 37ff u. 127f; *Buss* 2004, 369ff; *Hansch* 2004, 69-75; *Nelles* 2004, 33-38 u. 135-141; *Bräutigam* 2005, 40ff, 52-64, 144-168 u. 179-188; *von Cube* 2005, 61-87; *Seiwert* 2005a, 108ff; *Bräutigam* 2006, 238ff, 253-276 u. 285-289; *von Münchhausen* 2006a, 140ff; *Schnaas* 2006, 46-53; *Disse* 2007, 8; *Gigerenzer* 2007, 222ff; *Hellbrügge* 2007, 15; *Schnaas* 2007a, 32f; *Lohse* 2008, 10; *Schulz* 2008, 8).

(3) Verhaltensmuster

Ein zweiter übergreifender Schwerpunktbereich des menschlichen Verhaltens betrifft die verhaltensökonomischen Entscheidungsmuster.

Da als dominierendes Überlebensmerkmal im Naturzusammenhang das Eigeninteresse gilt, geht die Verhaltensforschung davon aus, dass jegliche kreatürliche Aktivität letztlich auf biologisch bedingter Eigennutzorientiertheit beruht.

Selbstbezogenheit (einschließlich dem Streben nach Selbstbestimmung) ist mithin eine artgemäße Konstante des individuellen Handelns; jede abweichende Erwartung gerät zur überfordernden Zumutung.

Das Eigennutzstreben des Menschen ist grundsätzlich unbegrenzt (und erklärt so dessen tendenzielle „Unersättlichkeit"); es stößt gleichwohl in vielerlei Hinsicht auf natürliche Barrieren.

Zu den psychischen Endlichkeitsvorgaben gehört das „Gesetz des fallenden Grenznutzens" (*Ramb* 1993, 8). Es verallgemeinert die Erfahrung „vom geringeren Mehrwert des zweiten Stücks Kuchen" (*von Münchhausen* 2006a, 19). In Verbindung mit dem „Gesetz vom Ausgleich der Grenznutzen" (*Ramb* 1993, 17) erwächst hieraus für das Selbstmanagement die Empfehlung einer uneinheitlichen Gestaltung von Abfolgen (z.B. mittels Mahlzeitenwechsel, Job-Rotation u.ä.) bis hin zu einer Lebensführung in Vielfalt (statt in Eintönigkeit).

Eine weitere Maximierungsbarriere ist die allgegenwärtige Limitation durch Opportunitätskosten (= Kosten der entgangenen Gelegenheit; siehe 1.1.1.1). Der Umstand, dass letztlich jede Geld- bzw. Zeit-Einheit nur einmalig konsumierbar ist, zwingt den Menschen zum Abwägen und Entscheiden (= Wirtschaften), welche Güter ihm wichtiger sind bzw. auf welche er verzichten soll.

Der Entscheidungszwang gilt nicht nur für das Querschnittvergleichen zwischen verschiedenen Gegenwartsgütern, sondern ebenso für das Längsschnittvergleichen auf der Zeitschiene.

Im Längsschnittvergleich wägt das Individuum den Nutzen künftiger vs. gegenwärtiger Genussfreuden. Hierbei sät die Ungleichheit der Alternativen (abstrakt-unsicher vs. konkret-sicher) einen kreatürlichen Zwiespalt, in dem die Attraktivität unmittelbarer Nutzenzuflüsse zuweilen „das Bewußtsein überflutet und die Urteilskraft beeinträchtigt" (*von den Eichen/Stahl* 2002, 18). Nicht selten obsiegt so das Genussprinzip des Vorrangs der Gegenwart vor der Zukunft: Gierig gestillt wird ein aufbrechendes Verlangen – oft flüchtig, nicht selten auch unter Ausblendung höherwertiger Zukunftsalternativen.

Das Genussprinzip des Vorrangs der Gegenwart vor der Zukunft gefährdet als Gewohnheitsmuster jegliche Perspektivengestaltung, denn diese erfordert regelmäßig Gegenwartsverzicht (Genussaufschub). Als Weltanschauung offenbart es eine Abweisung fortschrittsbezogener Bemühungen. Der kurzsichtige Verzicht auf Perspektiven nämlich untergräbt das Streben des Menschen nach Selbstbestimmung, Autonomie und Macht über seine künftigen Lebensverhältnisse. Er begrenzt überdies die Möglichkeitsräume für zukunftsbezogen genussausweitende Empfindungen (z.B. Sehnsucht, Ehrgeiz, Zuversicht, Vorfreude).

Letztlich verharrt das Verhaltensmuster der Zukunftsausblendung in der reflexhaft-ungezügelt genussverkürzenden Befriedigung von Primärbedürfnissen. Ein solches Muster entspricht dem trieb- und instinktabhängig naturnehmend in die Umwelt begebenen Tier, keinesfalls jedoch dem gestaltungsbefähigten Menschen, denn es entbehrt jeder selbstbestimmenden Richtungsführung.

Das Genussprinzip des Vorrangs der Gegenwart vor der Zukunft begründet infolgedessen eine Lebensweise, die reflektiertes Selbstmanagement weder benötigt noch erträgt: eine Existenz der Selbstbegebung in die Abhängigkeit von externen, aktuellen Reizimpulsen, abseits von individuellem Erfolgsstreben, womöglich als „Habenichts" – eine Existenz ähnlich einem „Hundeleben".

Dem zu entrinnen freilich bedarf es einer selbstmächtigen Beherrschung des persönlichen Begehrens. Den Wirkungsgrad dieser „Kunst des Widerstehens" (*Klöckner* 2001, 35) belegen eindrücklich die in Abbildung 6 geschilderten Erhebungsbefunde; sie verweisen zugleich auf die Bedeutsamkeit diesbezüglicher Steuerungsbemühungen bereits im Kleinkindalter.

Für das Selbstmanagement ergibt sich hieraus der Anspruch einer bewussten Beschäftigung mit dem Wägen von Vor- und Nachrangigkeiten, auch auf der Zeitschiene, sowie mit dem verhaltensleitenden Setzen von Prioritäten (= Priorisieren; vgl. *Ramb* 1993, 1-29; *Goleman* 1996, 106-111; *Baron* 1999, 5; *Sprenger* 1999, 16f; *Wiswede* 2000, 167f; *Klöckner* 2001, 34ff u. 154f; *Maxeiner/Miersch* 2001, 166-168; *von den Eichen/Stahl* 2002, 18; *Hansch* 2004, 65 u. 121f; *Müller* 2004, 33f; *Seidel* 2004, 257-259 u. 278-282; *Bräutigam* 2005, 39-52 u. 58f; *Bräutigam* 2006, 244f; *Carnegie* 2006, 84f; *von Münchhausen* 2006a, 18f; *Gigerenzer* 2007, 222f).

Über diese allgemeinen Schwerpunktbereiche hinaus sind für ein wissensbasiertes Selbstmanagement etliche fundamentale Strukturmuster des menschlichen Verhaltens zu beachten, die in vorangegangenen Erklärungsbezügen des Kompendiums der Humankapitalwirtschaft bereits ausführlich dargestellt wurden und für deren Wiederholung hier kein Raum ist.

Es handelt sich insbesondere um grundlegende Regelmäßigkeiten der Realitätswahrnehmung, des Lern- und Motivationsgeschehens sowie der Defizitempfindung. So müssen einem optimierten Selbstmanagement die

- Gefahren eigennutzzentrierter Wahrnehmung (z.B. durch Informations-selektion, Objektverzerrung, Kausalattribution) ebenso geläufig sein wie
- Lernvollzugsformen (z.B. Reaktion, Imitation, Kognition),
- Motivationsverständnis (betreffend Antriebsinhalte, -verläufe, -festigung) und
- Diskrepanzreaktionen (Dissonanz, Stress, Frustration).

Sie sind dargestellt in Teil I (Humankapitalsystem), Band 1: Verhaltens-ökonomie (vgl. *Bräutigam* 2005, 86-141).

(4) Lebenszyklus

Als letzter Schwerpunkt generell verhaltenswirksamer Kreaturanlagen bleiben die Gestaltungsbedingungen im biologischen Lebenszyklus anzuleuchten.

Selbstmanagement ist nicht zuletzt auch deshalb „eine lebenslange Lern- und Anpassungsaufgabe" (*Borstnar/Köhrmann* 2004, 250; siehe 1.1.2.1), weil der jeweilige Reifungsstand des Individuums zeitliche „Fenster der Gelegenheit" (*Goleman* 1996, 282) öffnet, innerhalb derer bestimmte Aufgaben erfüllbar bzw. Früchte genießbar werden, bevor die Fenster sich wieder schließen. So ist beispielsweise die Möglichkeit zur persönlichkeitsformenden Entfaltung individuellen Humankapitals in mehrfacher Hinsicht begrenzt auf biologisch festgelegte Zeitspannen, „während welcher der Organismus optimal darauf eingestellt ist, neue Prozesse und Strukturen zu erwerben" (*Zimbardo*, zit. n. *Schanz* 1998, 66). Die eindrücklichen Darstellungen der Abbildungen 5 und 6 beleuchten insbesondere die Relevanz der frühkindlichen Erziehungseinflüsse für das spätere Selbstmanagement.

Manches bewerkstelligen demzufolge tatsächlich Jüngere leichter, manches Ältere. An diesbezüglich mangelnder Ein- und Weitsicht und daraus resultierender Überschätzung der persönlichen Kräfte sind genügend langfristig belastende Unternehmungen gescheitert, angegangen verfrüht bzw. verspätet aus unreifem bzw. greisem Ehrgeiz (Existenz- oder Familiengründungen, Sportleistungen etc.).

Ferner ist zu beachten, dass die Realitätswahrnehmung des Individuums und damit seine „subjektive Erlebenswirklichkeit" (*Bräutigam* 1984, 25) nicht unbeeinflusst bleiben von biologischen Veränderungen im Lebenszyklus. So ist die persönliche Daseinsbeurteilung beispielsweise nach erlangter Eltern- oder Seniorenschaft vielfach schon allein hormonell bedingt zurückhaltender als in zumeist noch unbeschwerteren Kindheits- und Jugendphasen (erkennbar mitunter an gedämpfter Euphorie- und/oder Aggressionsbereitschaft).

Auch verändert das im Verlauf des Daseins zunehmende Endlichkeitsbewusstsein sukzessive den Blickwinkel und die Färbung der Lebenssicht (erkennbar mitunter an intensiverer Zeitempfindung und/oder Spiritualität); infolgedessen verlagern sich Bedürfnisse und Handlungspräferenzen sowie im Ergebnis auch die Ansprüche an eine wohlbefindenshebende Alltagsgestaltung.

Im Vordergrund von Überlegungen zu den Erfordernissen einer artgerechten Lebensführung steht somit nicht zuletzt die reifungs- und alterungsbedingte Verschiebung der biologischen Existenzperspektive (mit ihrem variierenden Möglichkeitsraum); auch dieser Blickwinkelverschiebung ist durch ein reflektiertes, realistisch nutzenmaximierendes Selbstmanagement Rechnung zu tragen (vgl. *Erikson* 1988, 36f u. 72f; *Feser* 2003, 167ff u. 183-188; *Franz* 2003, 50f u. 82ff; *Borstnar/Köhrmann* 2004, 226-238; *Kappler* 2004, 1070ff; *Bräutigam* 2005, 76ff; *Lange* 2006, 45f; *Lütz* 2006b, 100; *von Münchhausen* 2006a, 20f u. 29ff; *Welp* 2006, 78f; *Knoblauch/Hüger/Mockler* 2007, 78ff; *Ruf* 2007, 30).

Abbildung 5:

Zeitfenster des Lernens

Jeder weiß, dass Kleinkinder, wenn sie zu reden anfangen, meist nur einzelne Worte aneinander reihen. Man kann dann beobachten, wie ihr Gehirn mit der Zeit ganz einfache allgemeine Grundregeln der Wortstellung bildet, eine Babysprache mit primitiver Grammatik.

Aufbauend auf den Grundregeln werden dann schrittweise die Gesetze des korrekten Satzbaus abstrahiert und angewendet. Schließlich kann man seine Muttersprache grammatikalisch richtig sprechen, ohne dass einem jemand jemals die Regeln erklärt hätte. Jedes Menschenhirn findet diese Gesetze schrittweise autonom nach inzwischen nachvollziehbaren Gesetzen. Die Fähigkeit dazu haben wir geerbt.

Die Forschung hat nun aufgrund von Studien an Kindern, die in frühester Jugend hochgradig vernachlässigt wurden, wahrscheinlich gemacht, dass es gewisse Zeitfenster für diese grammatikalische Meisterleistung gibt, in denen die jeweiligen Schritte erfolgen müssen. Wenn der erste Schritt nicht getan werden konnte, weil das Kind lange Jahre in einem Keller eingesperrt war, kann der Rest nicht darauf aufgebaut werden, das Kind wird nie grammatikalisch korrekt sprechen können. Man hat auch Theorien darüber, warum das so ist. Es hängt mit der schrittweisen Reifung des Gehirns zusammen.

Wer den Grundbegriff von Mein und Dein nicht ganz früh als Kleinkind gelernt hat, dem wird gelegentliches Stehlen später kaum mehr abzugewöhnen sein. Wer die Bedeutung von wahr und nicht wahr nicht in dieser ersten Phase verstanden und verinnerlicht hat, dürfte Schwierigkeiten haben, jemals noch kompliziertere Unterscheidungen zwischen Ehrlichkeit und raffiniertem Taktieren oder von Zuverlässigkeit und Eigennutz zu lernen. Wer in einer Welt von Gewalt aufgewachsen ist, wird allenfalls durch ein Schlüsselerlebnis zum Pazifisten werden.

(*Seidel* 2004, 353f)

Abbildung 6:

Beherrschung des Begehrens   (= Kunst des Widerstehens)

Sechzig Kinder, alle im Alter von etwa vier Jahren, waren in einem großen Raum versammelt und jedes blickte begierig auf ein leckeres Marshmallow, das vor ihm auf seinem Tischchen lag. Schon lief ihnen das Wasser im Mund zusammen, da hörten sie, wie die Aufsichtsperson laut verkündete: „Wenn Ihr wollt, so könnt Ihr das Marshmallow gerne sofort essen – wenn Ihr es allerdings wirklich schafft, damit noch eine Viertelstunde zu warten, dann bekommt Ihr noch zwei weitere Marshmallows dazu!" – An der großen Uhr, die für alle sichtbar an der Wand hing, zeigte man ihnen, wann die Viertelstunde vorbei sein würde.

Was sich in den folgenden 15 Minuten abspielte, war äußerst spannend: Etwa ein Drittel der Kinder zögerte nicht lange und verspeiste mit sichtbarem Genuss den Leckerbissen (nach der Devise: „Lieber den Spatz in der Hand als die Taube auf dem Dach"). Damit war für sie der Spaß allerdings auch vorbei. – Ein weiteres Drittel versuchte tatsächlich, die angegebene Zeit abzuwarten, um die versprochene Belohnung zu bekommen (also nach dem Motto: „Lieber morgen die Henne als heute das Ei"), nach einigen Minuten überwältigte sie jedoch die Anziehungskraft des vor ihnen liegenden Marshmallows, sodass ein Kind nach dem anderen schwach wurde, zugriff und die süße Masse verschlang – wenn auch mit etwas gemischten Gefühlen. – Das letzte Drittel der Kinder dagegen hielt durch. Manche schauten weg, andere hielten sich Augen und Nase zu oder versuchten, sich in irgendeiner Weise abzulenken. Jedenfalls schafften sie es – und bekamen freudestrahlend die beiden weiteren versprochenen Marshmallows!

Die weitere Entwicklung der 60 Kinder wurde über 30 Jahre hinweg verfolgt, insbesondere interessierte die Frage, wie erfolgreich die Probanden im Leben werden würden. Und tatsächlich stellte sich heraus, dass diejenigen, die schon frühzeitig die Fähigkeit besaßen, auf eine kurzfristige Annehmlichkeit zugunsten eines langfristigen Gewinns zu verzichten, auch später im Leben die wesentlich Erfolgreicheren waren.

(von Münchhausen 2006b, 122f)

1.2.1.2 Persönlichkeitsanlagen

(1) Erbeinflüsse

Über die kreaturgemäß fundamentalen Verhaltensdispositionen hinaus besitzt jeder Mensch von seiner Zeugung an bereits beim Heranwachsen im Mutterleib spezifische Erbgüter in einzigartiger Kombination und Ausprägung. Diese genetisch bedingten Veranlagungen entfalten im Werdegang der Reifung, Erziehung und Sozialisation kennzeichnende Merkmale der jeweiligen individuellen Persönlichkeit.

Das psychologische Begriffskonstrukt der individuellen Persönlichkeit wurde definitorisch und substantiell an anderer Stelle des Kompendiums der Humankapitalwirtschaft grundlegend erläutert (einschließlich seiner Strukturierung mittels Teilkomponenten wie Dimensionen, Charakteristika u.ä.). Ausführlich eingegangen wurde dabei auch auf die Entstehung von persönlichen Bedürfnissen und Motiven, auf den Erwerb und den Wandel von Einstellungen und Werten sowie auf die individuellen Vollzüge von Realitätswahrnehmung, Lern- und Motivationsprozessen bzw. von Diskrepanzreaktionen.

Auf eine Wiederholung der entsprechenden Darstellungen wird hier aus raumökonomischen und konzeptionellen Gründen weitgehend verzichtet. Gleichwohl werden die Wissensinhalte im Folgenden als bekannt vorausgesetzt; sie sind nachlesbar im Teil I (Humankapitalsystem), Band 1 (Verhaltensökonomie) und Band 2 (Kulturökonomie; vgl. *Bräutigam* 2005, 73-168; *Bräutigam* 2006, 11-52 u. 223-252).

Gemäß den Befunden der jüngeren empirischen Persönlichkeitsforschung sind etwa 30 % bis 50 % der Individualmerkmale eines Menschen vererbbar, also im Wesentlichen genetisch vorgegeben und damit allenfalls begrenzt formbar (= rahmensetzend, weil: determinierend). Hierzu gehören

- die konstitutionellen Körpermerkmale (z.B. Größe, Reflexe, Biorhythmus) einschließlich des vegetativen Nervensystems und des Systems der Sinneswahrnehmungen, ferner

- die vitale Energie, die Lebensgrundstimmung sowie das Temperament; auch

- die Gefühlsansprechbarkeit (einschließlich des Sexualtriebs) sowie spezielle damit verbundene Emotionalitäten (z.B. Disposition zu Liebe, zu Impulsivität, zu Aggression sowie zu Schüchternheit, Ängstlichkeit und Verletzbarkeit) sind weitestgehend angeboren.

Diesen Merkmalen gegenüber gelten etwa 50 % bis 70 % der Persönlichkeits-elemente als relativ formbar (= rahmennutzend, weil: variabel). Sie sind im Wesentlichen erwerbbar und damit heranzubilden über die Prozesse des intentionalen bzw. funktionalen Lernens. Hierbei ist die Plastizität (Formbarkeit) des Menschen beachtlich, insbesondere im Bereich der Aneignung von Kenntnissen, Fertigkeiten, Interessen, Werthaltungen und Weltanschauungen. Gleichwohl bleiben viele Möglichkeiten zur Entfaltung, wie in 1.2.1.1 erwähnt, begrenzt auf bestimmte Zeitfenster im Lebenszyklus.

Dem Selbstmanagement kommt in diesem Zusammenhang zunächst die Aufgabe zu, den jeweiligen Möglichkeitsraum in seinen rahmensetzenden (festlegenden) wie auch rahmennutzenden (verändernden) Merkmalen zu erkennen und zu akzeptieren. Sodann sind, der willentlich angestrebten Lebensrichtung folgend, mittels abgestimmter Maßnahmen die veränderbaren Merkmale richtungsgemäß auszuformen. Gleichzeitig sind die festlegenden Merkmale zu stärken (bei richtungsfolgender Ausprägung) bzw. zu zügeln (bei gegenläufiger Ausprägung). Insgesamt gilt es, durch eine reflektierte Selbst-formung ein individuell nutzenmaximierendes Persönlichkeitsprofil zu gestalten (vgl. *Goleman* 1996, 286f; *Baron* 1999, 5; *Sprenger* 1999, 38f; *Borstnar/ Köhrmann* 2004, 26; *Hansch* 2004, 58ff u. 128f; *Seidel* 2004, 64f, 264-277 u.

353f; *Bräutigam* 2005, 76ff; *Seiwert* 2005b, 151; *Knoblauch/Hüger/Mockler* 2007, 70ff).

(2) Geschlechtseinflüsse

Alle Betrachtungen zur Individualität der Persönlichkeitsanlagen wären unvollständig ohne Hinweis auf die im vorliegenden Kompendium nur vereinzelt und am Rande ansatzweise angesprochene Verschiedenheit der Geschlechterpersönlichkeiten.

Die Naturgegebenheit der Unterschiede zwischen Mann und Frau wird im feministisch beeinflussten Zeitgeist des „Gender Mainstreaming" (*Stiegler* 2008, 1) ideologisch indoktrinierend tabuisiert, vernachlässigt, verniedlicht bzw. sogar verleugnet; die psychischen Unterschiede werden nicht selten reduziert auf kulturspezifische Rollenmuster, welche den Menschen aufgezwungen seien durch gesellschaftliche Verhaltensnormen.

Tatsächlich freilich kann die Unterschiedlichkeit der Geschlechter gar nicht komplett geleugnet werden, alldieweil ja allein schon deren fortpflanzungsgerichtet komplementär unterschiedliche Leibesbeschaffenheit selbst für den Verblendetsten oberflächlich begreifbar ist. Dass unterhalb der Leibesoberfläche zu der physisch komplementären Körperbeschaffenheit auch eine psychisch komplementäre Wesensbeschaffenheit natürlich angelegt ist (mit evolutionär aufgabengerichteter Herausbildung dementsprechend geistigemotionaler Persönlichkeitsmerkmale), wird von interessierten Kreisen schlichtweg missachtet (und bestritten bis hin zur Volksverdummung).

Indessen sind die biologisch bedingten geistig-emotionalen Unterschiede zwischen Mann und Frau (angelegt beispielsweise in Hirnfunktion, Hormonhaushalt usw.) nach kulturübergreifendem Forschungsstand in ihrer Tendenz derartig gravierend, dass die weitestgehend geschlechtsneutral abgefassten

Handlungsempfehlungen der vorliegenden Schrift sogar diesbezüglich durchaus einen gewissen Vorbehalt verkürzender Darstellung rechtfertigen.

Die vier nachfolgend übermittelten empirisch begründeten Skizzen geschlechtlicher Verhaltensmuster in den psycho-sozialen Spannungsfeldern Partnerschaftsengagement, Gemeinsamkeitsdichte, Berufsanspruch und Stressreaktion (ergänzt um die Inhalte der Abbildungen 7 und 8) werfen ein Schlaglicht auf einzelne Unterschiedlichkeiten und deren Auswirkungen.

Partnerschaftsengagement:

„Männer tendieren dazu, eifersüchtiger auf sexuelle Untreue zu reagieren, und Frauen sind eifersüchtig bei emotionaler Untreue. ... Wenn Männer und Frauen sich vorstellen sollen, dass ihr Partner sowohl sexuell als auch emotional untreu war, so sind Männer verärgerter über den sexuellen Aspekt der Untreue und Frauen verärgerter über den emotionalen Aspekt" (*Buss* 2004, 444).

„Männer tendieren dazu, viel in die Partnerbindung zu investieren, wenn sie mit jungen, physisch attraktiven Frauen verheiratet sind, zwei bekannten Hinweisen auf den reproduktiven Wert einer Frau. Frauen tendieren dazu, sich intensiv in Bereichen der Partnerbindung zu engagieren, wenn sie mit Männern verheiratet sind, die ein hohes Einkommen haben und viel in Statusbestrebungen investieren. ... Im Lauf der Evolutionsgeschichte haben Frauen schon immer vorzugsweise Männer ausgewählt, die über Ressourcen verfügten, und Männer standen im gegenseitigen Wettbewerb, um sich Ressourcen anzueignen und so Frauen anzuziehen" (ebenda).

Gemeinsamkeitsdichte:

Frauen empfinden eher (häufiger/intensiver) relationale Verbundenheit; sie hängen an engen Beziehungen (z.B. Mutterschaft, Partnerschaft, Freundschaft). Männer empfinden eher (häufiger/intensiver) kollektive Verbundenheit; sie hängen an größeren Gruppen (z.B. Verein, Truppe, Nation).

Berufsanspruch:

Auch akademische „Männer wollen Autos bauen" (*Mai* 2003a, 115), weibliche Hochschulabsolventinnen dagegen bevorzugen Karrieren „in der Bekleidungsindustrie, im Einzelhandel und in Dienstleistungsunternehmen" (*Liesem* 2006, 57). „Die Automobil- oder Consulting-Branche – allesamt Ziele ihrer Kommilitonen – interessieren die Frauen fast gar nicht" (*Mai* 2003a, 115).

Hinsichtlich der Beschäftigungsbedingungen legen Frauen Wert auf „ein kollegiales Betriebsklima, eigenständiges Arbeiten sowie flexible Arbeitszeiten. Ihre männlichen Kollegen dagegen favorisieren ein angemessenes Einkommen, interessante Aufgaben und gute Aufstiegschancen" (ebenda).

Stressreaktion:

„Männer neigen dazu, sich durchzuboxen, bis sie zusammenbrechen, Frauen hingegen spüren eher, daß etwas nicht stimmt" (*Bauer*, zit. n. *Blankenburg* 2006, C5). Sie „schaffen es eher, mit jemandem darüber zu sprechen, daß es so nicht weitergehen kann" (*Nelting*, zit. ebenda), gehen häufiger zum Arzt und beschreiben ihr Krankheitsbild. Dieses ist dann oft gekennzeichnet von psychischen und psychosomatischen Beschwerden wie „Migräne, Neurodermitis" (*Mai/Ruess* 2007, 104), „Depressionen, Ängsten, Selbstzweifeln" (*Liesem* 2006, 57), zuweilen auch von „Muskel-, Skelett- und Rückenschmerzen" (ebenda). Dagegen melden Männer weniger Stressbeschwerden an, obschon sie nicht seltener krank sind. Sie reagieren häufiger mit „Hyperaktivität und Aggressivität" (ebenda). „Hinzu kommen Übergewicht, hoher Blutdruck sowie erhöhte Cholesterinwerte" (*Mai/Ruess* 2007, 104); gefährdet sind meist „das Herz und der Kreislauf" (*Liesem* 2006, 57). Als Faustregel gilt: „Bei Männern streikt das Herz, bei Frauen die Psyche" (ebenda).

„Insgesamt gehen Frauen sorgsamer mit ihrer Gesundheit um als Männer" (ebenda). Drogenmissbrauch gleichwohl ist bei beiden Geschlechtern ein Thema, nicht selten kompensatorisch und gipfelnd in Alkoholsucht: „Insbesondere scheinen kinderlose ... und ältere Frauen betroffen zu sein" (*Ber*-

gerow, zit. ebenda), vor allem, „wenn ihnen bewußt wird, daß ihre biologische Uhr abgelaufen ist und sie für die Karriere alles geopfert haben" (ebenda).

Vor dem Hintergrund dieser Beispiele dürfte jeder Heranwachsende gut beraten sein, sich intensiv mit den persönlichen Ausprägungen seiner Geschlechtlichkeit und den daraus artgemäß langfristig zu erwartenden biologisch reifenden Erfordernissen auseinanderzusetzen (Triebe, Verhaltensdispositionen, Bedürfnisse, Ansprüche etc.), statt naiv den kollektiv verbreiteten Irrlehren einer modernen Unisex-Ideologie nachzulaufen (vgl. *Degen* 1996, 9; *Goleman* 1996, 178-189; *Baron* 1999, 5; *Mai* 2003a, 115; *Schwarz* 2003b, 86-89; *Aronson/Wilson/Akert* 2004, 155f; *Buss* 2004, 187ff, 220f u. 442ff; *Hansch* 2004, 58-64 u. 226-234; *Kirchhof* 2004, 26f; *Nelles* 2004, 33-57; *Koschik* 2005, 42ff; *Blankenburg* 2006, C5; *Liesem* 2006, 57; *Schnaas* 2006, 46-53; *Welp* 2006, 78; *Mai/Ruess* 2007, 104f; *Stiegler* 2008, 1-5).

(3) Akzeptanzempfehlung

Ein ständiges Aufbegehren gegen die natürliche Determiniertheit des menschlichen Daseins leitet insgesamt keineswegs zur „Kunst, das Beste aus dem Leben zu machen" (*George Bernard Shaw*, zit. n. *Becker* 1993, 1).

Auch die verbreitete Selbsterhebung des Menschen zur „Krone der Schöpfung" (*von Cube* 2005, 17) unter Verdrängung der eigenen Begrenztheit liefert keinen Beitrag zur Maximierung des Nutzens, sondern reduziert diesen.

Eine Wohlstandsgesellschaft mit der Attitüde von Lust und Beliebigkeit und den Allüren des Hochmuts entwickelt sich dekadent (= widerstandsschwach, weil sittlich entartet infolge kultureller Überfeinerung).

- 58 -

Abbildung 7:

<u>Partnerwahl 1</u>: Strategien der Frau

Die moderne Frau hat von ihren erfolgreichen Vorfahren die Weisheit und die Umsicht geerbt, mit der sie einen Mann für eine Partnerschaft aussucht. Zur Zeit unserer Vorfahren liefen Frauen, die sich wahllos auf eine Männerpartnerschaft einließen, eher Gefahr, geringere Reproduktionserfolge zu erzielen als diejenigen, die klug auswählten. ...

Es scheint offensichtlich, dass sich Frauen einen Ehepartner aussuchen, der über Ressourcen verfügt. Da diese ... nicht immer direkt auszumachen sind, richten sich die Partnerpräferenzen der Frau auf andere Eigenschaften, die auf den Besitz oder den zukünftigen Erwerb von Ressourcen hinweisen. ...

Potential allein reicht jedoch nicht aus. Da viele Männer mit einem großen Ressourcenpotential selbst sehr wählerisch sind und zuweilen flüchtige sexuelle Beziehungen vorziehen, sehen sich Frauen mit dem Problem des Bindungswillens seitens der Männer konfrontiert. Die Suche nach Liebe ist eine Lösung für dieses Problem. Handelt ein Mann aus Liebe, so zeigt das seinen Bindungswillen ... .

Für die Frauen unserer Vorfahren wäre es allerdings problematisch gewesen, wenn sie einen Mann gehabt hätten, der sie zwar liebte und ihnen treu war, sich anderen Männern aber körperlich schnell geschlagen geben musste. Frauen, die sich mit kleinen, schwachen Männern einließen, ... wären das Risiko eingegangen, von anderen Männern geschädigt zu werden ... . Große, starke, athletische Männer dagegen konnten die Frauen beschützen. So konnte ihre persönliche Sicherheit und die ... ihrer Kinder vor Übergriffen geschützt werden. Die modernen Frauen sind die Nachfahren dieser damals erfolgreichen Frauen, die ihre Männer zum Teil auch nach Stärke und Körperbau auswählten.

Dennoch sind Ressourcen, Bindungswille und Schutz für die Frau völlig nutzlos, wenn ihr Ehemann krank wird oder stirbt oder wenn das Paar zu verschieden ist, um als Elternpaar und gutes Team zu funktionieren. Daher legen Frauen auch großen Wert auf die Gesundheit eines Ehemanns ... . Außerdem legen sie großen Wert auf ähnliche gemeinsame Interessen und Eigenschaften, denn das fördert Stabilität und Treue. Diese unterschiedlichen Facetten der aktuellen weiblichen Partnerpräferenzen stimmen also voll und ganz mit den vielen adaptiven Problemen überein, denen sich unsere weiblichen Vorfahren vor tausenden von Jahren gegenüber sahen. ...

Handelt es sich um eine langfristige Beziehung, so bevorzugen Frauen Eigenschaften, die darauf hindeuten, dass der Mann ein guter Versorger und ein guter Vater sein wird. ... . Auch der Menstruationszyklus der Frau beeinflusst ... Partnerpräferenzen. Ist bei einer Frau die Wahrscheinlichkeit, schwanger zu werden am höchsten, bevorzugt sie Männer, die maskuliner sind und symmetrischere Gesichtszüge haben als jene, die sie in Zeiten bevorzugt, in denen sie nicht empfängnisbereit ist. ...

Einige Studien zeigen, dass physisch attraktive Frauen tatsächlich häufiger Männer heiraten, die über ein hohes Einkommen und einen hohen beruflichen Status verfügen. Demografische Studien ergaben außerdem, dass Frauen weltweit eher dazu neigen, ältere Männer zu heiraten ... .

(*Buss* 2004, 187ff)

Abbildung 8:

<u>Partnerwahl 2</u>: Strategien des Mannes

Für unsere männlichen Vorfahren gab es viele Vorteile einer Heirat. Sie erhöhten ihre Chancen, eine Partnerin und insbesondere eine begehrenswerte Partnerin anzuziehen. Durch die Heirat verbesserten sie ihre Gewissheit der Vaterschaft, da sie kontinuierlichen, exklusiven oder überwiegenden sexuellen Zugang zu der Frau gewannen. ...

Zwei adaptive Probleme sind bei der Entscheidung für einen langfristigen Partner von großer Bedeutung. Das erste ist, Frauen von hoher Fruchtbarkeit oder reproduktivem Wert zu identifizieren, die fähig sind, Kinder zu gebären. Es wurde beobachtet, dass Männer Attraktivitätsmaßstäbe entwickelt haben, die Hinweise auf die reproduktive Kapazität einer Frau enthalten. Hinweise auf Jugend und Gesundheit sind hierbei zentral: glatte Haut, volle Lippen, schmale Kieferknochen, symmetrische Gesichtszüge, weiße Zähne, die Abwesenheit von Wunden und Verletzungen sowie ein geringes Taille-Hüfte-Verhältnis. ...

Das zweite große adaptive Problem ist die Ungewissheit der Vaterschaft. Im Lauf der menschlichen Evolutionsgeschichte riskierten Männer, die diesem Problem gleichgültig gegenüberstanden, die Kinder eines anderen Mannes aufzuziehen, was für ihren Reproduktionserfolg äußerst nachteilig gewesen wäre. Männer in vielen Ländern ziehen deshalb jungfräuliche Frauen vor, aber dies ist nicht überall der Fall. Eine bessere allgemein verbreitete Lösung scheint zu sein, Hinweise auf die künftige Treue einzuschätzen und sicher zu sein, dass die Frau nur mit ihrem Ehemann Geschlechtsverkehr haben wird.

Männer wollen physisch attraktive, junge, sexuell loyale Frauen, die ihnen treu bleiben. Diese Präferenzen ... scheinen universell zu sein. Nicht eine einzige kulturelle Ausnahme von diesem Trend wurde je dokumentiert. ...

Vier Quellen bestätigen die Hypothese, dass die Partnerpräferenzen das tatsächliche Partnerverhalten der Männer beeinflussen. Zum einen antworten Männer häufiger auf Bekanntschaftsanzeigen, in denen Frauen behaupten, sie seien jung und attraktiv. Zum zweiten heiraten Männer weltweit Frauen, die etwa drei Jahre jünger als sie selbst sind. Männer, die sich scheiden lassen und wieder heiraten, heiraten beim zweiten, Mal Frauen, die fünf Jahre jünger sind und beim dritten Mal solche, die acht Jahre jünger sind. Drittens widmen Frauen der Verschönerung ihres Erscheinungsbildes im Zusammenhang mit der Anziehung von Männern viel Mühe, was zeigt, dass Frauen auf die von Männern ausgedrückten Präferenzen reagieren. Viertens tendieren Frauen dazu, ihre Rivalinnen abzuwerten, indem sie ihr physisches Erscheinungsbild herabsetzen und sie promiskuitiv nennen. Das sind Taktiken, die effektiv sind, da sie Rivalinnen für Männer weniger attraktiv machen, indem sie die Präferenzen der Männer verletzen.

(*Buss* 2004, 220f)

„Lebenskunst" (*Gross* 2004, 166) im Gegenteil erfordert als Handlungsbasis eine ausgeprägte Bereitschaft zu (demütiger und/oder dankbarer) Hinnahme der Unabänderlichkeiten (zum Schutz vor Verdruss infolge Ent-Täuschung). Demgemäß beginnt genusswirksames Selbstmanagement bei der Akzeptanz der kreatürlichen Evolutionsbedingungen und sollte bemüht sein, eher „damit zu kooperieren als dagegen anzukämpfen" (*Pilsl* 2006, 55). Angeraten ist von daher eine möglichst „naturkonforme Strategie" (ebenda), denn „die Natur läßt sich nicht überlisten. Wer sich über ihre Gesetze hinwegsetzt, hat den Schaden oder geht zugrunde" (*von Cube* 2005, 134; vgl. *Dyer* 1986, 75f u. 211ff; *Wehr* 2001, 8; *Henkel* 2002, 256ff; *Eberspächer* 2002, 4f; *Feser* 2003, 188; *Bräutigam* 2004, 160-168; *Gross* 2004, 17ff; *Hansch* 2004, 58-64; *Kirchhof* 2004, 26f; *Nelles* 2004, 29-36; *Panagiotidou* 2004, 36; *Seidel* 2004, 264f; *Bräutigam* 2005, 45-52 u. 239-244; *von Cube* 2005, 13f u. 17f; *Di Fabio* 2005, 272; *Geißler* 2005, 6; *Bräutigam* 2006, 93-96, 131-134, 235-241, 253-289 u. 412-421; *Lütz* 2006b, 100; *Pilsl* 2006, 55ff; *Schnaas* 2006, 46-53; *Knoblauch/Hüger/Mockler* 2007, 21; *Stiegler* 2008, 1-5).

1.2.2   Kulturvorgaben

Die Empfehlung, einen gegebenen Bedingungsrahmen hinzunehmen und sich kooperativ auf ihn einzulassen, wurde in 1.2.1 ausgesprochen für den Bereich jener Naturvorgaben, deren Gestaltung dem Menschen nicht zugänglich ist.

Sie ist nur eingeschränkt übertragbar auf Kulturspezifisches als „von den Menschen Geschaffenes" (*Bräutigam* 2006, 13). Denn was der Mensch geschaffen hat, lässt sich vielfach auch wieder abschaffen.

Allerdings kennzeichnet der Begriff Kultur einen außerordentlich komplexen Vollzugsrahmen an Praktiken, der, jeweils gruppenspezifisch betrachtet, „Wissen, Glauben, Kunst, Sitte, Recht, Brauch und alle anderen Fähigkeiten und Gewohnheiten in sich schließt, die der Mensch als Mitglied der Gesellschaft erworben hat" (*Tylor*, zit. n. *Eagleton* 2001, 51).

Diese Bündelung einer Fülle von Artefakten (= kulturelle Ergebnisfaktoren) konkretisiert letztlich die „Gesamtheit der Gewohnheiten eines Kollektivs" (*Hansen* 2000, 17f).

Da „der Mensch ein Gewohnheitstier ist" (*Baron* 1999, 5), erweist in der Lebenspraxis Kultur sich als ein „zählebig-wandlungsresistentes, also relativ stabiles Phänomen kollektiver Standardisierung (Vereinheitlichung), das den Mitgliedern einer Gesellschaft Verhaltensorientierung bietet" (*Bräutigam* 2006, 12).

Kultur manifestiert, zugespitzt formuliert, eine „kollektive Programmierung des Geistes, die die Mitglieder einer Gruppe oder Kategorie von Menschen von anderen unterscheidet" (*Hofstede* 2001, 4).

Demgemäß sind die Kulturelemente und ihre kollektive Wirkkraft vom einzelnen Individuum im Alleingang kaum ernsthaft zu beeinflussen, geschweige denn abzuschaffen; gleichwohl lässt ihr Einfluss auf die eigene Persönlichkeit sich durch Selbstmanagement relativieren (vgl. *Hansen* 2000, 11-18; *Hofstede* 2001, 2-6; *Wehmeier* 2001, 164ff; *Borstnar/Köhrmann* 2004, 156ff; *Bräutigam* 2006, 11-16).

1.2.2.1 Prägungsprozesse

(1) Einflusskräfte

Angesichts seiner existentiell vielfältig notwendigen Verknüpftheit mit verschiedenen Kollektiven (z.B. Familie, Kollegen- und Freundeskreise) hat der Mensch neben den natürlichen Vorgaben seiner Individualität auch die kultürlichen Standardisierungen seiner Gesellschaft großenteils hinzunehmen; er wird hierauf sogar institutionell abgerichtet.

Die dies bewerkstelligende Erziehung bzw. Sozialisierung vollzieht sich in der Primärgruppe Familie sowie in den Sekundärgruppen (etwa Kindergarten, Schule, Betrieb) bei der Umsetzung von Sachzwecken (etwa beim Basteln, Lernen, Arbeiten) mittels entsprechender Normen (Regeln des Bastelns, Lernens, Arbeitens). Die jeweiligen Gruppennormen werden eingeübt im gemeinschaftlichen Zusammenwirken und durchgesetzt über kulturspezifisch etablierte Systeme der Belohnung und Bestrafung.

Unterdessen vergibt im Zeitgeist des Massenwohlstands eine zunehmende Zahl von Erziehungsverantwortlichen ihre Prägungsmacht an die interessengeleiteten Programmgestalter einer elektronischen Medienwelt.

Inzwischen verbringen Erwachsene, Jugendliche und auch Schulkinder den größten Teil ihrer wachen Lebenszeit vor dem erst seit zwei Generationen verbreiteten Fernsehgerät (bzw. vor Computer und Playstation), während gleichzeitig die für den Nachwuchs aufgebrachte Zuwendungszeit sich halbiert hat.

Aus diesem Wandel ist, so konstatiert der Medienpublizist *Andreas Kilb*, „unmerklich ein neuer Typus des Kleinkinds entstanden, das seine Kindheit vor dem Bildschirm verpaßt. Jene autistische Asozialität, jene Unempfindlichkeit für die Wünsche und Schmerzen anderer, jene Kompromiß- und Kommunikationsunfähigkeit, von der immer mehr Grundschullehrer berichten, ist kein individuelles, sondern ein allgemeines, schichten-übergreifendes Syndrom" (2005, 35).

Die Schädigungen des Humankapitals infolge frühkindlichen Medienkonsums sind mittlerweile empirisch belegt; die kulturellen Folgewirkungen freilich sind gegenwärtig noch nicht abzuschätzen (vgl. *Wehmeier* 2001, 164ff; *Wehr* 2001, 8; *Borstnar/Köhrmann* 2004, 156f u. 165-177; *Bräutigam* 2005, 152-155 u. 183-187; *Bräutigam* 2006, 17f u. 263-270; *von Münchhausen* 2006a, 155; *Seiwert/Konnertz* 2006, 15; *Conen* 2007, 15ff; *Kaminski* 2008, 11).

(2) Einflussbedeutung

Eine ökonomische Relevanz der Kultur für das Selbstmanagement erwächst aus ihrem Angebot zur Gewinnung persönlicher Handlungssicherheit.

Die Übernahme der kollektiven Gepflogenheiten in das eigene Verhaltens-spektrum bietet dem Menschen zwei wesentliche Vorteile für die Handhabung der Komplexität seiner Lebensumwelt.

Erstens gelingt ihm eine interpersonale Entlastung durch Routinisierung und Harmonisierung seiner Kontaktbeziehungen: Er erfährt zwischenmenschliche Akzeptanz und Integration statt Auseinandersetzung und Ausgrenzung.

Zweitens gelingt ihm damit eine intrapersonale Entlastung durch Sozialisierung und Stabilisierung: Er erfährt individuelle Partizipation und Identifikation statt Aufbegehren und Widerstreit.

Die verdeutlichte psycho-soziale Vorteilslage entspricht der grundsätzlichen Vorteilhaftigkeit einer Befolgung von Gruppennormen. Gemäß dem daraus ableitbaren Ratschlag zu kultureller Anpassung formuliert der Soziologe *Karl Otto Hondrich* das generelle gesellschaftliche Überlebensgebot: „Du sollst übereinstimmen!" (*Hondrich* 2003, 7); der Volksmund sagt: „ .... mit den Wölfen heulen" (*Noelle-Neumann* 2001, 20).

Einzelpersönliche Nutzenmaximierung freilich kann sich aus der persönlichen Anpassung gleichwohl nur dann entfalten, wenn das Kultur-Konzept des Kollektivs dem Selbst-Konzept des Individuums entspricht bzw. wenn die individuellen Vorteile der Anpassung deren Nachteile überwiegen. Je stärker und bewusster hingegen eine gegebene Abweichung zwischen Individualbedürfnis und Kollektivgepflogenheit den jeweils Betroffenen stört, desto eher dürfte ihm sein menschliches Streben nach Eigenständigkeit innere Abkehr bzw. Zurückhaltung nahe legen. Hierzu passt die Beobachtung, „daß Genies allgemein am Rande der Gesellschaft leben" (*Peters* 1995, 237; vgl. *Comelli/von Rosenstiel* 2001, 65ff; *Noelle-Neumann* 2001, 19f; *Hondrich* 2003, 7; *Borstnar/Köhrmann* 2004, 156f, 165-177 u. 195f; *Bräutigam* 2005, 147-155; *Bräutigam* 2006, 16ff; *Dyer* 2006, 157ff).

(3) Einflussannahme

Die persönliche Enkulturation (= Internalisierung spezifischer Kulturmuster) vollzieht sich in der Regel keineswegs in kritischer Reflexion, sondern im unreflektierten gemeinschaftlichen Praktizieren und damit in einem ständig einschleifenden Üben gesellschaftlich korrekter Kommunikations-, Denk-, Gefühls- und Handlungsmuster. Hierdurch werden die sozialen Gepflogenheiten unwillkürlich beiläufig im alltäglichen Tun angenommen und verfestigt. Daraus schließlich erwächst im Zuge der so verlaufenden geistigen „Programmierung" (*Hofstede* 2001, 3) dem Kollektivmitglied innerlich seine „mentale Software" (ebenda) und gegebenenfalls äußerlich sogar ein kulturtypischer „Habitus" (*Bourdieu*, zit. ebenda, 4).

Angesichts des Umstands, dass die persönliche Enkulturation weitestgehend unbewusst erfolgt, werden die dabei übernommenen Handlungs- und Bewertungsmuster von den meisten Individuen nicht hinterfragt. Das Kultursubstrat wird ihnen überwiegend bereits im Kleinkindalter eingetrichtert,

zumeist in Gestalt kulturspezifisch dichotomisch ausgeformter Nützlichkeits-
vorgaben (z.B. „böse/gut", „schmutzig/sauber", „hässlich/schön", „unanständig/
anständig", „paradox/logisch" u.ä.). Deren Befolgung prägt sodann entsprechende Neigungen, Bedürfnisse und Einstellungen sowie späterhin
schließlich den Aufbau der individuellen Persönlichkeit mit kulturspezifisch
ausgerichtetem Werteprofil.

Die Menschen verinnerlichen die gesellschaftlichen Maßstäbe ihres Lebensraums somit überwiegend unreflektiert; sie leben nach ihnen in größter Selbstverständlichkeit, ohne ihre kulturelle Identität jemals in Zweifel zu ziehen.
Demzufolge ist Kultur „für die meisten Menschen ein Ritual des unbewußten
Konformismus" (*Eagleton* 2001, 163; vgl. *Dyer* 1986, 214ff; *Goleman* 1996,
147ff; *Hofstede* 2001, 2-6 u. 9f; *Wehmeier* 2001, 164ff; *Borstnar/Köhrmann*
2004, 156f, 165-177 u. 195f; *Metzler* 2005, 22ff; *Bräutigam* 2006, 17f u. 29f;
Dyer 2006, 157ff; *von Münchhausen* 2006a, 155; *Conen* 2007, 15ff).

(4) Einflussbegegnung

Das Selbstmanagement kann in diesem Kontext die Aufgabe wahrnehmen,
erstens über verstärkte „Selbst-Achtsamkeit" (1.1.2.2) individuell unter-
schwellige Kulturprägungen aufzudecken und in das „Selbst-Bewusstsein"
(ebenda) zu heben und zweitens von dort aus nach Abgleich der Prägungs-
inhalte mit dem eigenen realen bzw. idealen „Selbst-Konzept" (ebenda)
reflektierte Verhaltensentscheidungen und -maßnahmen einzuleiten.
Mit diesen könnte sodann beispielsweise die eigene Nähe bzw. Ferne zu
Kulturgemeinschaften und -gütern nutzenmaximierend steuerbar werden.

Eine diplomatische Herausforderung bestünde beispielsweise darin, durch
geschickte mikropolitische Interaktion mit maßgeblichen Vertretern der

relevanten Kontaktgruppen die eigene Teilhabe an deren Kollektivleben stärker zugunsten der eigenen Vorlieben abzustufen.

Allerdings wächst bei zunehmender Kulturverweigerung die Gefahr einer sozialen Ächtung innerhalb der jeweiligen Gemeinschaft − gegebenenfalls bis hin zur persönlichen Ausgrenzung. Diese wiederum provoziert „Folgen, die in extremen Fällen die Lebensgrundlage gefährden können" (*Hansen* 2000, 179), so beispielsweise dann, wenn die „soziale Kontrolle" (*Ross*, zit. n. *Noelle-Neumann* 2001, 135) des Kollektivs eine Sanktionsspirale in Gang setzt, an deren Ende das Individuum „tot aus der Gesellschaft fällt" (derselbe, zit. ebenda; *Hansen* 2000, 177ff; *Comelli/von Rosenstiel* 2001, 65ff; *Noelle-Neumann* 2001, 135f; *Borstnar/Köhrmann* 2004, 195f; *Bräutigam* 2005, 156ff; *Di Fabio* 2005, 158 u. 162f; *Bräutigam* 2006, 195ff).

1.2.2.2 Prägungsprodukte

(1) Kollektivvorstellungen

Die Ergebnisse der kulturellen Prägung des Menschen unterscheiden sich je nach seiner Enkulturation in verschiedenen Kulturgemeinschaften. Diese werden weltweit verglichen und hierzu systematisiert, etwa nach National-, Volks-, Religions-, Unternehmens-, Familien- oder Ehe- bis hin zu Subkulturen (z.B. Jugend-, Frauen-, Studentenkultur). Dabei ist gängigstes (und statistisch praktikabelstes) Unterscheidungskriterium das der nationalen Identität, nicht zuletzt wegen der staatlich einheitlichen Ausgestaltung vieler politischer Kulturfaktoren (z.B. Rechts-, Wirtschafts- und Bildungsordnung). Diese umschließen die Rahmenbedingungen der Gemeinschaftsmitglieder für das kulturspezifische „kollektive Wissen" (= allgemein zugänglicher und einheitlich verbreiteter Bestand mehrheitlich akzeptierter Kenntnisse).

Der kollektive Wissensbestand setzt sich zusammen aus objektiven Elementen (übereinstimmend akzeptierte Fakten) und subjektiven Elementen (übereinstimmend akzeptierte Einschätzungen). Er umfasst damit den gemeinschaftlichen Fundus jener Realitätsvorstellungen, die als zutreffend gelten und deren Verbreitung demnach als „gesellschaftlich korrekt" bezeichnet werden kann. Wie wirklichkeitstauglich das kollektive Wissen einer Gesellschaft tatsächlich war bzw. ist, lässt sich allenfalls im historischen Zusammenhang klären bzw. im Vergleich mit anderen Gesellschaften (vgl. *Bräutigam* 2006, 41f u. 198ff).

Bereits der historische Klärungsansatz deutet an, wie kontraproduktiv kollektives Wissen auf die Lebensführung wirken kann, wie wenig es deshalb zuweilen taugt für ein nutzenmaximierendes Selbstmanagement.

Weder die Kenntnisse, Überzeugungen und Weltanschauungen der amerikanischen Indianer noch diejenigen der australischen Aborigines beispielsweise waren geeignet, die Auslöschung ihrer Existenzen zu verhindern.

Die Hochkulturen der Griechen und Römer scheiterten an der Überdehnung ihrer Vorstellungen und Alltagspraktiken; sie versanken in selbstgeschaffener Dekadenz (= Widerstandsschwäche infolge sittlicher Entartung aufgrund kultureller Überfeinerung).

Die deutsche Nation hat im Verlauf des vergangenen Jahrhunderts mehrfach schmerzhaft erfahren müssen, wie die das kollektive Wissen prägende „politische Klasse" (*von Arnim* 2001, 26) massenweise Irrlehren verbreitete und damit katastrophales Leid auslöste.

Auch heute ist Vorsicht geboten bei der Aufnahme mancher öffentlich verbreiteter, scheinbar mehrheitlich akzeptierter Vorstellungen. Solche rieseln, mittels ständiger Wiederholung, in die Köpfe einer naiv-unkritischen

Konsumentenmasse, steigen ungeprüft auf zur Öffentlichkeitsmeinung und begründen so kollektives Wissen.

Auch heute handelt es sich dabei nicht selten um fehlleitende Irrlehren, gegen die anzugehen auch Fachexperten kaum gelingt, weil mächtige Initiatoren im Hintergrund Andersdenkende brutal ausgrenzen (oder korrumpieren); dabei dient die Desinformation zuweilen schlichtweg den jeweiligen Herrschaftsinteressen.

Die allgemein verbreiteten bzw. mehrheitlich akzeptierten Vorstellungen zu den in 1.1.2.2 unterschiedenen Selbstmanagement-Feldern „Zeit" und „Geld" eröffnen einen kritischen Blick auf das kollektive Wissen am Standort Deutschland.

Die im Folgenden dargelegten Zusammenfassungen diesbezüglicher Erhebungsbefunde verdeutlichen das aus einer Hinnahme gängiger Fehlhaltungen erwachsende Gefährdungspotential für ein eigenständiges, erfüllendes Selbstmanagement (vgl. *Wehmeier* 2001, 164ff; *Eberspächer* 2002, 4f; *Bräutigam* 2004, 48-51 u. 161-172; *Bräutigam* 2005, 155-158; *Metzler* 2005, 22-26; *Bräutigam* 2006, 67-82, 177-194, 201f u. 301).

(2) Geldumgangsvorstellungen

Der Umgang mit Geld wird, wie in 1.1.2.2 erwähnt, im allgemeinbildenden deutschen Schulwesen kaum gelehrt. Ökonomische Erkenntnisse sind weitgehend ausgegrenzt, in sozialkundlichen Fächern werden Zusammenhänge zuweilen ignorant, beamtenhaft-staatsorientiert und unternehmensfeindlichmarktfern einseitig verzerrt. Im Ergebnis bekundet nicht einmal jeder zwölfte junge Bundesbürger (unter 30 Jahren) ein tiefergehendes „Interesse an wirtschaftlichen Entwicklungen" (*Köcher* 2008, 5).

Privat ist Geld ein Tabuthema. Man spricht nicht drüber, und: man meidet Wirtschaftsengagement. Nur etwa jeder zehnte Erwerbstätige ist selbständig, vielfach unverstanden von der ihn umgebenden „Arbeitnehmergesellschaft" (*Miegel* 2002, 192), die global überragende Privilegien genießt (kürzeste Arbeitszeiten bei höchsten Lohnansprüchen; Mitbestimmung sowie Arbeits- und Kündigungsschutz in weltweit einzigartiger Ausprägung). Im internationalen Vergleich auffällig zurückhaltend sind deutsche Haushalte bei Börsen- und Immobilieninvestitionen; zukunftgefährdend rückständig obliegt die Altenversorgung weitestgehend staatlicher Umverteilung.

Dem gesellschaftlich-geistigen Stellenwert der Wirtschaftsthemen folgt das diesbezügliche kollektive Wissen: Drei von vier jungen Leuten (Alter: 17 bis 27 Jahre) erkennen keinen Zusammenhang zwischen den betrieblichen Personalkosten und den volkswirtschaftlichen Arbeitskosten. Weniger als die Hälfte von ihnen wissen, dass Aktienkurse an der Börse von Angebot und Nachfrage bestimmt werden; weniger als ein Drittel vermuten, dass hierauf die Gewinnentwicklung des betreffenden Unternehmens Einfluss nehmen kann. Die Hauptaufgaben eines Unternehmers werden in der Schaffung und Erhaltung von Arbeitsplätzen gesehen, außerdem in der Berufsbildung sowie in der Sorge um menschengerechte Arbeitsbedingungen; das Bemühen um neue Produkte und Dienstleistungen sowie um deren Qualität ist nachrangig eingestuft. Drei Fünftel der Bürger fordern Zwangsabgaben für nicht ausbildende Betriebe (trotz der exorbitanten Ausbildungskosten). Nur jeder Zwanzigste teilt die ökonomische Logik, nach der eine Lockerung des Kündigungsschutzes Beschäftigungszuwächse erwarten lässt.

Die Demoskopie beobachtet im sozial-ökonomischen Wandel der vergangenen Jahrzehnte eine mentale Marktentfremdung: Im Verlauf zunehmender (Um-)Verteilung des in der Nachkriegszeit begründeten Wohlstands auf alle Gesellschaftsschichten durch den so genannten „Sozialstaat" vervierfachte sich der Anteil derjenigen Bürger, welche die deutschen Wirtschaftsführer als „Ausbeuter" bezeichnen (60er Jahre: jeder Sechste; 90er Jahre: zwei Drittel). Gleichzeitig verfiel die Wertschätzung der sozialen Marktwirtschaft. „In keinem Land der Welt haben die Worte Unternehmer und Unternehmergewinn einen so negativen Beigeschmack wie in Deutschland" (*Todenhöfer* 2002, 11). Zudem war zur Jahrhundertwende Deutschland das einzige Mitgliedsland der Europäischen Union, „in dem mehr Bürger ‚Sicherheit' einen höheren Rang zuerkennen als ‚Freiheit'" (*Graf* 2002, 33). Inzwischen hält die Mehrheit auch „Gleichheit für wichtiger als Freiheit" (*Ackermann/Graef* 2005, 22). Nahezu drei von fünf Landsleuten sind der Überzeugung, dass der Sozialismus eine gute Idee sei, „die nur schlecht ausgeführt wurde" (*Mohr* 2004, 2).

Möglicherweise kennzeichnet die im letzten Halbsatz getroffene Ein-schränkung Reste von kollektivem Wissen um Mauer, Minenfelder, Stasi und Trabbi (im Klartext: um Konsumzuteilung nach Gesinnung, um allgegenwärtige Bespitzelung und um kollektive Freiheitsberaubung). Ausgeblendet wird allerdings der Umstand, dass für die meisten Betroffenen das Leben im Sozialismus bestenfalls politisch fremdbefestigte Gleichförmigkeit bedeutet, ohne Anspruch auf selbstbestimmbare Zukunftsgestaltung.

So offenbart das geldbezogene kollektive Wissen der Deutschen letztlich die Bevorzugung einer obrigkeitsgelenkten Bewirtschaftung des eigenen Daseins. Eine solche „Kommandowirtschaft" (*von Hayek* 2003, 124) freilich braucht und verträgt kein Selbstmanagement, sondern allenfalls Arbeits- und Funktions-techniken (zwecks Befehlsausführung). Sie realisiert lediglich eine Existenz nach zugeteilten Rationen: ein in 1.2.1.1 bereits skizziertes, fremdbestimmtes Dasein als abhängiger „Habenichts" – nicht unähnlich einem „Hundeleben" (unfrei an der Leine, bei Entlaufensgefahr eingesperrt im Zwinger; vgl. *Bräutigam* 2004, 43ff, 48-95, 100-128 u. 161-172; *Ackermann/Graef* 2005, 20-24; *Baron* 2006, 5; *Bräutigam* 2006, 110-136, 177-194, 226, 231-241, 244f, 276-285 u. 292-297; *Koslowski* 2006, 15; *von Münchhausen* 2006a, 76ff;

Häcker 2007, 1-4; *Köcher* 2007, 154; *Hildebrandt-Woeckel* 2008, 19; *Köcher* 2008, 5).

(3) Zeitumgangsvorstellungen

Der Umgang mit Zeit ist nach 1.1.2.2 gleichzusetzen mit deren individueller Verwendung und dementsprechend mit der persönlichen Gestaltung des Lebens.

Wie vor Jahr und Tag erstreben zur Erfüllung ihres Daseins drei von vier Deutschen „die klassische Familie" (*KR* 2007, 1), „das altbewährte Familienmodell mit Vater, Mutter und Kindern" (ebenda). Ist die Familie gegründet, so bevorzugen unter den Elternpaaren wiederum knapp drei Viertel ein Organisationskonzept, „bei dem der Mann Vollzeit arbeitet – und die Frau entweder in Teilzeit erwerbstätig ist oder sich ausschließlich um die Betreuung der Kinder kümmert" (*Schnaas* 2007b, 105). Hiervon abweichend würde etwa ein Viertel der Betroffenen es begrüßen, „wenn beide Partner Teilzeit arbeiteten und die Kinder abwechselnd betreuten. Alle anderen Modelle erzielen nur marginalen Zuspruch" (ebenda).

Obschon vielförmige alternative Lebensweisen heutzutage derartig nachdrücklich präsentiert werden, dass man als Medienkonsument den Eindruck gewinnen könnte, zum aktuellen kollektiven Wissen gehöre die Einsicht, ein Leben in Ehe, Treue und mit Kindern sei unzumutbar (wegen der mit Bindung verknüpften Opportunitätskosten), pflegen die Menschen offenbar den (womöglich instinktbedingten) Wunsch nach artgerechter Fortpflanzung – und dies sogar unter weitgehend traditioneller Arbeits- und Rollenteilung. Dabei kann unter solchen Verhältnissen hierzulande man sich vorgeblich doch gar „keine Kinder leisten"! (*Küstenmacher/Küstenmacher* 2004, 11).

Auch bezüglich der Lebensführung vermag die Demoskopie Aufschluss zu geben über den Wandel des kollektiven Wissens. So unterscheiden nach zwei Generationen „Sozialstaat" die medial und politisch verbreiteten Ansprüche sich deutlich von der Gesellschaftsauffassung in der Nachkriegs-Aufbauphase sowie in der anschließenden „Wirtschaftswunder"-Zeit. Damals gehörte es trotz dem (rückblickend) vergleichsweise bescheidenen materiellen Wohlstand (ohne Zentralheizung, Auto, Fernseher, Kühlschrank, Telefon etc.) zur Normalität, dass unter den verheirateten Frauen kaum mehr als jede vierte berufstätig war. „Die Vorstellung, Ehefrauen könnten aus einem anderen Grund als der puren Not eine Erwerbstätigkeit neben ihrer Hausfrauen- und Mutterrolle aufnehmen, war der Mehrheit der Deutschen in den fünfziger Jahren fremd" (*Soldt* 2005, 3).

Zwei Dutzend Jahre später, angelangt im Wohlfahrtsstaat, überschritt die Erwerbstätigkeitsquote der Frau erstmals die 50%-Schwelle, fiel die Geburtenrate auf 1,5 Kinder pro Frau (nach vormals 2,0), riss eine Kluft zwischen Eltern- und Nachwuchsgeneration in weltweit einzigartiger Tiefe: „Denn während in den meisten Ländern die Werthaltungen einer Elterngeneration (gemessen an Vorstellungen zu Moral, Religion, Politik, Sexualität und Menschenbild) gebündelte Missbilligung nur bei etwa jedem zehnten Mitglied der Folgegeneration ernten, lehnte im Deutschland der so genannten ‚Post-68er'-Generation fast jeder dritte Nachkomme das Wertekonzept seiner Eltern komplett ab" (*Bräutigam* 2006, 259).

Die Altmeisterin der deutschen Demoskopie, *Elisabeth Noelle-Neumann*, hat die Auswirkungen dieses national eigentümlichen Umbruchs untersucht, analysiert und kommentiert: „Oft wird in Deutschland gesagt, es könne nicht schaden, wenn Kinder sich von ihrem Elternhaus absetzten, sie müßten flügge werden. Aber: Auch die jungen Leute in anderen Ländern werden flügge. Die Frage ist nur, in welchem Ausmaß sich Kinder in ihren Wertvorstellungen von ihren Eltern entfernen und ob nachher noch eine Möglichkeit besteht, sich miteinander zu verständigen und Werte zu tradieren. …

Die Auswirkungen der Generationskluft zeigen sich bei unerwarteten Dingen, sie färben auf das ganze Lebensgefühl ab. Diejenigen, die mit ihren Eltern auf mehreren Gebieten übereinstimmen, sind glücklicher, sie empfinden ihr Leben als sinnvoller, haben weniger Orientierungsschwierigkeiten. Der Kinderwunsch ist bei Personen, die mit ihren Eltern viel gemeinsam haben, ausgeprägter als bei denen, die sich von den Eltern in vielen Punkten distanzieren. Weiterhin kann man zeigen, daß sich die Distanz zu den Eltern auch auf die Ehe auswirkt. Parallel zur Bindung an die Eltern nimmt auch die Bindung an den Partner ab" (*Noelle-Neumann* 1999, 5).

„Heute, eine Generation nach der (als ‚progressiver Wertewandel' proklamierten) Traditionsabwendung, ist unter den verheirateten Müttern nurmehr etwa jede vierte nicht erwerbstätig, die Geburtenrate pendelt um 1,3 – und die Scheidungsrate wächst in Richtung 50 Prozent" (*Bräutigam* 2006, 260).

Unterdessen verbreiten interessierte Kreise weiterhin die Suggestion, die deutsche Familientradition (insbesondere die traditionelle Arbeits- und Rollenteilung zwischen Mann und Frau) sei überkommen. Dabei ist es zwar richtig, dass in skandinavischen Ländern die Familie teilweise weitgehend verstaatlicht scheint (mit entsetzlichen Folgen für die Gesellschaftsentwicklung), doch vieles des hierzulande kolportierten kollektiven Wissens ist schlichtweg unzutreffend.

So wird beispielsweise gerne darauf verwiesen, die typische französische Mutter sei berufstätig, ihre Kinder gediehen in der Kinderkrippe. Freilich wäre dies erstens schon allein kapazitativ unmöglich, denn die verfügbaren Plätze reichten nicht einmal für jeden zehnten Sprössling; tatsächlich wachsen in Frankreich fast drei von vier Kleinkindern in der Familie auf. Zweitens lässt bereits ein Blick in die Erwerbstätigenstatistik erkennen, dass französische Frauen zu geringeren Anteilen berufstätig sind als deutsche (von belgischen, italienischen, spanischen oder gar türkischen Mamis ganz zu schweigen).

Dass in anderen Nationen Frauen weniger berufstätig sind als hierzulande, gilt auch für den Sozialraum Europäische Union in seiner Ganzheit. Konkret bevorzugen in vielen ost- und südosteuropäischen Ländern mehr als zwei Drittel der Bevölkerung die herkömmliche Arbeitsteilung zwischen Mann und Frau (so etwa in Griechenland, Österreich, Polen, Tschechien und Ungarn).

Tradition zählt auch jenseits des Atlantiks: Unter Amerikanern ist die Auffassung, in einer Familie sollte der Ehemann die Rolle des Alleinversorgers übernehmen, doppelt so häufig anzutreffen wie unter Deutschen. Ähnliches gilt für die Überzeugung, zu einer moralischen Lebensführung gehöre Gottgläubigkeit (was auch in vielen Völkern Europas vertreten wird).

Im Übrigen leben zwei von drei amerikanischen Bürgern in dem Bewusstsein, ihren Daseinserfolg aus eigener Kraft herbeiführen zu können, während im deutschen „Sozialstaat" dagegen zwei von drei Bürgern behaupten, ihr „Erfolg werde von Faktoren bestimmt, die außerhalb der Kontrolle der Einzelnen liegen" (*Gersemann* 2004, 264). Dementsprechend ist im hiesigen System „nicht einmal jeder fünfte Bürger mit seinem Leben sehr zufrieden; in den Vereinigten Staaten ist der Anteil nahezu dreimal so hoch" (*Bräutigam* 2006, 206).

Bedrückend im Generationenzusammenhang ist die Deformierung des kollektiven Wissens infolge gesellschaftlicher Entwürdigung des vorgeburtlichen menschlichen Lebens. Immerhin ist dessen Schutz im deutschen Grundgesetz verankert, unabweisbar begründet angesichts wissenschaftlicher Erkenntnisse betreffend den Entwicklungsverlauf ungeborener Kinder; deshalb ist der Schwangerschaftsabbruch rechtswidrig. Gleichwohl bleibt die Tat in der Praxis straffrei, zu diesem Zweck heuchlerisch verhüllt in das gutmenschliche Begriffsmäntelchen so genannter „sozialer Indikation" (*Burger* 2006, 4); die Tötungsgebühren zahlt derweil in neun von zehn Fällen die Krankenkasse − aus so genannten „sozialen Gründen".

Zwar hat vor fünfzehn Jahren bereits das Bundesverfassungsgericht die Politiker an ihre Pflicht erinnert, „den rechtlichen Schutzanspruch des ungeborenen Lebens im allgemeinen Bewußtsein zu erhalten und zu beleben" (*Bundesverfassungsgericht*, zit. n. *Büchner* 2005, 9); doch „außer Sexualaufklärung und Verhütung ist den Verantwortlichen ... hierzu bisher anscheinend nichts eingefallen" (ebenda). Und so erkennen denn heute zwei von drei jungen Deutschen (unter 30 Jahren) „die Tötung eines ungeborenen Kindes ... nicht mehr als Unrecht" (ebenda). Diese lebensfeindliche Manipulation kollektiven Wissens macht den Mutterbauch zum massenstatistisch gefährlichsten Aufenthaltsort eines Kindes, denn nach wissenschaftlichen Schätzungen wird jeder dritte Deutsche vorgeburtlich getötet.

Die Menschenverachtung setzt sich im Übrigen fort für die den Mutterbauch Überlebenden. Zwar kann in Deutschland bestraft werden, wer die Welpen seines Hundes verfrüht weggibt; doch berufstätige Mütter, die ihre Kleinstkinder in Kindertagesstätten abgeben („betreuen lassen"), statt sie eigenverantwortlich individuell fördernd aufzuziehen, werden staatlich finanziell privilegiert, Vollzeit-Mütter hingegen diskriminiert. Dabei untersteht gemäß Grundgesetz die Familie „dem besonderen Schutze der staatlichen Ordnung" (Grundgesetz, Artikel 6). Die „Pflege und Erziehung der Kinder sind das natürliche Recht der Eltern und die zuvörderst ihnen obliegende Pflicht" (ebenda). Infolgedessen erwarten die Verfassungsrichter, „daß diejenigen, die einem Kind das Leben geben, von Natur aus bereit und berufen sind, die Verantwortung für seine Pflege und Erziehung zu übernehmen" (zit. n. *Müller, R.* 2006, 1).

Im Gleichklang mit dem Gesetz verkünden Verhaltensbiologie, Entwicklungspsychologie und Kinderheilkunde seit Generationen (aktuell bestätigt durch die neurowissenschaftliche Hirnforschung), „wie wichtig für die Kindererziehung die Präsenz eines Elternteils ist" (*Knoblauch/Hüger/Mockler* 2007, 100). Doch die Manipulatoren des kollektiven Wissens ignorieren, dass gemäß den Erkenntnissen ein regelmäßiges Weggeben („Abweisen") und Atmosphärenwechseln („Nestwärme-Entzug": von leidenschaftlicher Elternhingabe zu geschäftsvertraglicher Dienstverrichtung) hinausläuft auf „seelische Mißhandlung" (*Müller-Lindenlauf* 2006, 9). Aus wirtschaftlichem und/oder politischem Profitkalkül erniedrigen Interessenvertreter den Nachwuchs zum

„Karriererisiko" (*Roßbach* 2007, C1) und ziehen so (potentielle) Eltern in die Artwidrigkeitsfalle eitelkeitsbefeuerter Ausbeutungsunterwerfung (siehe auch 1.1.1.2: „burnout", „grow or go" etc.).

Nach Wissenschafts- und Praxiserfahrung gleichermaßen besteht überhaupt kein Zweifel, dass jeweils für sich Elternschaft und Berufsaufstieg volle Identifikation und stete Präsenz beanspruchen. Der Leiter des renommierten Instituts für Frühpädagogik in München, *Wassilios Fthenakis*, betont demzufolge sachlich zutreffend, die hierzulande geschürte Illusion, nach der beide Elternteile während der Nachwuchsaufzucht „ihre Karriere wie zuvor fortsetzen können und sich nebenbei noch liebevoll um das Kind kümmern, sei völlig unrealistisch" (*Welp* 2002, 102). Stattdessen rät er jungen Paaren zu einem vorausschauend organisierenden Beziehungsmanagement: „Die Rollen sollten möglichst schon vor der Geburt klar verteilt werden" (*Fthenakis*, zit. ebenda).

Eventuell trägt zu der gegenwärtigen gesellschaftspolitischen Familiensicht, so vermutet milde der ehemalige Verfassungsrichter *Paul Kirchhof*, „auch ein Missverständnis der Gleichberechtigung von Mann und Frau bei, das die Frau allein im Berufsleben und nicht als Garantin unserer Zukunft anerkennt" (2004, 26). *Kirchhof* stellt sich die „Frage, ob Deutschland eine im Erwerbsleben sterbende oder eine im Kind vitale Gesellschaft sein wird" (ebenda).

Aus seiner Sicht „bedrohlich ist die Geringschätzung, mit der von den drei K – Kinder, Küche, Kirche – gesprochen wird. Wer sich gegen die Kinder wendet, versperrt sich die eigene Zukunft, scheint in Wirklichkeitsferne vergreist zu sein. Wer zur Küche Distanz wahrt, mag ein bewundernswerter Asket sein, versagt sich aber viele Lebensgenüsse. Wer die Kirche aus dem aktuellen Leben ausblendet, wagt nicht die Frage nach dem Ursprung und Ziel seines Lebens, nach dem inneren Sinn seiner Existenz und dem der Welt" (ebenda, 26f).

Ein unmissverständliches Urteil über die neumodische gesellschaftspolitische Familiensicht schließlich fällt der weltberühmte amerikanische Glücksforscher

Mihaly Csikszentmihalyi: „Die von unseren Ahnen unter schwierigen Umständen gesammelten Informationen darüber, wie man leben soll, zu missachten oder zu erwarten, man könne ganz allein ein lebensfähiges Zielsystem erfinden, ist fehlgeleitete Arroganz. Die Erfolgschancen sind ebenso gering wie bei dem Versuch, ein Elektronenmikroskop ohne die Werkzeuge und Erkenntnisse der Physik zu bauen" (zit. n. *Knoblauch/Hüger/Mockler* 2007, 162; siehe hierzu auch Abb. 9; vgl. *Ribhegge* 1993, 66ff; *Degen* 1996, 9; *Goleman* 1996, 129-134; *Notz* 2001, 89-92 u. 161-173; *Wehr* 2001, 8; *Welp* 2002, 100-104; *Feser* 2003, 111; *Bräutigam* 2004, 107; *Fischer* 2004, 1; *Kirchhof* 2004, 26f; *Küstenmacher/Küstenmacher* 2004, 10ff; *Nelles* 2004, 13f; *Seidel* 2004, 194ff; *Berk* 2005, 267-270; *Bräutigam* 2005, 147-157 u. 165ff; *Di Fabio* 2005, 272; *Bräutigam* 2006, 93-96, 132f, 204ff, 238f, 247ff u. 253-289; *Müller, R.* 2006, 1; *Müller-Lindenlauf* 2006, 9; *von Münchhausen* 2006a, 105-111; *Schnaas* 2006, 46-53; *Spieker* 2006, 7; *Böhm* 2007, 11; *Disse* 2007, 8; *FA* 2007, 12; *Hellbrügge* 2007, 15; *von Laer* 2007, 8; *Schmoll* 2007, 1; *Schnaas* 2007b, 96-108; *Spieker* 2007, 8; *Steindorff* 2007, 8; *Kaminski* 2008, 11; *Roßbach* 2008, C1; *Schulz* 2008, 8).

(4) Kollektivvorstellungsvergleich

Zum Abschluss der kleinen Rundreise durch neudeutsche Trugwelten lohnt ein Blick auf zwei kulturvergleichende Untersuchungen betreffend die Einschätzung einer etwaigen Erforderlichkeit bzw. Durchsetzungskraft von Autorität und Militär.

Die Untersuchung zur Einschätzung der Erforderlichkeit bzw. Durchsetzungskraft von Autorität liegt etwa eine Generation zurück. Sie attestiert den Deutschen eine internationale Sonderposition ausgeprägter Autoritätsablehnung.

Abbildung 9:

Mindestens drei: Vom Wert der Geburt

Die ökonomische Theorie der Familie stellt seit ... Jahrzehnten eine Kosten-Nutzen-Rechnung der Familie auf, deren Komplexität und Kraft von der Politik beharrlich ignoriert wird. Sie fasst den Haushalt als Produktionsgemeinschaft auf, in der ... Entscheidungen über knappe Ressourcen getroffen werden mit dem Ziel, einen höchstmöglichen Ertrag zu erzielen. Sie ruft die Tatsache in Erinnerung, dass dieser Ertrag durch Arbeitsteilung maximiert werden kann, und vergleicht die Familie mit einem Markt, auf dem die Teilnehmer aus Eigeninteresse knappe Güter wie Zeit und Aufmerksamkeit handeln. ... Familie ist, so verstanden, kein Ausdruck von Altruismus, sondern Tauschmarkt eigennütziger Gefühle.

Der entscheidende Vorteil der Familie liegt nun darin, dass sich der in ihr gelebte Egoismus nicht nur auf sich selbst bezieht, sondern auch auf andere. Und dass sich das auch gesellschaftlich bezahlt macht. Singles handeln wie Manager, Eltern wie Familienunternehmer; jene denken an den nächsten Quartalsbericht und verbrauchen ihre Ressourcen, diese denken an die Unternehmensnachfolge und geben ihre Ressourcen weiter. Entsprechend kreisen die Gedanken von Singles um die Verlängerung des eigenen Lebens, um Konsum, Facelifting, Pflegeversicherung und Rentenanspruch, die Gedanken der Eltern dagegen um die Zukunft ihrer Kinder, um Ausbildung, Enkel, Investitionen und Sparvertrag.

Das Problem ist, dass der Verlust des generativen Denkens längst auch die Familien selbst eingeholt hat: Der Konsum untergräbt den Zeugungswillen, die Karriere läuft der Kindeserziehung den Rang ab – der Wohlstand frisst seine Kinder. ...

Das ist die erste Lehre vom Wert der Geburt: Eine Gesellschaft, die ihre Kinder nicht schätzt, verliert die Kraft zur Reform, die Freiheit der Erneuerung.

Die zweite Lehre vom Wert der Geburt: Sie offenbart uns den Individualismus als Sackgasse. Sterben müssen wir allein; mit der Geburt aber werden wir in eine Welt entlassen, die wir als Umwelt vorfinden. Die Geburt als Ent-bindung klärt uns nicht über unsere independance auf, sondern über unsere interdependance. Wir alle sind mindestens drei, und zwar von Anfang an.

Weil aber Kinder willenlos – wenn auch nicht gegen ihren Willen – auf die Welt kommen, dürfen wir sie uns, so Immanuel Kant, nicht als unser „Machwerk" aneignen, sondern müssen sie zur „Mündigkeit" erziehen. Weil Kinder „zur Freiheit verurteilt" sind (Sartre), stehen Eltern zu ihnen in einer Art Schuldverhältnis. Das ist die dritte Lehre vom Wert der Geburt: Kinder bedeuten nicht nur ein „Geschenk des Lebens", sondern auch erzieherische Verantwortung und elterliche (An-)Teilnahme.

Die drei Lehren vom Wert der Geburt haben heute einen schweren Stand. ... Die Attraktivität des Konsums ist mit dem Angebot biografischer Alternativen gestiegen und hat den Wert des „psychischen Einkommens", den Partner und Kinder abwerfen, relativ verringert. Im Fokus der meisten Eltern liegt nicht die erzieherische Eigenverantwortung, sondern die Vermeidung von Opportunitätskosten. Der Ökonom Friedrich List hat gewusst: „Der Vater, der seine Ersparnisse opfert, um seinen Kindern eine ausgezeichnete Erziehung zu geben, opfert Werte; aber er vermehrt beträchtlich die produktiven Kräfte der nächsten Generation." Mit dem „Schwächerwerden der im Familienmotiv enthaltenen Antriebskraft" jedoch, so Schumpeter, ist der „Zeithorizont" auf die „Lebenserwartung" zusammengeschrumpft. Familienpolitik hätte die Aufgabe, dem generativen Denken wieder aufzuhelfen. ... Dazu müsste die Politik den Familien ein Höchstmaß an Flexibilität einräumen. Und sich ein Höchstmaß an elterlicher Fürsorge wünschen. Von beidem ist die Familienpolitik weiter entfernt denn je.

(*Schnaas* 2007a, 33)

„Abweichend von den europäischen Nachbarn, abweichend besonders von den Vereinigten Staaten hat Autorität für die deutsche Bevölkerung die Aura des Unbekömmlichen, des Verdächtigen. Die Stärkung der Autorität gilt 84 Prozent der amerikanischen, 61 Prozent der europäischen Bevölkerung als wünschenswertes Ziel, aber nur 44 Prozent der deutschen Bevölkerung. ... Ihre Bereitschaft, die Autorität von Vorgesetzten zu akzeptieren, knüpfen 23 Prozent der amerikanischen, 43 Prozent der europäischen und 51 Prozent der deutschen Bevölkerung an die Bedingung, daß Anordnungen begründet werden und Übereinstimmung über ihre Rationalität erzielt wird" (*Köcher*, zit. n. *Zitelmann* 1995, 39f). Hier erhellt sich möglicherweise, „warum für viele Nachwuchskräfte Menschenführung am Standort Deutschland zu kompliziert und unattraktiv geworden ist" (*Bräutigam* 2006, 342).

Die Untersuchung zur Einschätzung der Erforderlichkeit bzw. Durchsetzungskraft von Militär ist relativ aktuell. Bezeichnenderweise fand sie Beachtung nicht etwa in der deutschen Medienlandschaft, sondern im Ausland. So erkennt die führende Schweizer Qualitätszeitung unter der Titelfrage „Deutschland – ein Hort des Pazifismus?" (*NZ* 2006, 4) hierzulande einen „zunehmenden Hang zum Isolationismus" (ebenda).

Nach den Erhebungsergebnissen nämlich wird die international weithin akzeptierte Aussage, dass „militärische Stärke der beste Weg sei, um den Frieden zu sichern" (ebenda), von „fast zwei Dritteln der deutschen Bevölkerung abgelehnt" (ebenda). Diese sind „überzeugt, dass sich Konflikte auf der Welt immer friedlich lösen lassen. Während nur jeder dritte Deutsche Krieg in bestimmten Situationen für unvermeidbar hält, liegt der Anteil von Bürgern, die einer solchen Aussage zustimmen, in den Niederlanden bei 60 Prozent, in Grossbritannien bei rund 80 Prozent und in den USA sogar bei fast 90 Prozent" (ebenda).

Da fragt es sich, wer schlussendlich den treffenderen Blick für die Natur des Daseins hat – Amerikaner, Briten, Niederländer oder die weit abseits stehenden Deutschen (vgl. *Zitelmann* 1995, 39f; *Bräutigam* 2006, 240f u. 342; *NZ* 2006, 4).

Als Fazit der vorgebrachten Ausführungen ist abschließend keineswegs ein Modell kulturökonomisch gesinnungsoptimierten Daseins zu entwerfen. Die Beispiele demonstrieren lediglich, wie fragwürdig in manchen Lebensfeldern das hierzulande „politisch korrekt" gehegte kollektive Wissen ist. Eine systematisch vertieft ausgebreitete Abhandlung dieser Aspekte bietet im Übrigen das Kompendium der Humankapitalwirtschaft in Teil I (Humankapital-system), Band 2: Kulturökonomie.

Allerdings leitet sich aus den Darlegungen die Empfehlung ab, trotz dem im Einzelfall möglicherweise erforderlichen schmerzhaften Umdenken (etwa in-folge aufgedeckter Selbst-Täuschung) den Einstieg zu wagen in ein realitäts-und damit erkenntnisorientiertes Individualmanagement.

Da ein solches Ansinnen je nach Kollektivmitgliedschaft auch Risiken herber Ablehnung (bis hin zur Ausgrenzung) bergen kann, ist jede Offenbarung der eigenen kulturkritischen Sichtweise stets umfeldbezogen (wenn nicht sogar generell) zu wägen (siehe 1.2.2.1).

Dies schmälert aber nicht den individuellen Erkenntniszuwachs durch persönliche Wirklichkeitsergründung. Realitätserkenntnis ist der Schlüssel zum (zuweilen einsamen) Weg reflektierter Lebenserfüllung (vgl. 1.2.2.1; *Bräutigam* 2005, 155-158; *Bräutigam* 2006, 41ff, 67-82, 195ff u. 240f).

2. Fokussieren

Nach Orientierung über den Anspruchs- und den Bedingungsrahmen zur Optimierung der Lebensführung dient die erste Stufe im persönlichen Selbstmanagement der Fundierung eines eigenständigen Selbstkonzepts. Hierzu gilt es, in klärenden Arbeitsschritten zur Selbstfindung eine individuell schlüssige Position im eigenen Möglichkeitsraum einzunehmen und sodann einen konkreten strategischen Kurs einzuschlagen. Dieser kann „dem Leben Richtung geben" (*Knoblauch/Hüger/Mockler* 2007, 1) und das praktische Handeln hinleiten zur Verwirklichung eines reflektiert begründeten Lebensentwurfs.

In diesem psychologisch-ganzheitlichen Zusammenhang eröffnet Abschnitt 2.1 (Positionsfindung) Anregungen zur Ausformung einer individuellen Mentalverfassung. Darauf aufbauend erschließt Abschnitt 2.2 (Richtungsfindung) die Gestaltung eines sinnfokussierten Lebenskonzepts (vgl. *Eberspächer* 2002, 11; *Gross* 2004, 132-143 u. 222-226; *Kals* 2006c, C1).

2.1 Positionsfindung

Die Erarbeitung und Umsetzung eines Konzepts zum Selbstmanagement ist mit erheblicher Eigenforderung verbunden, vorneweg mit der Lästigkeit des

Verlassens einer gewohnten „Komfortzone" (*Klöckner* 2001, 26). Die Bereitschaft hierzu ist gegebenenfalls bei relativ niedrigem Wohlstand stärker ausgeprägt als bei hohem Verwöhntheitsgrad (= Verhältnis von Anspruchsbefriedigung zu Anstrengungserfordernis). Dementsprechend dürfte die Hürde der Selbstüberwindung tendenziell für Satte höher liegen als für Hungrige.

Ob und inwieweit Selbstmanagement dem Einzelnen attraktiv erscheint, ist somit nicht zuletzt eine Frage des subjektiven Wohlbefindens. Hierfür theoretisch ausschlaggebend ist das individuell bereits erreichte Ausmaß an Gesamtgenuss. Der Gesamtgenuss als psychische Kenngröße versinnbildlicht einen abstrahierten ganzheitlichen Endzweck allen Strebens, für den jeglicher konkret empfundene Nutzen die Funktion eines wegbereitend zuarbeitenden Mittels übernimmt.

Dementsprechend geht es im Selbstmanagement nur vordergründig und untergeordnet um Geld- oder Zeit-, um Privat- oder Berufs-Vorhaben. Hintergründig und übergeordnet geht es um einen ersehnten Ganzheitszustand persönlicher Wohlbefindensmaximierung.

Verkürzend zusammengefasst ist Selbstmanagement damit Management der persönlichen Gefühlswelt. Es erfordert in seinem Wesenskern eine „emotionale Kompetenz" (*Seidel* 2004, I) zur Steuerung der subjektiven Nutzenwahrnehmung durch ergebnisformendes Denken und Handeln (zwecks habitualisierten Wohlbefindens).

Unter diesem Vorzeichen eröffnet zunächst Abschnitt 2.1.1 Ansätze zur intrapersonalen Individuation (= Entfaltung der psychischen Individualität); hernach weist Abschnitt 2.1.2 Wege zur interpersonalen Integration (= Eingliederung in soziale Kollektivität). Beide Erarbeitungsstufen dienen der Grundlegung einer tragfähigen eigenen Mentalverfassung zwecks stabiler Selbst-Positionierung im jeweiligen Möglichkeitsraum (vgl. *Remplein* 1975, 406; *Doucet* 1987, 226; *Goleman* 1996, 57, 64ff u. 75f; *Schanz* 1998, 129-145; *Kirchgässner* 2000, 15; *Klöckner* 2001, 192f; *Gross* 2004, 222-226; *Huhn/*

Backerra 2004, 68f; *Seidel* 2004, 60f, 70f u. 80ff; *Bräutigam* 2005, 48ff; *von Cube* 2005, 116ff, 126f, 181-194, 246f u. 252ff; *Dyer* 2006, 22-26; *Meier* 2007, 19./5f).

2.1.1 Individuation

2.1.1.1 Distanzieren

(1) Selbstwirksamkeit

Die intrapersonalen Aspekte des Nutzengefühls lassen sich generell zunächst unterscheiden nach jeweiliger Ausprägung des kreatürlichen Wahrnehmungsverhaltens. Das menschliche Verhalten ist nur selten eine direkte Antwort auf die objektive Realität, sondern zumeist eine persönliche Antwort auf die vom Einzelnen individuell wahrgenommene „subjektive Erlebenswirklichkeit" (*Bräutigam* 1984, 25).

Die psychische Färbung des Wahrnehmungsprozesses wird beeinflusst von persönlichen Bedürfnissen, Wertungen, Einstellungen und Überzeugungen („Glaubenssätze"; *Seiwert* 2005b, 141; *Stollreiter* 2006, 110). Diese finden ihren Niederschlag unter anderem in nutzendienlichen Kausalattributionen (Ursachenzuschreibungen), vorgenommen auf der Basis einer jeweils spezifisch ausgeprägten internen bzw. externen Kontrollerwartung.

Die Ausprägung der persönlichen Kontrollerwartung kennzeichnet Menschen danach, inwieweit sie glauben, dass ihr Schicksal selbst (= intern) bzw. fremd (= extern) verursacht ist (vgl. *Robbins* 2001, 126f; *Seiwert/Tracy* 2002, 151f; *Bräutigam* 2005, 86ff u. 93-96; *Metzler* 2005, 22-26; *Dyer* 2006, 22ff u. 158f).

Extern kontrollierte Individuen (= Menschen in subjektiver Erwartung externer Schicksalsverursachung) fühlen sich relativ ohnmächtig und fremdbestimmt; sie neigen dazu, ihre Erfolge und Misserfolge sowie die Verantwortung für den Verlauf ihres Lebens äußeren Bedingungen oder anderen Akteuren (Eltern, Lehrer, Vorgesetzte, Staat etc.) zuzuschreiben. Eine derartige Erwartungshaltung (= externe Attribution) ist beispielsweise in Deutschland weit verbreitet. Wie in 1.2.2.2 aufgezeigt, glauben hierzulande zwei von drei Bürgern, ihr Erfolg werde von Faktoren bestimmt, die außerhalb ihrer Kontrolle liegen.

Logisch zugespitzt benötigt und verträgt die externe Attribution kein erfolgsgerichtetes Selbstmanagement. Dieses könnte, angesichts seiner (vorgeblichen) Wirkungslosigkeit, lediglich Frustration erzeugen, wäre mithin kontraproduktiv. Dagegen empfiehlt in aussichtsloser Ohnmachtposition schlüssig sich eine Fügung unter die Machtverhältnisse.

Tatsächlich offeriert der hierzulande herrschende „Sozialstaat" (1.2.2.2) seinen Landesbewohnern ein Abhängigkeitsdasein als verlockend bequeme Daseinsalternative. Zugänglich jedem „Habenichts" (1.2.1.1; 1.2.2.2), umfasst die so genannte „Grundsicherung" einen Komfortstand weit oberhalb der „Wirtschaftswunder"-Zeit (siehe 1.2.2.2), und dies bei Freiheit von Zuständigkeits-, Entscheidungs-, Leistungs- und Verantwortungsdruck (inklusive Recht auf Armutsgejammer).

Allerdings ist fraglich, ob die dauerhafte Verwöhnung einer zunehmenden Masse politisch alimentierter Ohnmachtsrepräsentanten langfristig individuell genusszuträglich sein kann (Problem der Artwidrigkeit; siehe 1.2.1.1) – ganz zu schweigen davon, dass sie kollektiv nicht zukunftstauglich ist (Problem der Unfinanzierbarkeit).

Wissenschaftlich bleibt darüber hinaus fraglich, ob die externe Attribution den Möglichkeitsraum moderner Individualgesellschaften überhaupt abbilden kann, leugnet sie doch schlichtweg die Wirksamkeit der selbstbestimmten Einleitung von Kausalzusammenhängen. Diese Wirksamkeit beweist sich aber zum einen im Naturverlauf, in dem der Mensch eigenmächtig sät und demgemäß erntet (bzw., wenn er nicht sät, demgemäß nicht erntet), und sie bestätigt sich zum anderen im modernen Lebensalltag, in dem gemäß empirischen Erhebungen der Anteil selbstbestimmbarer Aktivitäten oberhalb 90 % liegt – von der Partner- und Berufswahl bis hin zum Ernährungs- und Freizeit-programm (siehe hierzu auch Abb. 10 bis 13; vgl. *Sprenger* 1999, 30ff; *Robbins* 2001, 126f u. 657; *Seiwert/Tracy* 2002, 49 u. 151ff; *Bräutigam* 2004, 110-114 u. 124-128; *Gross* 2004, 132-143, 222-226 u. 292-302; *Bräutigam* 2005, 96f; *Bräutigam* 2006, 110-125 u. 168ff; *Covey* 2006, 56-61; *Dyer* 2006, 26f, 158-162 u. 181f; *von Münchhausen* 2006b, 85-89; *Meier* 2007, 10./5f).

Entgegen der dargelegten Ohnmachtsüberzeugung gehen intern kontrollierte Individuen (= Menschen in subjektiver Erwartung interner Schicksals-verursachung) davon aus, dass sie die Geschicke ihres Lebens selbst bestimmen können und dass insoweit ihre Erfolge und Misserfolge weitgehend dem eigenen Verhalten zuzuschreiben sind. Eine derartige Erwartungshaltung (= interne Attribution) ist beispielsweise in den Vereinigten Staaten weit verbreitet. Wie in 1.2.2.2 aufgezeigt, leben zwei von drei Amerikanern in dem Bewusstsein, ihren Daseinserfolg aus eigener Kraft erringen zu können.

Intern kontrollierte Menschen führen ein Leben in maßgeblicher Akzeptanz eigener Zuständigkeit und Verantwortlichkeit, verknüpft mit der subjektiv empfundenen Perspektive, durch Eigenaktivität ihren Existenzerfolg ausweiten zu können. Aus diesem Blickwinkel zuwachsgerichteter Vorfreude lohnt sich für sie ein selbst auferlegter Genussaufschub (= Gegenwartsverzicht) zwecks Erarbeitung persönlicher Leistungsfrüchte (= Zukunftsprofite).

Gemäß zahlreichen empirischen Untersuchungen verfügen intern kontrollierte Menschen über ein höheres Potential an Selbstwirksamkeit, das heißt an persönlicher Zuversicht, im eigenen Möglichkeitsrahmen vorgegebener Freiheitsgrade eine individuell zielführende Handlungs- und Durchsetzungskraft entfalten und damit persönliche Vorhaben erreichen zu können (z.B. Produktivitätssteigerung oder Karriereaufstieg, aber auch: Lernzuwächse, Übergewichtsreduzierung, Drogenverzicht o.ä.). Intern Kontrollierte sind auch signifikant weniger krankheitsanfällig; sie haben offenbar größere Widerstands- und Selbstheilungskräfte als extern kontrollierte Menschen.

Dazu passend empfinden nach Ergebnissen der Glücksforschung selbstwirksame Individuen tendenziell höhere Lebenszufriedenheit. Diese entsteht, wie *Elisabeth Noelle-Neumann* analysiert, keineswegs über „Wohlstand, soziale Sicherung, Freizeit und Konsum", sondern „dadurch, daß Menschen Herausforderungen annehmen und meistern, sich selbst Ziele setzen, aktiv die eigenen Kräfte einsetzen, eigene Entscheidungen fällen. Dadurch wachsen die Kräfte, das Selbstbewußtsein und damit die Zufriedenheit. Die Voraussetzung dafür ist Handlungs- und Entscheidungsfreiheit" (*Noelle-Neumann* 2002, 5; vgl. *Sprenger* 1999, 32ff; *Robbins* 2001, 126f u. 657; *Seiwert/Tracy* 2002, 151ff; *Aronson/Wilson/Akert* 2004, 538ff; *Borstnar/Köhrmann* 2004, 205f; *Friedman/Schustack* 2004, 316f u. 553ff; *Gross* 2004, 132-143; *Müller* 2004, 33 u. 40ff; *Bräutigam* 2005, 96f; *Covey* 2006, 56-61; *Dyer* 2006, 25ff u. 158-162; *Meier* 2007, 10./5f).

Abbildung 10:

Nur wenn Sie Ihr Leben bestimmen wollen, werden Sie es auch bestimmen können

Was immer man im Leben auch nutzen oder tun möchte, man muss überhaupt erst einmal den Willen dazu entwickeln! Und genau das ist bei vielen Menschen der zentrale Engpass, wenn es um ihre Lebensgestaltung und Lebensführung geht. Sie klagen mit dem Anschein größter Verbitterung darüber, dass sie von externen Ereignissen, von negativen Zufällen oder von anderen Menschen daran gehindert werden, das zu tun, was sie wirklich wollen, und sie erklären ebenso häufig, wie sehr sie sich nach einem größeren Einfluss auf ihr Leben sehnen. Sobald man ihnen aber vor Augen führt, dass sie die entsprechenden Machtmöglichkeiten längst besitzen und sobald man darauf hinweist, was sie von sich aus alles unternehmen und verändern können, reagieren sie nicht etwa erfreut, sondern voller Entrüstung und Ablehnung. Sie stimmen nicht etwa zu, sondern beginnen sofort zu erklären, warum sie in Wahrheit eben doch keine Chance haben, zu leben, wie sie möchten. So sehr sie sich also über die Verhältnisse beschweren, so wenig wollen sie in Wahrheit hören, dass der Haupteinfluss auf ihren Erfolg und ihr Glück von ihnen selbst ausgeht. „Alles, bloß das nicht!", so lauten ihre Gedanken in etwa, wenn ihnen klar wird, dass sie selbst die Schlüssel in den Händen halten. ...

Die einen sind zu bequem. Sie beschweren sich über die Verhältnisse, sind aber zu träge und zu lustlos, um die Mühen auf sich zu nehmen, die mit Veränderungen nun einmal verbunden sind. Den anderen fehlt Entschlossenheit. Man könnte ja ..., man sollte vielleicht ..., man müsste eigentlich ..., so lautet ihre Devise. Über die Theorie kommen sie dabei niemals hinaus. Wieder andere haben mit ihrer Furcht zu kämpfen. Sie glauben nicht wirklich daran, dass ihnen gelingen wird, was sie sich vornehmen, sie konzentrieren sich auf die Hindernisse, sie schwelgen in Gefahrenvorstellungen, so lange, bis sie doch lieber alles beim Alten belassen. Und schließlich gibt es noch diejenigen, die nur deshalb nichts davon hören wollen, dass der Haupteinfluss auf ihr Leben von ihnen selbst ausgeht, weil sie sich sonst vielleicht eingestehen müssten, dass auch bestimmte Ereignisse der Vergangenheit und ihre gegenwärtige Situation hauptsächlich auf sie selbst zurückzuführen sind.

Mit anderen Worten: Nur wenn Sie Ihr Leben bestimmen wollen, dann werden Sie es auch bestimmen können! Solange Sie glauben (oder glauben möchten!), dass Sie der Spielball anderer sind und dass Sie am Lauf der Dinge sowieso kaum etwas verändern können, solange werden Sie sich die Ketten selbst anlegen. Es wird Ihnen nie gelingen, Ihre Freiräume und Ihr Potenzial zu entdecken und sie auszuschöpfen. Im Gegenteil. Sie werden immer eine Vielzahl von Gründen dafür finden, warum etwas nicht funktionieren wird, warum etwas zu schwierig ist und warum es sich nicht lohnt, sich stärker zu bemühen. Die Umstände sind schuld, Sie haben nicht genügend Unterstützung, Ihre Mittel reichen nicht aus, es ist eben auch Glückssache, so oder so ähnlich werden Ihre Gedanken und Aussagen lauten.

In dem Augenblick aber, in dem Sie die Entscheidung treffen, Ihr Leben selbst zu bestimmen, gewinnen Sie einen völlig neuen Blick auf die Welt.

(*Gross* 2004, 293f)

Abbildung 11:

<u>Ohnmachtskult-Pflege 1:</u> Killerphrasen zur Abweisung der Selbstwirksamkeit

Unser innerer Schweinehund versucht immer wieder, uns mit speziellen Formulierungen auszutricksen ..., uns schon im Vorfeld an einem klaren, eindeutigen Entschluss zu hindern oder uns später quasi die Sicht auf unsere eigene Verantwortung zu vernebeln. Den größten Erfolg erzielt er dabei mit der Sprache der Unmöglichkeit. Es mag ja durchaus so sein, dass eine bestimmte Entscheidung für uns gar nicht sinnvoll ist und wir sie deshalb eigentlich auch gar nicht treffen wollen. Dies werden wir aber nur bewusst erkennen, wenn wir den Schweinehund-Code unmittelbar, das heißt in der speziellen Situation, übersetzen können – und dabei ehrlich zu uns selbst sind. ...

Die Bedeutung der Schweinehund-Sprache:

Formulierung	Übersetzung
„Ich kann nicht!"	„Ich will das gar nicht!"
„Ich schaff das nicht!"	oder
„Das geht doch gar nicht!"	„Ich trau mich nicht!"
„Das kann doch kein Mensch!"	
„Das ist viel zu schwierig!"	
„Unmöglich!"	
„Das lohnt sich nicht!"	
„Das hat ja sowieso keinen Sinn!"	
usw.	
„Ich habe keine Zeit."	„Ich will lieber etwas anderes tun."
„Ich bin nicht motiviert."	„Ich habe keine Lust."
„Ich hab's versucht."	„Ich wollte nicht wirklich!"
	oder
	„Es war mir nicht wichtig genug!"

Neben der Sprache der Unmöglichkeit gilt es vor allem die weit verbreiteten „Man"-Formulierungen zu übersetzen. Die meisten Menschen ... verstecken sich nämlich gern hinter dem Ausdruck „man", wenn sie entweder „ich" meinen (zum Beispiel „Man kann doch nicht einfach ..." statt „Ich trau mich einfach nicht ...") oder wenn sie etwas selber nicht tun wollen (so bedeutet der Satz „Man sollte hier mal aufräumen!" eigentlich „Irgendjemand sollte hier wohl aufräumen, aber bitte nicht ich!").

(*von Münchhausen* 2006b, 114ff)

Abbildung 12:

<u>Ohnmachtskult-Pflege 2:</u> Killerphrasen zur Abweisung der Selbstverantwortlichkeit

Das schlechte Gewissen zu beruhigen, es mit vordergründig tröstenden Worten einzulullen und jegliche Schuldgefühle im Keime zu ersticken ... funktioniert heutzutage wie folgt ...:

- Etwas gelingt einem nicht.
- Ein Schuldiger wird gesucht (konkret oder abstrakt).
- An ihn (als Sündenbock) wird die Verantwortung abgegeben.
- Der nunmehr „Unschuldige" kann eine Opferhaltung einnehmen und das Opferlied singen.
- Meist findet er verständnisvolle Zuhörer, die Absolution erteilen.
- Dadurch werden Eigenbeitrag und Fehler nicht gesehen, und es kann nicht gelernt werden.
- Der Fehler wird sich wiederholen.

Wenn etwas ... schiefgelaufen ist, wird ein Schuldiger gesucht, an den unbewusst/automatisch die Verantwortung für den selbst verursachten Misserfolg abgegeben wird. ... Das klingt dann beispielsweise so:

„Bei dem Wetter kann man einfach nicht ...!"

„Es war eben Freitag, der 13.!"

„Diese ewigen Geschäftsessen, da kann man ja nicht abnehmen!"

„Ich hab halt eine Veranlagung zum Zunehmen!"

„Ich hatte einfach zu viel zu tun!"

„Ich kann halt nicht aus meiner Haut raus!"

„Die Sucht hat mich besiegt."

„Mit diesen Kollegen musste es ja schief gehen!"

„Das Schicksal wollte es anders!"

„Es ist mit mir durchgegangen."

„Es sollte halt nicht sein!"

„Pech gehabt!"

„In unserem System kann man gar nicht anders!"

„Die Sterne standen eben ungünstig!"

„Ich bin eben Steinbock, da ist das so!"

Die Opferlieder sind bewährt, betörend und stoßen tragischerweise fast immer auf verständnisvolle Ohren. Es menschelt halt ... . Verpackt in die solidarisierende „Du-weißt-ja-wie-das-ist-Folie" werden die anderen, ohne es zu merken, zu Kollaborateuren. Von ihnen erwarten wir die Absolution – und erhalten sie auch! Die Absolution wird leicht gewährt, denn wer sie erteilt, erwartet sie natürlich im umgekehrten Fall genauso. Das ist Teil des großen Spiels, bei dem wir uns selbst und anderen in die Tasche lügen.

(*von Münchhausen* 2006b, 85ff)

Abbildung 13:

Ohnmachtskult-Pflege 3: Warum Sie so mißraten sind (und sich daran auch nichts ändern wird)!

Stellen Sie eine Liste aus Vorwürfen zusammen, in der Sie detailliert alles anführen, was Sie an Ihrer eigenen Person nicht leiden können. Das könnte etwa folgendermaßen aussehen:

Was mir an mir und meinem Leben mißfällt	Wer oder was die Schuld daran trägt
Ich bin zu dick	Eiscremekonfekt, Stoffwechsel, Mutter ...
Ich habe schlechte Augen	Gott, Vererbung, Hausaufgaben, Osram
Ich bin eine Niete in Mathematik	Grundschullehrer, Schwester, Unbegabtheit ...
Ich habe keine Freunde/Freundinnen	Schicksal, die ganzen Trottel an meiner Schule ...
Ich bin zu groß	Vererbung, Gott, Mutter ...
Ich bin unglücklich	der Börsenindex, meine Scheidung, meine Kinder ...
Mein Busen ist zu klein	Mutter, Vererbung, Schicksal, ... Gott, Satan ...
Meine Haarfarbe ist nicht die richtige	Erbanlage, Freundin, die Sonne
Der Zustand der Welt bedrückt mich	der Bundeskanzler ..., die Menschheit überhaupt
Meine Nachbarn sind streitsüchtig	das Stadtviertel, „solche Leute wie die" ...
Meine Tennisergebnisse	das Netz ..., meine Krämpfe, mein kranker Arm ...
Ich fühle mich nicht wohl	mein Hausarzt, das Essen, die Hitze, die Kälte ...

Errechnen Sie die Anzahl Ihrer Vorwürfe und prüfen Sie, ob sich nun, da Sie Schuld und Verantwortung getreulich auf die betroffenen, für Ihre Gefühle verantwortlichen Personen und Dinge verteilt haben, etwas für Sie geändert hat. Das ist ganz merkwürdig – Sie stehen noch immer genauso da wie zuvor! Ganz gleich, ob Sie nun anderen die Schuld zuschieben oder auch nicht, sie bleiben doch, wie Sie sind, es sei denn, Sie unternähmen etwas Konstruktives, um das, was Sie stört, zu verbessern. Nehmen Sie das als Übung zum Erkennen der Vergeblichkeit allen Beschuldigens.

(*Dyer* 2006, 181f)

Persönliche Handlungs- und Entscheidungsfreiheit indessen fällt dem Menschen nicht ohne weiteres zu. Die in 1.2 erörterten Natur- und Kultureinflüsse begrenzen die individuellen Möglichkeitsräume ähnlich wie etwaige unverrückbare Folgen biografischer Ereignisse (Finalentscheidungen, Schicksalsschläge usw.). Doch hat der Einzelne grundsätzlich erstens die geistig-emotionale Alternative, gegenüber Unabänderlichkeiten (z.B. Wetter, Zeitablauf, Todesfall) eine realitätsverträgliche Einstellung anzunehmen und zweitens kann es ihm zumeist gelingen, situationsspezifisch seine Handlungs- und Entscheidungspotentiale beachtlich auszudifferenzieren.

Die damit verbundene Herausforderung der Selbstmanagement-Kompetenz umschrieb vor mehr als 200 Jahren der Tübinger Theosoph *Friedrich A. Oetinger* in einer seinem Schöpfer zugedachten Bitte: „Herr, gib mir die Kraft, zu ändern, was ich nicht ertragen kann, die Gelassenheit, zu ertragen, was ich nicht ändern kann, und die Weisheit, das eine vom anderen zu unterscheiden" (*Oetinger* zit. n. *Eberspächer* 2002, 47; vgl. *Dyer* 1986, 73-76; *Covey* 1994, 83f; *Seiwert/Tracy* 2002, 65; *Aronson/Wilson/Akert* 2004, 531-535; *Gross* 2004, 133ff, 222-226 u. 292-302; *Hansch* 2004, 158ff; *Küstenmacher* 2004, 252; *von Cube* 2005, 32f; *Carnegie* 2006, 102; *Covey* 2006, 56-61; *Dyer* 2006, 22-26; *Seiwert* 2006b, 214f; *Stollreiter* 2006, 99f; *Meier* 2007, 10./5f; *Seiwert* 2007a, 49f).

(2) Bewusstseinsbefreiung

Nicht umsonst setzte *Oetinger* an den Anfang seiner Bitte die Kraft. Jeder Ansatz zur Ausweitung der persönlichen Handlungs- und Entscheidungsräume nämlich erfordert Energie.

Allem voran braucht es eine Antriebsquelle, den inneren Willensakt zur Selbst-Veränderung, zur eigenverantwortlichen Identitätsentfaltung, zur emanzipatorischen Befreiung des eigenen Gedanken- und Gefühlsspektrums. Die hierfür notwendige mentale Beweglichkeit ist vielfach gehemmt von der Last gesellschaftlicher Sollvorschriften (Normen), aufgebürdet unter elterlichem, schulischem, beruflichem und medialem Anpassungsdruck (z.B. Konsum-, Bildungs-, Karriere- und Meinungsdruck).

Was not tut zur Entfaltung der persönlichen Handlungs- und Entscheidungskompetenz ist deswegen zuvorderst das energische Freiräumen des eigenen Reviers von Barrieren des Denkens und Fühlens, das persönliche Infragestellen der im Kollektiv verinnerlichten „Programmierung des Geistes" (*Hofstede* 2001, 4) – ein, wie Abbildung 14 darlegt, durchaus unbequemes Vorhaben.

Angesagt ist hierzu ein kritisches Überprüfen der familial eingetrichterten Erziehungsregeln, des medial eingerieselten kollektiven Wissens sowie der sozial eingeschliffenen Fügsamkeitsmuster und sodann die befreiende Entrümpelung des höchsteigenen Persönlichkeitsterritoriums von unterdrückendem Wohlverhaltensballast (Denkschablonen, Gefühlsraster, Zwangsroutinen etc.).

Zweck der Entschlackung ist eine Erleichterung der mentalen Beweglichkeit des eigenen Selbst (vgl. 1.2.2; *Dyer* 1986, 34-43 u. 213-216; *Covey* 1994, 91ff; *Wehmeier* 2001, 171f; *Henkel* 2002, 273-278; *Seiwert/Tracy* 2002, 125ff; *Gross* 2004, 132-142 u. 292ff; *Huhn/Backerra* 2004, 10, 64 u. 197ff; *Hansen* 2004, 96ff; *Müller* 2004, 30-33; *Seiwert* 2005b, 105ff u. 139ff; *Bräutigam* 2006, 16ff u. 26-30; *Dyer* 2006, 22-29, 66ff, 104-120 u. 157-173; *Stollreiter* 2006, 110ff; *Conen* 2007, 15ff).

Abbildung 14:

Widerstand gegen den Enkulturationsprozeß

Aller Fortschritt, Ihr persönlicher wie der der Welt, hängt von unbotmäßigen Menschen ab, nicht von Leuten, die sich ihrer Umwelt anpassen und alles hinnehmen, wie es kommt. Der Fortschritt ist auf einzelne angewiesen, die die Konvention mißachten und sich ihre eigene Welt schaffen. ... Um vom bloßen „über die Runden kommen" zum eigenen Handeln überzugehen, müssen Sie lernen, sich gegen die Enkulturation und die zahlreichen Anpassungszwänge zur Wehr zu setzen. Widerstand gegen den Enkulturationsprozeß ist beinah die Grundvoraussetzung, um voll und unbehindert leben zu können. Manche mögen Sie deswegen als aufmüpfig ansehen: das ist der Preis, den Sie für eigenständiges Denken bezahlen müssen. Man wird Sie vielleicht als sonderbar betrachten, Sie selbstsüchtig oder aufrührerisch nennen; viele „normale" Leute werden Sie mißbilligen, und gelegentlich werden Sie ganz allein dastehen. ... Sie werden das alte Argument zu hören bekommen: „Wie, wenn alle anfangen wollten, sich nur an die Regeln zu halten, die ihnen passen? Wie würde unsere Gesellschaft denn dann aussehen?" Die einzige Antwort ist natürlich, daß eben nicht jeder das beschließen wird! Ihr Hang zu äußeren Stützen und Soll-Vorschriften verbietet der Mehrzahl der Menschen eine solche Haltung.

Mit Anarchie hat das ... nichts zu tun. Niemand will die bestehende Gesellschaftsordnung zerstören; viele ... möchten dem einzelnen jedoch innerhalb der Gesellschaft einen größeren Freiraum verschaffen – Freiheit von sinnlosen „Muß"- und unvernünftigen „Soll"-Vorschriften. ...

Wir bemühen uns um Wahlfreiheit, das heißt um die Möglichkeit, uns von der Sklavenmentalität, die ständige Abhängigkeit von den Solls meint, zu befreien. Sie brauchen nicht mit Ihrem Verhalten stets die Erwartungen zu erfüllen, die die Umwelt an Sie stellt. Tun Sie das dennoch und fühlen Sie sich dabei unfähig, sich anders zu verhalten, dann gehören Sie in der Tat zu den Gefolgsleuten, zur Herde derer, die sich von anderen die Richtung vorschreiben lassen. Sein Leben selbst zu führen verlangt Flexibilität und wiederholtes persönliches Überprüfen, wieweit eine Vorschrift im besonderen gegenwärtigen Augenblick zweckdienlich ist. ...

Dem Enkulturationsprozeß Widerstand zu leisten heißt, selbst Entscheidungen zu treffen und sie so wirkungsvoll und unauffällig wie möglich auszuführen. ... Zucken Sie nur mit den Achseln, wenn die anderen in der Schafherde mitlaufen. ... Bei alltäglichen Vorfällen werden Sie immer wieder finden, daß es einfacher ist, die Regeln in aller Stille zu umgehen, als großartig zu protestieren. Sie können sich entscheiden, entweder der Mensch zu sein, der Sie selbst sein wollen, oder der, den andere sich wünschen. Die Wahl liegt ganz bei Ihnen.

Praktisch alle neuen Ideen, die zur Veränderung unserer Gesellschaft geführt haben, sind zunächst einmal verächtlich gemacht worden. Viele waren überdies ungesetzlich. Fortschritt bedeutet immer auch einen Angriff auf alte Gesetze, die ihre Gültigkeit verloren haben. Die Leute haben sich so lange über einen Edison, Henry Ford, Einstein und über die Brüder Wright lustig gemacht, bis sie Erfolg hatten. Auch Sie werden mitleidiges Lächeln ernten, wenn Sie anfangen, sinnlosen Maßnahmen Widerstand zu leisten.

(*Dyer* 2006, 171ff)

Hierzu haben sich im Selbstmanagement zwei Verfahrenswege bewährt.

Zum einen begünstigt Introspektion (= innengerichtete Eigenbeobachtung) in Verbindung mit seriöser Information die persönliche Selbsterforschung. Regelmäßige Selbst-Achtsamkeit sowie die erkenntnisorienterte Reflexion eigener Bedürfnisse, Werte, Einstellungen, Überzeugungen und Verhaltensweisen können zu psychischer Emanzipation von mentaler Fremdbestimmung beitragen. Dabei geht es keineswegs nur um das Hinzugewinnen persönlichkeitsbezogener Wissensinhalte, sondern ebenso um das Hinterfragen von gegenstandsbezogenen Wissensinhalten, zu denen eine gängige (oft übernommene) Meinung besteht (die, wie in 1.2 ausgebreitet, keineswegs immer sachlich zutreffend sein muss).

Methodisch umsetzbar ist solche Eigenforschung durch nachfassende Recherchen (z.B. bei alternativen Fachquellen) sowie in reflektierenden Selbstgesprächen und Arbeitsnotizen (Tagebücher o.ä.). Insbesondere das Pflegen reflektierender Selbstgespräche erleichtert die Fertigkeit, gedanklich einen Schritt zur Seite zu treten, das eigene Tun sozusagen mit einem gewissen Abstand als Selbst-Beobachter zu betrachten und damit auch selbstkritische Sichtweisen aufzubauen.

Zum anderen hilft in verstärktem Maße persönliches Coaching (= authentischer Beistand durch läuternde Fremdsicht). Im Gedankenaustausch um biografische Vergangenheits- und Zukunftsthemen (z.B. Veranlagungen, Beeinflussungen, Praktiken, Neigungen, Sehnsüchte) lassen sich individuelle Stärken und Schwächen, Präferenzen und Aversionen sowie Chancen und Risiken herausarbeiten.

Zu beachten ist, dass der Coach eine komplexe Vertrauensaufgabe übernimmt (mit oft unwägbarem, gegebenenfalls auch belastendem Verlauf). Geeignet für eine solche Rolle sind nur integre Partner (Freunde, Verwandte, Professionelle), ausgestattet mit hervorragender Lebenserfahrung und der

persönlichen Wahrhaftigkeit, „sich selbst und anderen nichts vorzumachen"
(*Henkel* 2002, 255).

Die systematische Durchforstung des dichten Gestrüpps eigener mentaler
Alltagsroutinen dient in langfristiger Konsequenz dazu, das eigenmotivierende
Energiezentrum des individuellen Selbst auf die Bewusstseinsebene der
Persönlichkeit zu heben. Denn erst die erhellende Lichtung des Dickichts
mentaler Eigenarten verschafft einen klaren Blick und damit die Perspektive
zur persönlichen Individuation durch Entfaltung der psychischen Individualität
(vgl. *Remplein* 1975, 406; *Doucet* 1987, 226; *Gross* 1997, 222ff; *Comelli/von
Rosenstiel* 2001, 61f; *Klöckner* 2001, 22f; *Wehmeier* 2001, 87f, 92ff u. 171f;
Cichowski 2002, 12f; *Eberspächer* 2002, 61-69; *Henkel* 2002, 255ff;
Seiwert/Tracy 2002, 47ff; *Aronson/Wilson/Akert* 2004, 156ff; *Gross* 2004, 149-
156 u. 249f; *Hansen* 2004, 96ff, 109f u. 166f; *Kuhl* 2004, 31ff; *Müller* 2004, 34-
38; *Seidel* 2004, 95f; *von Elverfeldt* 2005, 22f u. 110f; *Dyer* 2006, 27-32; *von
Elverfeldt* 2006b, 57; *Müller, G.F.* 2006, 9-13 u. 16ff; *Conen* 2007, 81).

(3) Unabhängigkeitserarbeitung

Der offenkundige Vorteil systematischer Selbst- und Sacherforschung liegt
zunächst in einer faktenunterlegten Wirklichkeitsausrichtung der eigenen
Gedanken-, Gefühls- und Handlungspraxis. Das Wahrnehmungsverhalten
schwenkt von der (gewöhnlichen) Suche nach Selbst-Täuschung zur
(außergewöhnlichen) Suche nach Selbst-Erkenntnis.
Diese objektivierende Geistesübung begünstigt eine vergleichende, selbstkritische Betrachtung der eigenen Existenz und zügelt damit die kreatürliche
Egozentrierung. Selbstwirksames Ergebnis solcherart willensgeleiteter
Realitätsnäherung ist ein Zuwachs an Erkenntnistiefe und -breite mit
entsprechender Ausweitung der Potentiale zum Verständnis eigener und

fremder Interessenlagen, begleitet vom Zugewinn weiterer Einsichten (nebst entsprechender Ernüchterung).

Das bündelnde Sammeln und Verarbeiten vielfältiger Informationen begünstigt in der Folge den Aufbau einer das Normalniveau überragenden individuellen Erkenntnis- und Wissensplattform. Deren erhöhte Warte eröffnet einen über die Lästigkeiten des Alltags hinaus reichenden Weitblick, unter dem das alltägliche Gerangel des menschlichen Zusammen- und Gegeneinanderwirkens kleinlich erscheint (siehe hierzu auch Abbildung 15). Eine derartig fundiert gehobene Perspektive zunehmender Eigenständigkeit überwindet die Bereitschaft zur Anlehnung an niveauflache Standpunkte und stärkt damit die innere Unabhängigkeit (= „Freiheit, äußerem Druck standzuhalten und Widerspruch einzulegen"; *Henkel* 2002, 256). Diese Persönlichkeitshaltung schließlich ermöglicht eine mentale Distanzierung (= Abstandnahme) von situativ aufdringlichen Außen- bzw. Inneneinflüssen der eigenen Lebensführung.

Das persönliche Erarbeiten von tragfähigem Informationskapital, von mentaler Distanziertheit und von innerer Autonomie bereitet eine individuelle Geistesverfassung mit Befähigung zu nüchterner Interpretation eigener sowie fremder Willensstrebungen. Die praktische Übung, Begehrlichkeiten abgeklärt zu analysieren, lehrt Fremdrelativierung (plus: Alleinsein), Selbstrelativierung (plus: Unwichtigsein) sowie eine generelle Existenzrelativierung (plus: Anspruchsreduktion) und erleichtert so die ausgewogene Selbstformung nutzenwirksamer Persönlichkeitsmerkmale (Bedürfnisse, Einstellungen, Verhaltensweisen etc.).

Die damit begonnene bewusste Eigengestaltung der Persönlichkeit erfordert ohne Zweifel Selbstdisziplin. Sie bedarf der Bereitschaft, so formuliert *Stephen Covey*, „den Moment dem unterzuordnen, was man langfristig will. Genau um dieses persönliche Opfer, um den Prozess, die Freuden von heute einem größeren, langfristigeren Gut unterzuordnen, geht es bei der Disziplin. Viele Leute setzen Disziplin mit fehlender Freiheit gleich. ... Tatsächlich aber trifft das Gegenteil zu: Nur disziplinierte Menschen sind wirklich frei. Die undisziplinierten hingegen sind Sklaven ihrer Stimmungen, Gelüste und Leidenschaften" (2006, 91).

„Ich bin fest davon überzeugt", betont *Covey*, „dass Disziplin das gemeinsame Attribut aller erfolgreichen Menschen ist. ... Erfolgreiche Menschen haben es sich zur Gewohnheit gemacht, Dinge zu tun, die Versager nicht gern tun. Erfolgreiche Leute machen sie zwar auch nicht unbedingt gern, doch sie ordnen ihre Abneigung dem Zweck unter" (ebenda, 92).

Genau diese selbstbefohlene Unterwerfung des eigenen Ausführens unter die eigenen Maßstäbe schließlich leitet den Menschen zur selbstgenügsamen Handlungs- und Entscheidungsfreiheit; denn, so wusste schon der griechische Philosoph *Epiktet*: „Niemand ist frei, der nicht Gewalt über sich hat." (zit. n. *Dyer* 1986, 22).

Während *Stephen Covey* die Disziplin generell als allgemeinen Wegbereiter innerer Freiheit würdigt, konkretisiert der Erfolgstrainer *Bernd W. Klöckner* ihre Ergiebigkeitsvorteile an Beispielen der Schaffensfreude und Termintreue: „Es macht Spaß, diszipliniert zu arbeiten und es bedeutet Stress und Unruhe, erst die Zügel schleifen zu lassen und anschließend der Zeit hinterherzuhetzen" (*Klöckner* 2001, 56).

Demgemäß lautet sein Appell an jeden nutzenstrebenden Selbstmanager: „Lassen Sie nicht zu, dass Sie gleichgültig sind, wenn andere auf Sie warten müssen. Verzichten Sie auf Ausreden für Unpünktlichkeit. Nur Verlierer erklären stets, warum sie dies und jenes wieder einmal nicht einhalten konnten" (ebenda, 55).

Schließlich kommt auch er zu dem Fazit: „Ohne Disziplin kein Erfolg" (ebenda; vgl. *Dyer* 1986, 94f; *Sprenger* 1995a, 97-118; *Comelli/von Rosenstiel* 2001, 61f; *Wehmeier* 2001, 87f u. 92ff; *Henkel* 2002, 256ff; *Feser* 2003, 123; *Aronson/Wilson/Akert* 2004, 531-535; *Gross* 2004, 132-143, 149-156, 249f u. 391-400; *Hansch* 2004, 133f u. 183; *Huhn/Backerra* 2004, 64; *Seidel* 2004, 90-97; *Bräutigam* 2005, 93ff; *Dadder* 2006, 59ff; *Dyer* 2006, 27-32, 66ff u. 104-120; *von Elverfeldt* 2006a, 53; *von Münchhausen* 2006a, 170-173; *Conen* 2007, 46f u. 52ff; *Hinterhuber* 2007, 42ff; *Meier* 2007, 6./22).

In der zukunftswirksamen Konsequenz öffnet die diszipliniert der gewöhn-lichen Egozentrierung enthobene Lebenssicht das Tor zu persönlicher Ge-lassenheit und Souveränität. So wächst ein „Geist, der sich von Affekten freihält" (*Marc Aurel*, zit. n. *Hinterhuber* 2007, 187).

Der Unabhängige errichtet seine „innere Burg" (derselbe, zit. ebenda); diese sichert seinen „Seelenfrieden" (*Seiwert/Tracy* 2002, 157). Der weite Ausblick von der Turmzinne („über den Tellerrand hinaus") begründet ein Urteils-vermögen, welches die Bedeutsamkeit von Geschehnissen sowie von Menschen und ihren Ansprüchen zu gewichten vermag.

Dementsprechend begegnen gelassene, souveräne Individuen den Nichtig-keiten der Alltagspraxis dahingehend, dass sie ihnen zumindest keine Macht über ihre Emotionen einräumen. Sie klagen nicht, pflegen gleichmütigen Abstand, lassen Außeneinflüsse abtropfen, konzentrieren sich auf die wesent-lichen sowie auf die heiteren Aspekte des Lebens und sind unauffällig ergebniswirksam, frei von Ansprüchlichkeit, Prahlerei, anmaßender Arroganz und Ignoranz. Sie führen ihre Existenz in aufmerksamer Ausschöpfung ihrer Genusspotentiale bei gleichzeitig pragmatischer Hinnahme der außerhalb ihrer Wirksamkeit liegenden Unabänderlichkeiten.

Aus solcherart willentlich eigenbestimmter „Selbstmächtigkeit" (*Gross* 2004, 149) erwächst „Gefühlsbeherrschung" (*Seidel* 2004, 36). In deren Anwendung widerstehen souveräne Individuen der alltäglichen Versuchung zur Übernahme umfeldgeprägter Sollvorstellungen und Erwartungshaltungen. Diesen nämlich entspringen nicht selten signifikant gesundheitsschädigende Verdrusswirkungen, konkret empfindbar als

- Ärger (über Missfälligkeiten o.ä.),

- Neid (auf Erfolgssymbole o.ä.),

- Sorge (um Anspruchserfüllung o.ä.),

- Angst (vor Katastrophen o.ä.),

- Kränkung (aus Eitelkeitsverletzung o.ä.) und

- Verbitterung (nach Ent-Täuschung o.ä.).

Bei den durch derartige Gefühlsbelastungen getrübten Minuten, Stunden oder Tagen des individuellen Daseins handelt es sich bestenfalls um folgenlos „vergeudete Lebenszeit" (*Küstenmacher 2004*, 158); oftmals handelt es sich um folgenschwer vergällte Leidenszeit.

Vor diesem Hintergrund empfiehlt der Selbstmanagement-Trainer *Marc Stollreiter:* „Machen Sie Ihre Gelassenheit zur absoluten Priorität!" (2006, 61; vgl. *Dyer* 1986, 34-43, 73-76, 117f u. 208-213; *Sprenger* 1995a, 97-118; *Robbins* 2001, 657f; *Henkel* 2002, 273-278; *Carnegie* 2003, 87f; *Aronson/Wilson/Akert* 2004, 531-535; *Friedman/Schustack* 2004, 539-544 u. 551; *Gross* 2004, 149-156, 192f, 241, 249f, 253f, 391-400, 409ff u. 422ff; *Huhn/Backerra* 2004, 64; *Küstenmacher* 2004, 258f u. 262-266; *Müller* 2004, 34ff; *Gross* 2005, 153-159, 177ff, 194-210 u. 272-286; *Kappler* 2005, 15; *Dyer* 2006, 27-32, 42-59, 66ff, 123f u. 230-234; *von Elverfeldt* 2006a, 53; *Seiwert* 2006b, 214f; *Conen* 2007, 92-99; *Hinterhuber* 2007, 27-36; *Meier* 2007, 5./5 u. 5./9; *Öttl/Härter* 2007b, 11., 35. u. 42.).

Abbildung 15:

Ansichten kontra Wirklichkeit

So seltsam es sich auch zunächst anhören mag, viele Menschen unterdrücken sich selbst dadurch, daß sie mehr Gewicht auf ihre Ansichten über das legen, was wirklich ist und auf ihre Einstellungen gegenüber der Wirklichkeit als auf die Wirklichkeit selbst. ...

Wer sein Leben nach dem Grundsatz führt, Ansicht und Wirklichkeit sei dasselbe, dessen Leben wird randvoll mit selbstverschuldetem Leid sein. Der Konflikt entsteht dann daraus, daß er erwartet, die Welt werde so sein, wie er sie haben möchte und merkt, wie er sich ärgert, weil die Dinge nicht so gehen, wie sie vermeintlich gehen müssten, ... oder, schlimmer noch, wie sie unseren Wünschen nach gehen sollten. Und der Konflikt löst sich selbst auf, wenn man die Wirklichkeit genau sieht, wie sie ist und sich nicht weiter Schmerzen zufügt, weil die Welt sich auf die ihr vorbestimmte Art dreht. ...

Die Wirklichkeit, die wir sehen, ist überaus spannend für den, der sich die Zeit nimmt, sich daran zu erfreuen. In der Wüste ist es heiß und sandig. Nun kann man sich, wenn man will, dagegen auflehnen und darüber klagen, die Wüste wird trotzdem heiß bleiben. Man hat jedoch auch die Möglichkeit, die Dinge mit neuen Augen zu sehen und sich an der Wüste als dem zu erfreuen, was sie ist. ...

Auch ein Gewitter kann man auf eine Vielzahl von Arten erleben. Man kann sich davor fürchten, sich vor ihm verstecken, es verdammen, verfluchen; und jede dieser Entscheidungen wird Sie der Möglichkeit berauben, diesen Augenblick Ihres Lebens auf eine erfüllte, aufregende Weise zu erleben. Man kann sich aber auch bei einem Gewitter entspannen, ihm zuhören, es schmecken und sich an der Einzigartigkeit all dessen erfreuen, was ein Gewitter ausmacht. Ist es vorbei, kann man sich am Aufklären erfreuen, an der Entstehung neuer Wolken. Man kann sie betrachten, beobachten, wie der Wind sie bewegt, zusehen, wie sie ihre Form ändern und die Wirklichkeit eines jeden Augenblicks endlos würdigen.

Auf dieselbe Weise kann man sich dazu entschließen, sich von der Realität einer gegebenen Gesellschaft, einer Ausschuß-Sitzung, eines allein verbrachten Abends, eines Ballettbesuchs, eines Fußballspiels oder einer Mahlzeit erfüllen zu lassen.

Ganz gleich, wie die Realität aussieht – und Sie können die meisten Ihrer Realitäten als Ergebnis Ihrer Entscheidungen ansehen – Sie können sie zu einem großartigen Erlebnis machen oder aber sich dadurch unterdrücken lassen, daß Sie sich innerlich nicht darauf einstellen und sie in unwirklicher Weise betrachten. Denken Sie an die hierin enthaltene Logik. Wie töricht ist es doch, daß man sich jemals durch Dinge aufregen oder in seiner Aktivität bremsen läßt, wenn die Aufregung selbst nichts einbringt. Man kann genau dieselbe Reaktion aus der Wirklichkeit schöpfen, indem man sich nicht aufregt. Die Schlußfolgerung für einen geistig gesunden Menschen scheint unausweichlich zu sein. Wenn man sich über die Realität sowohl aufregen als auch nicht aufregen kann, ohne daß eines von beiden sie beeinflußt, ist es einfach Torheit, sich aufzuregen.

Das ist die Haltung des Nicht-Unterdrückten. Dabeisein und genießen. Kürzer treten. Die Torheit erkennen, die darin liegt, daß man sich über Dinge ärgert, die ganz einfach da sind. Die Annahme aufgeben, daß es so etwas wie „schlechte Tage" gibt. Machen Sie sich nicht selbst etwas vor. Die Tage sind einfach da. Der Mittwoch macht sich nichts draus, ob er Ihnen gefällt oder nicht, er wird ganz einfach weiterhin Mittwoch sein. Ihre Ansichten machen ihn nur für Sie selbst schlecht.

(*Dyer* 1986, 208f u.212f)

2.1.1.2 Ökonomisieren

Im Verlauf der Erarbeitung emotionaler Eigenbestimmung gelingt mit der objektivierenden Selbstformung dem Individuum ein erster Schritt hin zum diszipliniert erfolgsgerichteten Antriebshandeln. Mit der Ausrichtung seines Energiezentrums nach der Maßgabe, „das Beste aus dem Leben zu machen" (*Shaw*, zit. n. *Becker* 1993, 1), stärkt der Selbstmanager sein Nutzenstreben. Dieses folgt dem elementaren Überlebensgebot der Evolution, denn die Erfolgsgeschichte der Menschheit war nur möglich unter dem Zeichen der Ökonomisierung. Deshalb wird in der vorliegenden Schrift das ökonomische Selbstverständnis des Einzelnen nicht eingestuft als beliebige Verhaltensoption, sondern als naturgegebene Kreaturanlage, deren Ausschöpfung tendenziell Wohlbefinden begünstigt, deren Missachtung hingegen schädigend wirkt (vgl. *Gross* 2004, 387-395 u. 422ff; *Hansch* 2004, 121f; *Bräutigam* 2005, 39-72; *von Cube* 2005, 32f).

(1) Zuwachsstreben

Ihre schlichteste Ausformung offenbart die ökonomische Kreaturanlage im grundlegenden Zuwachsstreben des Menschen. Dieses erfüllt sich bei der emotionalen Eigenbestimmung beispielsweise in persönlicher Hinwendung zu einer heiteren Alltagssicht mit Sinn für Humor, Tugendpflege, Optimismus und Positivität.

Humor:
Der Humor ist ein mentales Denk- und Gefühlsmuster mit Ausrichtung auf Zugewinn an konstruktiv erfreuender Emotion. Seine Träger bewahren eine ungleiche mentale Distanz; sie halten Abstand zum Trübsinn und suchen Nähe zum Frohsinn. Dieser ermöglicht spontane und besonders kosten-

günstige Gefühlsaufhellungen, sogar frei von der Notwendigkeit zum vorherigen Genussaufschub. Seine „Lebenskunst" (*Gross* 2004, 166) beweist der Humorvolle nicht nur im fröhlichen, empirisch belegt gesundheitszuträglichen Lachen, sondern auch und besonders in der Pflege von Selbstironie sowie im launigen Erkennen und Aufgreifen von Situationskomik.

Bedauerlicherweise scheint dem zeitgenössischen, obschon saturiertspaßorientierten „Sozialstaat" (1.2.2.2) die Heiterkeit abhandenzukommen; vor seiner Errichtung, zur bescheiden-leistungsorientierten „Wirtschaftswunder"-Zeit, lachten die Deutschen täglich dreimal soviel wie heute (und zwar 18 gegenüber heutigen 6 Minuten).

Tugendpflege:

Die Pflege von Tugenden wird in dieser Schrift verstanden als regelmäßige Praktizierung typischer produktivitätsförderlicher Verhaltensmuster. Derartige Handlungsgepflogenheiten basieren auf Selbstmotivation in Verbindung mit Selbstbeherrschung (Disziplin, Eigenkontrolle u.ä.).

Weltweit traditionell hoch angesehen, verkörpern die sprichwörtlichen „typisch deutschen" Arbeitstugenden persönlich genussaufschiebende Schaffenshaltungen des Individuums. Tendenziell intrapersonal wirksame Tugenden sind beispielsweise

- Fleiß (birgt Leistungsbereitschaft mittels Habitualmotivation),
- Sparsamkeit (vergrößert Bewegungsräume für zukünftige Erfordernisse),
- Ordnungssinn (verkürzt Produktionszeiten durch Organisationsroutine) und
- Geduld (spendet Beharrlichkeitserfolg mittels Durchhaltevermögen).

Schwerpunktmäßig interpersonal wirksame Tugenden sind unter anderem

- Pünktlichkeit (fördert Kooperationsstabilität durch Termintreue) und
- Verantwortlichkeit (festigt Vertrauen in Durchführungsverlässlichkeit).

Aus langzeitlichen Gesundheitsstudien sind Korrelationen belegt zwischen Tugenddefiziten (z.B. Mangel an Zuverlässigkeit/Stetigkeit/Gewissenhaftigkeit) und Krankheitsanfälligkeit. Danach lebt der Tugendhafte gesünder (und länger) als der Lasterhafte.

Der Neidgeist sozialistischer Volksverdummung indessen überzieht die Arbeitstugenden zuweilen mit Spott und diskreditiert sie als „Sekundärtugenden" (*Lafontaine*, zit. n. *Henkel* 2004, 217); in freiheitlichen Leistungsfeldern genießen sie gleichwohl höchste Wertschätzung aufgrund ihrer überragenden Bedeutung für das produktive Wirken des Menschen und damit für seine wirtschaftliche und persönliche Unabhängigkeit – nicht zuletzt auch von funktionärsbestimmter politischer Bevormundung.

Optimismus:

Der Optimismus ist eine vorwärtsgerichtete Denk- und Gemütshaltung mit Zuwachsperspektive auf der Basis einer persönlichkeitsverwurzelten erfolgszuversichtlichen Lebensgrundstimmung. Gegenüber dem Pessimismus hat der Optimismus den ökonomischen Vorteil zumeist unreflektiert selbstverständlicher Hoffnung, Heiterkeit und Vorfreude. Hieraus erwächst eine Habitualmotivation, die chancen- und lösungsorientiert Problemstellungen als Herausforderungen annimmt und so die Eigenaktivierung von Antriebsenergien erleichtert.

Der hier verwendete Optimismusbegriff bezeichnet keineswegs die „Furchtlosigkeit ... der vitalen und enthusiastischen Dilettanten, ... die sich aus einer reinen Verkennung der Lage ergibt" (*Gross* 2005, 300); gemeint ist vielmehr die typischerweise konstruktiv-realistische Schaffenshaltung der Professionellen, artikuliert beispielsweise in einer Bemerkung des amerikanischen Ölmagnaten *Nelson Aldrich Rockefeller*: „Wohin ich auch blicke, überall erwachsen aus Problemen Chancen" (zit. n. *Voigtmann* 1997, 38).

Da Aktivitätsbereitschaft regelmäßig handlungstreibender wirkt als Passivität (die nichts bewegt), ist tendenziell der Optimist nicht nur offensiver und flexibilitätsfreudiger, sondern auch tatkräftiger und vielfach erfolgswirksamer als der Pessimist. Er ist zudem im statistischen Durchschnitt zufriedener und gesundheitlich widerstandsfähiger, verfügt mithin über eine körperlich und seelisch erhöhte Resilienz (Robustheit). Leider ist neben dem Humor auch diese Denk- und Gemütsheiterkeit hierzulande nicht sonderlich verbreitet. Ein optimistischer Zukunftsblick findet sich lediglich bei einem von acht Deutschen (hingegen bei fünf von acht Amerikanern).

Positivität:

Das Denkmuster der Positivität kennzeichnet die Neigung, „das Leben von der schönen Seite her zu sehen" (*Huhn/Backerra* 2004, 144). Diese Ausrichtung steht dem Optimismus nahe, sie durchdringt jedoch nicht zwangsläufig spontan die ganzheitliche Persönlichkeit. Positivität entspringt eher einer überlegten Hinwendung zu konstruktiven Einstellungen, Werthaltungen und Verhaltensmustern. Sie ist mithin eine im Selbstmanagement willentlich erwerbbare, rationale Sicht- und Verfahrensweise absichtsvoller Zuwachs- förderung. In der Kommunikation findet Positivität zuweilen Ausdruck durch Heraushebung guter über schlechte Botschaften (entgegen deren durchschnittlich achtmal häufigere Weitergabe) oder durch „Vergleiche nach unten" (*Goleman* 1996, 102) gemäß dem Motto: „So übel geht's mir gar nicht!" (ebenda).

Zur Positivität ermuntern viele Lebenshelfer, indem sie anregen, die ungetrübten Aspekte des Daseins angemessen zu würdigen. So verkündet der weltberühmte Altmeister der Ratgeberliteratur, *Dale Carnegie*: „Etwa neunzig Prozent aller Dinge in unserem Leben sind in Ordnung, nur etwa zehn Prozent sind es nicht. Wenn wir glücklich sein wollen, brauchen wir uns nur auf diese neunzig Prozent zu konzentrieren und die zehn, die nicht in Ordnung sind, nicht zu beachten. Wenn wir aber verbittert und ängstlich sein und ein

Magengeschwür bekommen wollen, müssen wir es genau umgekehrt machen und nur die zehn Prozent sehen, die nicht so sind, wie wir es uns wünschen" (2003, 187).

Unter Imagination konkreter Vorstellungsbilder empfiehlt der Bestseller-Autor beispielhaft, gesunde Lebensverhältnisse als persönlichen Reichtum zu bewerten: „Würden Sie Ihre Augen für eine Milliarde Dollar verkaufen? Wie viel würden Sie für Ihre beiden Beine haben wollen? Und Ihre Hände? Ihr Gehör? Ihre Kinder? Ihre Familie? Zählen Sie Ihre Aktivposten einmal zusammen, und Sie werden feststellen, dass Sie sie für alles Gold ... nicht hergeben würden" (ebenda, 188).

Im Übrigen rühmt der Altmeister die Gabe der menschlichen Kreatur, „aus einem Minus ein Plus zu machen" (*Adler*, zit. ebenda, 203) und ergänzt die Würdigung um eine demgemäße Ratgebung: „Wenn du eine Zitrone hast, mach Zitronenlimonade draus" (ebenda). Im Alltagskampf gegen Widerstände und Schwierigkeiten schließlich erkennt er den Härtungsvorteil, pointiert zum Ausdruck gebracht durch das stolze skandinavische Sprichwort: „Der raue Nordwind schuf die Wikinger" (zit. ebenda, 211; siehe Abb. 16; vgl. *Remplein* 1975, 110ff; *Dyer* 1986, 246f; *Frank* 1995, 10; *Goleman* 1996, 114-119 u. 225f; *Comelli/von Rosenstiel* 2001, 68ff; *Klöckner* 2001, 43ff, 51f u. 55f; *Cichowski* 2002, 185-190 u. 201f; *Carnegie* 2003, 148, 187f, 203 u. 211; *Friedman/Schustack* 2004, 469f, 537f, 543, 547 u. 551; *Gross* 2004, 253f u. 401-420; *Hansen* 2004, 108; *Seidel* 2004, 103f u. 152-157; *SY* 2005b, 7; *Bräutigam* 2006, 90-93 u. 251f; *Dadder* 2006, 73; *von Elverfeldt* 2006a, 53; *Kals* 2006a, 51; *Langguth* 2006a, 180; *Malik* 2006, 153-165; *Radloff* 2006, 5f; *Seiwert* 2006b, 31 u. 222-228; *Beck, M.* 2007, 169ff; *Conen* 2007, 226ff; *Kutter* 2007, 77ff; *Meier* 2007, 10./23ff; *Öttl/Härter* 2007b, 11.).

Abbildung 16:

Der italienische Conte

In Italien kursiert die Geschichte von einem Grafen, der sehr alt wurde, weil er ein Lebensgenießer par excellence war. Niemals verließ er das Haus, ohne sich zuvor eine Handvoll Bohnen einzustecken. Er tat dies nicht etwa, um die Bohnen zu kauen. Er nahm sie mit, um so die schönen Momente des Tages bewusster wahrnehmen und um sie besser zählen zu können. Für jede positive Kleinigkeit, die er tagsüber erlebte – zum Beispiel eine nette Konversation auf der Straße, das Lächeln seiner Frau und Lachen seiner Kinder, ein köstliches Mahl, eine feine Zigarre, einen schattigen Platz in der Mittagshitze, ein Glas guten Weines – kurz: für alles, was die Sinne erfreute, ließ er eine Bohne von der rechten in die linke Jackentasche wandern. Manche Begebenheit war ihm gleich zwei oder drei Bohnen wert. Abends saß er dann zu Hause und zählte die Bohnen aus der linken Tasche. Er zelebrierte diese Minuten. So führte er sich vor Augen, wie viel Schönes ihm an diesem Tag widerfahren war und freute sich des Lebens. Und sogar an einem Abend, an dem er bloß eine Bohne zählte, war der Tag gelungen, hatte es sich zu leben gelohnt.

Das Rezept des Conte ist eine unkonventionelle Art, sich selbst dazu anzuhalten, den erfreulichen Dingen des Tages mehr Beachtung zu schenken. Nicht jeder mag sich gleich dazu animiert fühlen, es ihm gleichzutun, vielleicht auch, weil die Taktzahl unseres Alltags meist höher ist. Es existiert keine mehrstündige Siesta, dafür aber ein enger Terminplan, der unser Leben stark von außen bestimmt, Hektik und Verpflichtungen diktieren oft unseren Tag. Doch gerade deswegen ist es wichtig, die Eindrücke eines Tages zu selektieren und den guten mehr Gewicht beizumessen. Wenn wir uns selbst verordnen, die angenehmen Kleinigkeiten des Tages häufiger zu würdigen und seltener als selbstverständlich oder unwichtig einzustufen – so kann schon aus einem leckeren Sandwich, der guten Idee für ein Geburtstagsgeschenk oder dem wohligen Körpergefühl nach dem Duschen etwas werden, was uns eine Bohne wert ist. Nicht achtlos vorbeiziehen zu lassen, was eigentlich ganz schön und erfreulich ist – das ist das ganze Geheimnis.

Deshalb probieren Sie die Methode des Conte: Stecken Sie sich jeden Morgen ein paar Bohnen ein (es können auch Erbsen oder Murmeln sein). Diese einfache Strategie hat schon vielen Menschen geholfen, den Vorhang eines vermeintlich nur grauen Alltags beiseite zu schieben. Falls es Ihnen lieber ist, können Sie natürlich auch ohne diese Hilfsmittel – also nur im Geiste – festhalten und zählen, was Ihnen an schönen Momenten widerfährt. Ob mit oder ohne Bohnen, treten Sie jeden neuen Tag mit dem Vorsatz an, nicht nur Negatives zu erwarten, sondern auch jede Menge Positives.

(*Conen* 2007, 27ff)

(2) Zuwachskalküle

Im Verlauf seines zivilisatorischen Erkenntnis- und Verfahrensfortschritts hat der Mensch über die dargestellten schlichten Grundformen seines Zuwachsstrebens hinausgehende Zuwachskalküle entwickelt. Diese Kalküle folgen der Kausalerfahrung, dass innerhalb einer Wertschöpfungskette Gegenwartsverzicht unabdingbar ist für zukünftige Prosperität und dass erst nach Entfaltung des Wachstums dessen Ergebnisse abgreifbar werden. Mithin sind erst nach ihrer Ernte die Früchte umformbar in einen individuellen Nutzen, dem zuarbeitenden Wegbereiter für das persönlich ganzheitliche Wohlbefinden.

Physikalische Zuwachskalküle:

Die physikalisch-ökonomischen Erfahrungsregeln sind in überlieferten Leitsätzen aus dem Ackerbau begründet. Sie beschreiben das in 2.1.1.1 bereits kurz angesprochene ökologische Gesetz von Saat und Ernte, wonach die Frucht aus dem Faktoreinsatz erwächst (Landboden, Arbeit, Werkzeuge, Klima etc.). Demgemäß ergibt sich Output aus Input, resultiert Ertrag aus Aufwand (und nicht etwa umgekehrt). Auf den Punkt bringen dies, nachvollziehbar selbst den für verblendetsten Phantasten, die Motivationsautoren *Gerhard Huhn* und *Hendrik Backerra*: „Ofen wärme mich, und wenn ich warm bin, beschaffe ich dir Holz' − funktioniert nicht! Sie müssen immer erst das Holz schlagen (und das oft mit klammen Fingern), dann gibt es Wärme. Die Gefängnisse sind voll von Leuten, die es andersherum probiert haben" (*Huhn/Backerra* 2004, 118).

Jede bodenständige Kindererziehung kennt das Prinzip: „Erst die Arbeit, dann das Spiel − nach der Reise kommt das Ziel". Ähnlichen Inhalts ist die Erfolgsregel „Ohne Fleiß kein Preis!" (rheinisch verkürzt: „Von nix kütt nix!"). Dabei treibt anfänglich den Fleißigen die Vorfreude auf seine Preisprämie zum ergebnisgerichteten Handlungsvollzug, während stete Übungsgewohnheit schließlich eine Habitualisierung der Leistungsmotivation befördert. Dieser Konditionierungsansatz, zeitgenössischer Hebel jeglicher Erziehungs- und Ausbildungskultur, beweist seine Nutzenwirksamkeit auch für das Selbstmanagement, so etwa in individueller Anwendung eigenpersönlich entworfener „Belohnungsstrategien" (*Seidel* 2004, 104). Letztlich stärken solche Vorgehensweisen die Kraft zum Widerstand gegen das bereits diskutierte animalistische „Genussprinzip des Vorrangs der Gegenwart vor der Zukunft" (1.2.1.1).

Der deutsch-amerikanische Erfolgsratgeber *Karl Pilsl* begegnet den modischdekadenten Zweifeln am Gesetz von Saat und Ernte unter Verweis auf die Wirksamkeit der persönlichen Mentalausrichtung: „Bin ich von meiner Denke her ein Investor oder ein Konsument? Davon hängt ab, wie meine Zukunft aussieht. Davon hängt auch ab, ob es für mich eine Ernte gibt oder nicht" (*Pilsl* 2006, 81).

Psychologische Zuwachskalküle:

Die psychologisch-ökonomischen Erfahrungsregeln sind in überlieferten Leitsätzen aus der Volkswirtschaftslehre begründet, insbesondere im „Gesetz des fallenden Grenznutzens" (*Ramb* 1993, 8; siehe 1.2.1.1) sowie im „Gesetz vom Ausgleich der Grenznutzen" (ebenda, 17; siehe 1.2.1.1). Während die erste Regel verdeutlicht, dass bei stetigem Wiederholen einer Verhaltensweise die daraus jeweils entspringenden Genusszuwächse abnehmen, weist letztere den Weg zu herausforderndem Perspektivenwechsel. Einfältigkeit erscheint sonach als fortschreitend zuwachsbegrenzendes Abfolgemuster, Vielfältigkeit als zuträgliches Nutzenkonzept (vgl. 1.2.1.1; *Ramb* 1993, 1-29; *Comelli/von Rosenstiel* 2001, 82f; *Hansch* 2004, 121f; *Herkner/Olbrich* 2004, 1963; *Huhn/Backerra* 2004, 115-118 u. 265-269; *Müller* 2004, 33f; *Bräutigam* 2005, 48-52; *von Münchhausen* 2006b, 157, 160 u. 170f; *Pilsl* 2006, 71-75 u. 80-83).

(3) Zuwachsmaximierung

Nach Darlegung der Ökonomisierung mittels grundlegenden Zuwachsstrebens und zivilisatorischer Zuwachskalküle trifft das dritte anzusprechende Erfolgsmuster, die Zuwachsmaximierung, den Kern des existentiellen Kreaturdrangs, „das Beste aus dem Leben zu machen" (*Shaw*, zit. n. *Becker* 1993, 1). Augenfällig spiegelt dieses Leitstreben sich im „ökonomischen Prinzip" (1.1.1.2) mit seinen Ausprägungen als Maximal- bzw. Minimalprinzip. Die Prinzipanwendung leitet zur Nutzenmaximierung, sofern es gelingt, mit einem vorgegebenen Mitteleinsatz maximalen Erfolg bzw. einen vorgegebenen Erfolg mit minimalem Mitteleinsatz zu erzielen.

Im Umgang mit Geld und Zeit ist danach anzuraten, einen betrags- bzw. phasenfixen Mittelbestand genussmaximierend einzusetzen (z.B. mit höchstmöglichem materialem bzw. emotionalem Erfolg) bzw. umgekehrt ein betrags- bzw. phasenfixes Erfolgsvorhaben verdrussminimierend anzugehen (z.B. mit geringstmöglichem materialem bzw. emotionalem Mitteleinsatz). Im konkreten Wirtschaftsalltag praktizieren zu diesem Zweck Privathaushalte nicht selten das Maximalprinzip bei feststehendem Angebot ihres Einsatzes von Geldvermögen bzw. Arbeitszeit und das Minimalprinzip bei festgelegter Nachfrage nach bestimmten Sachgütern bzw. Dienstleistungen.

Zuwachsmaximierung lässt sich darüber hinaus anstreben im Wege der Aufmerksamkeitsfokussierung (durch Vermeidung ergebnisschädigender Ablenkung/Verzettelung).

Konzentration auf das Wesentliche empfiehlt sich schon angesichts des in 1.1.1.1 und 1.2.1.1 angesprochenen Phänomens der Opportunitätskosten, nach dem jede Geld- bzw. Zeiteinheit nur einmal konsumierbar ist. Demgemäß hat der Mensch ständig zu entscheiden, welches Genusserleben vor- und welches nachrangig sein soll, welcher Nutzen folglich zu realisieren und auf welchen zu verzichten ist.

Dieser allgegenwärtige Wahlzwang nötigt den Selbstmanager zu stetem Priorisieren (= Setzen von Prioritäten) durch Wichtigkeitsabstufung, gegebenenfalls geordnet in regelmäßig erstellten Präferenz-Rangfolgen („Hitlisten") von Genusswünschen und Konsumvorhaben. Die dieserart institutionalisierte Knappheitsreflexion sorgt erstens für einen regelmäßigen Abgleich der Bedürfnislage mit den Befriedigungspotentialen; zweitens hebt sie durch Training der Willensmuskulatur die individuelle Selbstkompetenz zum Umgang mit Entsagungsgefühlen wie mit Vorfreude. Auch diese Praxis stärkt die persönliche Abwehrkraft gegen das nutzenkürzende „Genussprinzip des Vorrangs der Gegenwart vor der Zukunft" (1.2.1.1).

Insgesamt schützt das regelmäßige Priorisieren vor der „sanften Sucht" (*Küstenmacher* 2004, 311) verbreiteter Geld- und Zeitverschwendung, denn es übt die „Kunst des Widerstehens" (*Klöckner* 2001, 35) gegen mentale Tendenzen zu spontaner Flucht in unkontrollierten Konsum (z.B. von Fernsehen, Knabbereien, Alkohol, Events u.ä.; vgl. 1.1.1.1; 1.2.1.1; *Wiswede* 2000, 167f; *Comelli/von Rosenstiel* 2001, 82f; *Klöckner* 2001, 35f; *Seiwert/ Tracy* 2002, 72ff; *Aronson/Wilson/Akert* 2004, 152-159; *Gross* 2004, 303f; *Küstenmacher* 2004, 310ff; *Müller* 2004, 33f; *Bräutigam* 2005, 45-49; *Knoblauch/Wöltje* 2006, 21; *Malik* 2006, 101-113; *von Münchhausen* 2006b, 167; *Stollreiter* 2006, 111f; *Conen* 2007, 51f; *Seiwert* 2007b, 49f).

(4) Verfahrenshilfen

Das Setzen von Prioritäten zwecks konzentrierter Verhaltenssteuerung fordert und fördert einen klaren Blick für das Wesentliche. Zur Aufdeckung der individuell wesentlichen Nutzentreiber offeriert die einschlägige Ratgeberliteratur formale Verfahrenshilfen, deren Internalisierung zur mentalen Ökonomisierung beitragen kann.

Richtungskontrolle:

Generell sollte die Vorgehensweise im Selbstmanagement ständig überprüft werden auf ihre

- Treffgenauigkeit der Erfolgsergebnisse

  (= Effektivität: „die richtigen Dinge tun"; *Knoblauch/Wöltje* 2006, 19) und
- Wirksamkeit des Mitteleinsatzes

  (= Effizienz: „die Dinge richtig tun"; ebenda).

Die Managementpraxis unterliegt nicht selten einer Eigendynamik des kleinschrittig-kurzfristigen Voranstrebens nach messbaren Effizienzkriterien („Wir kommen zügig voran ..."). In Verbindung mit einer verbreiteten Maßgabenträgheit hinsichtlich der großschrittig-langfristigen Wegweisung leidet sie jedoch zuweilen an unzureichender Effektivität („... in die falsche Richtung"). Bei der Kursbestimmung steht unbezweifelbar Effektivität vor Effizienz; gleichwohl kommt es insgesamt selbstverständlich darauf an, dass Manager „die richtigen Dinge richtig tun" (*Seiwert* 2006b, 119).

Schwerpunktbeachtung:

Der italienische Volkswirt *Vilfredo Pareto* entdeckte eine Häufigkeitsverteilung, nach der im 19. Jahrhundert etwa 20 % der Bevölkerung etwa 80 % der Vermögenswerte besaßen. Die Bestätigung ähnlich diskrepanter Schwerpunktgewichte in anderen Forschungsfeldern bereitete eine Verallgemeinerung dieser 80/20-Regel (= „Pareto-Prinzip"). Danach verursachen (grob näherungsweise) etwa

20 % der Kunden .... 80 % des Umsatzes,

20 % der Produkte .... 80 % des Gewinns,

20 % der Fehler .... 80 % des Ausschusses,

20 % der Zeitaufwendungen... 80 % der Gelderträge,

20 % der Beziehungen .... 80 % der Beziehungsvorteile,

20 % der Anstrengungen ...... 80 % der Erfolge,

20 % des Inputs .... 80 % des Outputs etc.

Es ist davon auszugehen, dass die Verinnerlichung des Pareto-Prinzips ökonomische Einsichten und Entscheidungen begünstigt durch Konzentration auf das Wesentliche, nämlich die richtigen Dinge zu tun (mittels Schwerpunktfokussierung). Freilich ist die Aussagekraft der 80/20-Regel schlicht und begrenzt. So mögen beispielsweise nach 20 % eines Projektzeitraums vier Fünftel der Quantität erbracht sein; gegebenenfalls aber bestimmt gerade das letzte Fünftel 80 % der Qualität (z.B. durch Feinschliff, Darbietungsstil, Besonderheiten). Ferner übersehen womöglich schematische Anwendungen dieser Musterregel im Zeitablauf stattfindende Verschiebungen der Anteilsverhältnisse und verkennen damit eventuell langfristig nutzenrelevante Schwerpunktverlagerungen.

Rangfolgenanalyse:

Eine über die dichotomische Zweiteilung hinausgehende Analyse der Regelmäßigkeiten von Häufigkeitsschwerpunkten erfordert feiner gestufte Gruppen- und Rangfolgenbildungen (z.B. Aufgaben, Geschäftspartner, Ziele mit jeweiligen Nutzenbeiträgen). Der bekannteste Ansatz, die ABC-Analyse, hierarchisiert drei Gruppen von Aufgaben gemäß ihren unterschiedlichen Anteilen an den Erfolgsergebnissen (z.B. Geldertrag) bzw. Einsatzerfordernissen (z.B. Zeitaufwand). Nach ökonomischen Studien beispielsweise liefern

A-Aufgaben 65 % des Erfolgs und benötigen hierzu 15 % vom Mitteleinsatz,

B-Aufgaben 20 % des Erfolgs und benötigen hierzu 20 % vom Mitteleinsatz,

C-Aufgaben 15 % des Erfolgs und benötigen hierzu 65 % vom Mitteleinsatz.

Soweit diese Zahlenverhältnisse auf den Einzelfall übertragbar sind, empfiehlt sich die bevorzugte Mittelbereitstellung für A-Aufgaben (Maßnahmen: z.B. Zuführung von Humankapital, Zeit, Geld o.ä.) unter reduzierter Berücksichtigung von C-Aufgaben (Maßnahmen: z.B. Delegation, Vereinfachung, Einsparung o.ä.).

Dringlichkeitswägung:

Die Bedeutung der Wichtigkeit wird zuweilen überlagert vom Phänomen der Dringlichkeit. Während Wichtiges die Menschen ihren Wünschen und Vorhaben näherbringt, erhebt Dringliches einen Anspruch auf Soforterledigung, baut Termindruck auf (z.B. per Telefon, per E-Mail, per Fax). Im „Dringlichkeitswahn" (*Seiwert* 2006a, 63) des modernen Zeitgeists drängelt nicht selten Nebensächliches an der Hauptsache vorbei und hintertreibt so die wichtigkeitsgemäße Priorisierung.

Das bekannteste Praxisinstrument zur Schnellabwägung zwischen dringlichen und wichtigen Aufgaben entwickelte der amerikanische General und spätere Präsident der Vereinigten Staaten, *Dwight D. Eisenhower.* Es besteht aus einer einfachen Matrix mit den Koordinaten „Wichtigkeit" (senkrecht; Ausprägungen: „unwichtig / wichtig") und „Dringlichkeit" (waagrecht; Ausprägungen: „nicht dringlich / dringlich"). Die sich daraus ergebende Vierfeldertafel enthält die Merkmalskombinationen

wichtig / dringlich   = A-Priorität (oben rechts),

wichtig / nicht dringlich   = B-Priorität (oben links),

unwichtig / dringlich   = C-Priorität (unten rechts),

unwichtig / nicht dringlich = D-Priorität (unten links).

Während die A-Priorität wichtigen und zugleich dringlichen Aktivitätsbedarf signalisiert, offenbart die B-Priorität strategische Notwendigkeiten (weil: nicht dringlich, aber wichtig). Untergeordneten Handlungsbedarf zeigt die C-Einstufung (mit Delegationspotential); die D-Kombination schließlich verweist auf Überflüssigkeiten.

Das „Eisenhower-Prinzip" hat dank seiner eingängigen Schlichtheit sich in der Praxis bewährt. Gleichwohl bleibt sein Erfolg begrenzt, solange das Wichtige in seiner Essenz dem Anwender nicht durchgängig handlungsleitend vor Augen steht. Insbesondere abstrakt-perspektivische Anforderungen der B-Priorität werden zuweilen gerne vernachlässigt gegenüber dem konkret ergreifenden Tagesgeschäft mit Anreizen zur raschen Befriedigung durch

augenfällig erledigendes Abarbeiten (Postkörbchen, Projekte, Probleme usw.).
Dabei entspringt gerade umtriebiges Aktualmanagement mitunter einer
bestätigungsuchend ungezügelten Gegenwartsorientiertheit, die den für
Langfristerfolge erforderlichen Genussaufschub meidet. Kurzatmige
Betriebsamkeit aber provoziert über strategische Unterlassungen im B-Bereich
nachfolgend im A-Bereich „Feuerwehreinsätze" (*Maiwald* 2004, 82).

Vor fehlleitendem Aktionismus warnt *Karl Pilsl* mit einer prägnanten Zentral-
einsicht: „Es liegt eine große Power im Verzicht. Vieles beginnt erst mit der
Entscheidung, was ich ab heute nicht mehr tue" (*Pilsl* 2006, 72).

Den Boden dieser Weisheit bereitete einst *Marc Aurel*: „Das meiste von dem,
was wir sagen und tun, ist nicht notwendig", betonte der römische Kaiser und
Philosoph, „und wenn man es weglässt, hätte man mehr Freizeit und Ruhe.
Man muss sich also bei jeder Handlung daran erinnern: Gehört sie vielleicht zu
denen, die nicht notwendig sind? Man muss aber nicht nur die nicht
notwendigen Handlungen weglassen, sondern auch die nicht notwendigen
Vorstellungen. Denn so werden auch keine überflüssigen Handlungen
nachfolgen" (zit. n. *Hinterhuber* 2007, 35).

Die Beherzigung solcher Mahnungen leitet das Selbstmanagement auf den
Pfad zur Einfachheit, zur „Veredelung des Denkens durch Konzentration auf
das Wesentliche" (*Deysson* 1999, 150; vgl. *Klöckner* 2001, 43ff; *Nagel* 2001,
14 u. 16f; *Schaulinski* 2003, 50; *Borstnar/Köhrmann* 2004, 82-86; *Hansen*
2004, 156-161; *Huhn/Backerra* 2004, 240-252; *Maiwald* 2004, 76-82; *Etrillard*
2005, 7-10; *Gross* 2005, 262; *Härter/Öttl* 2005, 13-18; *Seiwert* 2005b, 107f u.
216f; *Züger* 2005, 43-47; *Bischof/Bischof* 2006, 46f u. 50ff; *Knoblauch/Wöltje*
2006, 18f u. 21-25; *Koenig/Roth/Seiwert* 2006, 35-38; *Malik* 2006, 101-113;
Seiwert 2006b, 116-119; *Seiwert/Konnertz* 2006, 35; *Stender-Monhemius*
2006, 6-9; *Knoblauch/Hüger/Mockler* 2007, 18f, 28 u. 185-194; *Mai/Ruess*
2007, 104; *Seiwert* 2007b, 29ff, 51f u. 55f).

2.1.2 Integration

Durch die Individuation im Zuge von Distanzierung und Ökonomisierung begründet der Selbstmanager intrapersonale Antriebsursprünge für die Wohlbefindensmaximierung. Darüber hinaus erschließen sich ihm interpersonale Energiequellen aus seiner Integration mittels Eingliederung in die soziale Kollektivität.

2.1.2.1 Kontaktieren

Vor dem Hintergrund der evolutionären Vorteilhaftigkeit eines Lebens in Gemeinschaften verspürt das Individuum neben seinem Bindungsstreben das Bedürfnis nach zwischenmenschlicher Begegnung. Aufnahme und Pflege des Kontakts gestalten sich in der Regel in einem partnerschaftlichen Geben und Nehmen von Genusstreibern im Wege der gegenseitigen Zuwendung emotionaler Güter (z.B. Höflichkeit, Respekt, Zärtlichkeit) oder im Kontext des Austauschs materialer Leistungen (z.B. Produkte, Sachdienste, Geld).

Die Erschließung interpersonaler Energiequellen erfordert somit ein Zusammenwirken mit Partnern, die, ebenso wie der Selbstmanager, determiniert sind erstens vom kreatürlichen Egoismus sowie zweitens von individueller Erbanlage und kollektiver Kulturprägung nebst daraus erwachsener charakterlicher Eigenart. Wer anderer Leute Nützlichkeitspotentiale zu erschließen sucht, muss von daher stets auch deren Wohlbefindensinteressen bedenken und ebenfalls Nutzen zu bieten bereit sein (vgl. *Cichowski* 2002, 39;

Kals 2003, 24; *Borstnar/Köhrmann* 2004, 150ff; *Bräutigam* 2005, 52-56, 63-72, 147-150 u. 190f; *Carnegie* 2006, 95; *von Münchhausen* 2006a, 114).

(1) Annäherungszuversicht

Auch wenn jeder Kontaktpartner gemäß seiner persönlichen Eigenart spezifische Bedürfnisse empfindet, so lässt sich doch im Rahmen der natürlich und kultürlich vergleichbaren Existenzvorgaben eine Fülle von allgemeingültigen Kontaktempfehlungen zusammenstellen.

Einen fundamentalen Handlungsansatz bildet die eigene Grundhaltung zur zwischenmenschlichen Begegnung. Nicht selten entscheidet sie über Vorbereitung, Annäherung und Eröffnung einer Zusammenkunft sowie über den ersten Eindruck und dessen Nutzenwirksamkeit.

Springt der Funke über und entfacht eine Interessenflamme, so geschieht dies oft infolge einer vom Gegenüber unmittelbar und unbewusst wahrgenommenen Sympathieanmutung. Solche Reaktionen werden häufig ausgelöst durch einen Auftritt in „Stil und Klasse" (*Gross* 1997, 219) von einer Persönlichkeit, deren Anwesenheit andere wohlbefindenshebend umfängt.

Die einnehmende Außenwirkung freilich benötigt im Inneren ein Selbstkonzept mit entsprechender Mentalverfassung, eine kontaktfreudige, beziehungsoffene und austauschbereite Daseinshaltung als authentischen Gemütskern positiver Ausstrahlung. Dies wiederum bedeutet, dass günstige Kontaktwirksamkeit ein gewisses Maß an persönlicher Konsistenz und Konsonanz voraussetzt. Ohne die Bewusstheit, Nutzen geben zu wollen und im Zusammenwirken ein attraktiver Partner sein zu können, ist gewinnende Ausstrahlung kaum zu entfalten.

Hier bewähren sich die in 2.1.1 dargelegten Stabilisierungsmuster – von der

Bejahung eigener Verantwortlichkeit über Introspektion und Coaching sowie der gelassenen Abstandwahrung bis hin zu Humor, Optimismus und Positivität, von der Tatkraft und Gefühlsbeherrschung bis hin zur Priorisierung und zum Genussaufschubtraining. Die sukzessive Eigengestaltung einer selbstmächtigen, Zuversicht abstrahlenden Persönlichkeit legt insoweit das Fundament für eine erfolgswirksame Kontaktkompetenz (vgl. *Gross* 1997, 219-278; *Kals* 2003, 24; *Borstnar/Köhrmann* 2004, 150ff; *Seidel* 2004, 216ff; *Seiwert* 2005b, 92ff; *Schlesiger* 2006, 104-107; *Meier* 2007, 6./7ff; *Öttl/Härter* 2007a, 24ff).

(2) Auftrittsformat

Nach Begründung einer aufgeschlossenen Basiseinstellung empfiehlt sich zur Kontaktvorbereitung die Aneignung umfeldzugewandter Verhaltensmuster.

Gelegentlich wird kolportiert, äußere Umgangsformen (z.B. Kleidungs- und Benimmregeln) seien in einer multikulturellen Individualgesellschaft nicht mehr relevant. Das Gegenteil trifft zu, insbesondere in Zeiten, zu denen sich auf dem Kontaktparkett der globalen Welt die sachlichen Qualifikationen der Beteiligten zunehmend angleichen.

Die äußere Erscheinung des Individuums wird bestimmt durch eine Komposition vielerlei Ausdrucksformen. Hierzu gehören das persönliche Outfit (z.B. Kleidung nebst Accessoires, Frisur, Duftverbreitung), die Schrift- und die Lautsprache (einschließlich Dia- bzw. Soziolekt) sowie die Körpersprache (Gestik, Mimik, Haltung, Platzierung, Berührungs- und Blickverhalten).

Die Einschätzung des Auftritts unterliegt sodann den Regelmäßigkeiten des menschlichen Wahrnehmungsverhaltens. Diese sind näher erläutert im Kompendium der Humankapitalwirtschaft, Teil I (Humankapitalsystem), Band 1

(Verhaltensökonomie, Abschnitt 3.2). Danach wird jeder Kontaktpartner gemäß seinen Maßstäben die während des Zusammentreffens wahrnehmbaren Ausdruckselemente interpretieren, gewichten und einordnen (im Spontanimpuls unbedacht emotional, dann zunehmend reflektierend). Hierbei hilft ihm eine kreatürliche, komplexitätsreduzierende Schnellanalyse unter Einsatz vermeintlich bewährter Erklärungsverfahren. Zu diesen zählen so genannte „implizite Persönlichkeitstheorien" (naive „Laientheorien"; *Wiswede* 2000, 77) wie auch „Stereotypen" (= Vorurteile gemäß Kategorisierung der Menschen aufgrund übereinstimmender Einzelmerkmale). Hinzu kommen weitere intellektuelle Reduktionsmuster, so etwa der „Halo-Effekt" (= Unterstellung, dass gewisse Persönlichkeitszüge andere bedingen) oder die Ähnlichkeitsvermutung (= Vermutung, dass mit äußeren Personenähnlichkeiten innere Gemeinsamkeiten einhergehen).

Diese strukturierenden Selektionsmuster setzen allesamt beim anfänglichen Erscheinungsbild an und können, je nach Urteil der Anwendenden, die künftigen Entfaltungsräume des Beurteilten von Beginn an erweitern oder beschneiden. Sie sind von daher vor jeglicher Kontaktaufnahme zu antizipieren, denn „für den ersten Eindruck gibt es keine zweite Chance" (*Meier* 2007, 6./5).

Gerade in Umfeldern mit nach Branchen, Betriebsformen, Berufsbildern, Herkunft, Religion oder Milieu breit gefächerten Kulturgepflogenheiten ist von einem differenzierten Maßstabsspektrum mit entsprechend unterschiedlichen Wert- und Erwartungshaltungen auszugehen. Angeraten ist deshalb regelmäßig eine sorgfältig-informative Voraus-Recherche und im Übrigen für den praktischen Normalfall unvollkommener Vorbereitung ein behutsam-feinfühlig zurückhaltendes Auftreten – im Vertrauen darauf, dass im menschlichen Zusammentreffen freundlich-respektvolles Höflichkeitsbemühen ein etwaiges Defizit an förmlicher Etikette zu kompensieren vermag.

Unter diesen Vorzeichen empfiehlt sich für das Selbstmanagement in einer globalisierten Welt statt ignorantem Erwartungsanspruch auf Einebnung kultureller Normen die vielseitige Kontaktübung mit Kommunikationspartnern unterschiedlicher Kulturbindung. Erst über die tiefgreifende Auseinandersetzung mit abweichenden Überzeugungen und Gewohnheiten nämlich erwirbt der Selbstmanager eine fremdverstehende „interkulturelle Beziehungskompetenz" (*Bräutigam* 2006, 376). Diese gipfelt kommunikativ in einem „diplomatisch-pluralistischen Habitus, wie er sich typischerweise herausbildet bei Personen, die in unterschiedlichen Kulturräumen sozialisiert wurden. Ihre übergreifende Verständigungssensibilität, ergänzt um flexible Umgangsformen, ermöglicht ihnen eine stets situationsangepasste Kontakthaltung" (ebenda, 376f).

„Gutes Benehmen ist eine Haltung", bestätigt der Unternehmensberater *Moritz Freiherr Knigge*, Nachfahr des berühmten *Adolph Freiherr Knigge* (zit. n. *Grosse-Halbuer/Sprothen/Mai* 2005, 86). Es ist eine Haltung, die in Respekt und Toleranz „den anderen in seinem Anderssein akzeptiert, ihn nie das Gesicht verlieren lässt und versucht, stets eine angenehme Atmosphäre zu schaffen" (ebenda). Erst eine solche Haltung begründet die Sozialkompetenz zu integrativer Kommunikation auf dem Kontaktparkett einer globalisierten Welt (vgl. *Drummond* 1993, 94ff; *Sprenger* 1995a, 119-127; *Goleman* 1996, 367ff; *Hakemi* 2001, 65; *Cichowski* 2002, 34f u. 82f; *Hermani* 2002, 45; *Braun* 2003, 103; *Kals* 2003, 24; *Mai* 2003b, 105-111; *Schwarz* 2003a, 77ff; *Beck* 2004, 37ff; *Seidel* 2004, 229f; *Bräutigam* 2005, 86-93 u. 169ff; *Grosse-Halbuer/Sprothen/Mai* 2005, 85f; *Seiwert* 2005b, 92ff; *Biehl* 2006, 63f; *Bräutigam* 2006, 195-200 u. 367-397; *Carnegie* 2006, 31f, 124ff u. 134; *Schlesiger* 2006, 104-107; *Meier* 2007, 6./5 u. 7./5-12; *Öttl/Härter* 2007a, 20-24 u. 72-81).

(3) Einfühlungskompetenz

Die persönliche Verdichtung aufgenommener Kontakte bedarf einer festigenden Emotionalverbindung. Diese erfordert die Beachtung jener kreatürlichen Ichbezogenheit, die evolutionär angelegt ist und den Zustand eigenen Wohlbefindens zum menschlichen Zentralinteresse erhebt. Nur eine Teilhabe an seiner eigengerichteten Identität ermöglicht den Zugang zur Gefühlswelt des Gegenübers. Geeignet als Ansatz zur Kontaktverdichtung ist danach ein unaufdringlich-ernsthaftes Interesse an seiner Selbstbefindlichkeit. Dieses artikuliert sich im Schenken konzentrierter Aufmerksamkeit, im aufgeschlossenen Zuhören sowie in taktvoll-zurückhaltender Behutsamkeit. Gefragt ist allenthalben ein achtsames Mitfühlen sowie eine aufrichtige Anteilnahme an Problemlagen, kaum aber jemals eine autobiographische Antwort gemäß dem Standardbeispiel: „Ich habe genau das gleiche durchgemacht. Ich erzähl' dir mal von meiner Erfahrung ..." (*Covey* 1994, 220).

Geradezu kontraproduktiv wirken offen kritische, urteilende oder gar belehrende Ratgebungen nach dem Muster: „Du, das kenne ich. Hör mal zu, das ist doch ganz klar, was du jetzt am besten machst ..." (*Meier* 2007, 6./24); „du musst, du solltest ..., ich an deiner Stelle würde ..." (ebenda, 6./23). Sie gefährden den Kontakterfolg zum einen angesichts möglicher Provokation von Unmut (infolge gekränkten Selbstgefühls), zum anderen aber auch angesichts aus ihnen erwachsender Mitverantwortlichkeit (im Fall der Ratschlagbefolgung).

Ersehnt wird zumeist ein tolerantes, zuneigend-bestätigendes Kommunikationsverhalten. „Die Forschung belegt inzwischen eindrücklich, dass Menschen stets auf der Suche nach Bestätigungen für ihre Wahrnehmung der Realität sind, auch wenn sie verfehlt ist" (*Robbins* 2001, 165).

„Der Wunsch nach Anerkennung ist grenzenlos. ... Ein Tag ohne Anerkennung ist wie ein Tag ohne Licht" (*Gross* 1997, 135), denn „der stärkste Trieb in der menschlichen Natur ist der Wunsch, bedeutend zu sein" (*John Dewey*, zit. n. *Carnegie* 2006, 45). Es gilt sonach die Kontaktregel: „Der am meisten geschätzte Wert ist die Wertschätzung" (*Gross* 1997, 79).

Demzufolge beginnt die Nützlichkeit in der Kontaktbegegnung zumeist mit der Bedienung des Wohlbefindens durch großzügig zuvorkommende Lieferung ebenjener Bestätigung, Anerkennung und Wertschätzung. Etwaige wohlwollende Erwiderungen („Austauschtheorie"; *Meier* 2007, 8./9) vermögen ihrem Initiator sodann ähnlich energiespendenden Zuspruch zu schenken.

Den Standpunkt des anderen zu verstehen, zu respektieren und sensibel nachzuempfinden gelingt am ehesten durch eine im Verlauf der Individuation zu entwickelnde Empathie (= Einfühlungskompetenz). Diese birgt den Schlüssel zum angemessenen Umgang mit der menschlichen Empfindlichkeit und damit zu jener Harmonie, die aus dem Kontakt eine vertiefte Beziehung wachsen lässt. Die Bedeutung, Heranbildung und praktische Anwendung der Empathie sind beispielhaft veranschaulicht in den Abbildungen 17 und 18 (siehe auch Abb. 19; vgl. *Drummond* 1993, 39ff u. 76; *Covey* 1994, 220ff; *Sprenger* 1995a, 119-127; *Goleman* 1996, 357; *Gross* 1997, 79-85, 100-109, 135-143 u. 219-278; *Klöckner* 2001, 58ff u. 133f; *Wehmeier* 2001, 72-75; *Cichowski* 2002, 40ff, 54f, 69ff u. 82f; *Kals* 2003, 24; *Huhn/Backerra* 2004, 143; *Seidel* 2004, 179ff u. 221ff; *Berk* 2005, 268; *Bräutigam* 2005, 93f; *Gross* 2005, 56-77 u. 268f; *Seiwert* 2005b, 92ff; *Carnegie* 2006, 31f, 95f, 124-127, 134f, 147 u. 202; *von Münchhausen* 2006a, 107ff u. 112ff; *Meier* 2007, 6./7ff, 6./16-19, 6./22ff u. 8./8f; *Öttl/Härter* 2007a, 68f).

Abbildung 17:

<u>Empathieforschung:</u> Wie erwirbt der Mensch Einfühlungskompetenz?

Die psychischen Werkzeuge, die uns Menschen für die Funktion Empathie zur Verfügung stehen, sind im Prinzip angeboren, müssen aber ständig geübt und verbessert werden. Diese Kompetenz ist für Ihr Überleben, jedenfalls für Ihren Erfolg in dieser Welt notwendig. ...

Das Lernen geschieht weitestgehend unbemerkt. Schon Säuglinge im Alter von wenigen Monaten zeigen Mitgefühl (wir sind von Geburt soziale Wesen), weinen, wenn in der Nähe ein anderes Kind weint. Die Mutter stimmt sich ständig mit ihrem Kind ab, stellt sich selbst auf dessen Erregungsniveau ein, was mit Videokontrollen, Blutdruckmessungen usw. untersucht wurde. Daraus verspürt das Baby, dass es verstanden wurde. Denn über die Sprache können Mutter und Neugeborenes noch nicht Fakten kommunizieren.

Vernachlässigung im ersten Lebensjahr kann zu Stumpfheit, Bösartigkeit, Grausamkeit führen, emotionale Misshandlung zu Überempfindlichkeit, evtl. „Borderline-Störungen" (völlig unbeherrschte Handlungsweisen). Milieuuntersuchungen haben ergeben, dass Kleinkinder ohne Zuspruch in Findlingsheimen in ihrer Entwicklung weit zurückblieben im Gegensatz zu Kindern, die bei ihren verurteilten Müttern zwar im Gefängnis, also unter ungünstigen Bedingungen aufwuchsen, aber wenigstens intensiven mütterlichen Kontakt haben konnten.

Für die Erziehung gilt: Man sollte das Erlernen der Empathie bewusst unterstützen (nicht einfach „lass das" sagen, sondern: „schau mal, wie traurig Du das Kind gemacht hast ..."). Also: nicht verbieten, sondern erklären.

(*Seidel* 2004, 194f)

(vgl. hierzu auch Abbildungen 3 und 4)

Abbildung 18:

<u>Empathiemanagement:</u> Wie kriege ich meinen Freund zu der Party?

Jeder Mensch macht nur das, was er am liebsten möchte, oder was ihm am wenigsten Nachteile bereitet. Auch Ihr Gegenüber hat so seinen Willen. Wenn Sie möchten, dass Ihr Freund mit Ihnen zu einer Party gehen soll, obgleich er jetzt eigentlich müde und abgespannt und auch noch verärgert ist, werden Sie ihn mit logischen Argumenten allein kaum vom Hocker kriegen. Aber Sie wissen aus Erfahrung, dass es beim Überreden oft nicht auf die Worte ankommt. Sie müssen ihn zu nehmen wissen. ...

Sie müssen behutsam auf ihn eingehen, müssen sein Gemüt aufhellen, seinen Ärger abbauen, auf kleinen Umwegen seine Unternehmungslust wieder wecken. Sie werden vielleicht gemeinsame Er- innerungen, in denen Sie Spaß hatten, aufrufen. Sie werden in der Phantasie des anderen Vor- stellungsbilder für den weiteren Abend ausmalen und mit motivierenden Emotionen zu verknüpfen versuchen. Sie werden ihm also die tolle Stimmung ausmalen, die er vorfinden und dann selbst haben wird. Kurzum, Sie müssen sich jedenfalls immer wieder in seine emotionale Position hineinversetzen, während Sie eine Umstimmung versuchen.

Lässt er sich wirklich von Ihnen umstimmen? Nur, wenn er schließlich ähnlich wie Sie eine Vorfreude auf die Party empfindet. Dazu muss er die Vorstellung, zur Party zu gehen, mit höheren (emotionalen) Werten besetzen als diejenige, in Ruhe zu Hause zu bleiben. Durch diese Marker wird ihm die Party dann verlockender erscheinen als alle anderen Optionen, die er heute Abend noch hat. Erst dann wird er sich plötzlich gerne entschließen, doch mitzugehen. Während Ihres Versuchs einer Um„stimmung" müssen Sie die von Ihnen stimulierten Gefühlsreaktionen ständig überwachen, sich immer wieder in ihn einfühlen, um nicht mit einer ungeschickten Äußerung alles wieder kaputtzumachen.

Klar, Sie könnten ihm auch zu verstehen geben, wie schrecklich traurig Sie wären, wenn er Sie alleine ziehen lassen würde. Sofern ihm Ihr Wohlergehen oder Ihr Wohlwollen sehr viel wert ist, wird er die Party als das kleinere Übel wählen, also mitkommen.

Bedenken Sie aber: Langfristige Beziehungen beruhen auf wohl ausgewogenen Kompromissen. Unter dem Strich sollte jeder gleich viele Vor- und Nachteile haben.

(*Seidel* 2004, 181ff)

Abbildung 19:

Neun Möglichkeiten, das Verhalten der Kontaktpartner zu beeinflussen,
ohne die Menschen zu beleidigen oder zu verstimmen

1. Beginnen Sie mit Lob und aufrichtiger Anerkennung.

2. Machen Sie den andern nur indirekt auf seine Fehler aufmerksam.

3. Sprechen Sie zuerst von Ihren eigenen Fehlern, ehe Sie den andern kritisieren.

4. Machen Sie Vorschläge, anstatt Befehle zu erteilen.

5. Geben Sie dem andern die Möglichkeit, das Gesicht zu wahren.

6. Loben Sie jeden Erfolg, auch den geringsten.
   Seien Sie herzlich in Ihrer Anerkennung und großzügig mit Lob.

7. Zeigen Sie dem andern, daß Sie eine gute Meinung von ihm haben,
   und er wird sich entsprechend benehmen.

8. Ermutigen Sie den andern!
   Geben Sie ihm das Gefühl, daß er seine Fehler spielend leicht verbessern kann.

9. Es muß dem andern ein Vergnügen sein, Ihre Wünsche zu erfüllen.

(*Carnegie* 2006, 289)

2.1.2.2 Konvergieren

(1) Synergie

Aus Kontakten gewachsene Beziehungen gedeihen nicht ohne weiteres; sie bedürfen eines sorgsamen Aufbaus und hernach ebensolcher Pflege.

Die Beziehung entsteht aus einer gegenseitigen Zuneigung zweier Kontakt-partner; sie formt sich im Wachstum vom anfänglichen Wir-Gefühl zu einem Wir-Zustand gegenseitiger Verbundenheit. Ihr Aufbau geschieht durch kon-vergierende (= zusammenlaufende) Überleitung zweier einsam ichbezogener Eigenständigkeiten in eine zweisam wirbezogene Gemeinschaftlichkeit.

Das Konvergieren (= zusammenführendes Annähern) zweier Individuen begründet eine neue soziale Einheit, eine Gemeinschaft, deren Mitglieder sodann aus ihrem Zusammenwirken neuen (zusätzlichen) Nutzen schöpfen können. Dies erschließt Raum für den Synergieeffekt, eine Erfolgsgröße, deren Gesamtwert höher liegt als die Summe aller Einzelbeiträge der Beitragslieferanten („1+1=3-Effekt"; *Wöhe/Döring* 2005, 226).

Die Hoffnung auf Synergieeffekte in Form von zusätzlichem Nutzen zwecks individueller Wohlbefindenssteigerung ist ein regelmäßiger verhaltens-ökonomischer Antrieb des Zusammenfindens von Menschen zu Gruppen (vgl. *Staehle* 1994, 627; *Klöckner* 2001, 69f; *Bräutigam* 2005, 52-57, 63-70 u. 147-152; *Wöhe/Döring* 2005, 226; *Seiwert* 2005a, 99f u. 107-110; *Pilsl* 2006, 47-53; *Meier* 2007, 6./19; *Schnaas* 2007b, 98-106).

(2) Interdependenz

Synergieeffekte erwachsen aus partnerschaftlichem Gemeinsamkeitswirken; demzufolge ist der durch sie zu gewinnende zusätzliche Nutzen abhängig von produktiver Zusammenarbeit. Ergebnisbezogen stehen insoweit die Beziehungspartner in einer wechselseitigen Kooperationsabhängigkeit; ihr darin verwirklichtes Verbundenheitskonzept nennt *Stephen Covey* „Interdependenz" (1994, 48).

Nach *Covey* ist „in Übereinstimmung mit den Naturgesetzen ...

- Abhängigkeit das Paradigma von du – du sorgst für mich; du bist bei mir angekommen; du bist nicht bis zu mir durchgedrungen; du bist schuld an den Ergebnissen.

- Unabhängigkeit ist das Paradigma von ich – ich kann das; ich bin verantwortlich; ich bin selbständig; ich kann wählen.

- Interdependenz ist das Paradigma von wir – wir schaffen das; wir können kooperieren; wir können unsere Talente und Fähigkeiten zusammenlegen und gemeinsam etwas Größeres erreichen.

Abhängige Menschen brauchen andere, um zu bekommen, was sie wollen. Unabhängige Menschen können durch ihre eigenen Bemühungen das bekommen, was sie wollen. Interdependente Menschen kombinieren ihre eigenen Bemühungen mit denen anderer, um zu größerem Erfolg zu gelangen" (ebenda, 49).

Problematische Konsequenzen sieht *Covey* angesichts des vermehrten Verkennens der Vorteilhaftigkeit einer dergestalt konvergierenden Vorgehensweise: „Das wenig verstandene Konzept der Interdependenz scheint vielen nach Abhängigkeit zu riechen, und so gibt es Leute, die aus selbstsüchtigen Gründen aus ihren Ehen ausbrechen, ihre Kinder verlassen und alle möglichen sozialen Verantwortungen aufgeben – und das alles im Namen der Unabhängigkeit. ... Unabhängige Menschen, die nicht die Reife haben, interdependent zu denken und zu handeln, mögen gute individuelle Leistungen vollbringen, aber sie werden keine guten Kapitäne oder Mannschaftsspieler abgeben. Sie leben nicht mit dem Paradigma der Interdependenz, welches notwendig ist, um in einer Ehe, einer Familie oder einer Organisation Erfolg zu haben" (ebenda, 50f).

Resümierend konstatiert der Bestseller-Autor die Vorteilhaftigkeit des Konzepts: „Als interdependenter Mensch habe ich die Möglichkeit, mich selbst sinnvoll bei anderen einzubringen, und ich habe Zugang zu den unermeßlichen Ressourcen und dem Potential anderer Menschen" (ebenda, 51).

Angesichts der Perspektive exklusiv nutzbarer zusätzlicher Wohlbefindens-quellen lohnt mithin der Aufbau von interdependenten Synergiebeziehungen − trotz (oder auch: wegen) des Eingehens von Partialabhängigkeiten (vgl. *Hartwig* 1993, 49-58; *Covey* 1994, 48-51; *Aronson/Wilson/Akert* 2004, 153ff; *Hansch* 2004, 164; *Hansen* 2004, 108ff; *Nelles* 2004, 50f u. 150-156; *Bräutigam* 2005, 52-57, 63-70 u. 147-152; *Seiwert* 2005a, 99f u. 107-110; *Pilsl* 2006, 47-53; *Schnaas* 2007b, 96-106).

(3) Gewinn/Gewinn-Konstellation

Interdependente Synergiebeziehungen generieren somit Genusszuwächse für alle Beteiligten; sie schaffen Gewinner-Gewinner-Konstellationen. Damit unterscheiden sie sich von Nullsummenspielen, in denen der Nutzen des einen Teilnehmers auf Kosten des anderen geht (Gewinner-Verlierer-Konstellation).

Zwar sind, da alle Menschen ihr Eigeninteresse verfolgen, in einer Welt knapper Ressourcen Rivalitätsbeziehungen naturbedingt unausweichlich. Konkurrenz ist insoweit „eine universale Konstante des Lebens" (*Tietzel* 1993, 390). Doch wäre bei ausnahmslos rivalitätsbestimmter Lebensführung eine dauerhaft beidseitig bereichernde Paarbeziehung nicht denkbar.

Manches im Leben gelingt letztlich weniger im Gegeneinander des Wett-kampfs als vielmehr im Geben und Nehmen redlicher Tauschgeschäfte sowie im Zusammenspiel einvernehmlicher Kooperation. „Wir müssen uns nicht jeden Tag mit unserem Ehepartner, unseren Kindern, Mitarbeitern, Nachbarn und Freunden messen. ‚Wer gewinnt in eurer Ehe?' ist eine alberne Frage. Wenn nicht beide gewinnen, verlieren beide" (*Covey* 1994, 189).

Gewinn/Gewinn-Kooperationen betreiben somit Entwicklungen, die für beide Beziehungspartner nutzbringend sind. „Bei einer Gewinn/Gewinn-Lösung fühlen sich alle Parteien mit der Entscheidung wohl und sind innerlich dem vereinbarten Vorgehen verpflichtet" (ebenda, 188). Dies stärkt den Zusammenhalt und eröffnet so weitere Genusspotentiale (vgl. *Hartwig* 1993, 42-48; *Covey* 1994, 186-197; *Hansch* 2004, 164; *Hansen* 2004, 108ff; *Nelles* 2004, 156-180; *Bräutigam* 2005, 52ff, 57ff, 155f u. 181f; *Gross* 2005, 56-73; *Seiwert* 2005a, 99f u. 107-110; *Pilsl* 2006, 47-53; *Schnaas* 2007b, 96-106).

(4) Vertrauenskapital

Die Führung einer Gewinn/Gewinn-Gemeinschaft erfordert stetes Bemühen um eine gegenseitig vorteilsfördernde Beziehungsqualität. Deren Niveaustand und dessen Veränderbarkeit veranschaulicht die Metapher „Beziehungskonto" (*Covey* 1994, 165), eine symbolhaft-buchhalterische Rechnung jeweils partnerspezifisch empfundener Nutzenwirkungen.

Sinnbildlich konkretisiert wird das Beziehungskonto als „Vertrauenskonto" (ebenda). Es registriert vertrauenhebende Genusswert-Zuflüsse und vertrauensenkende Verdrusswert-Abflüsse sowie die durch deren Saldierung feststellbaren Vertrauensguthaben bzw. -defizite.

Eine zwischenmenschliche Schwierigkeit der Führung des Vertrauenskontos liegt in den nur unvollkommen ergründbaren Wünschen und Sehnsüchten des jeweiligen Partners.

Ob und inwieweit ein konkretes Verhalten Bedürfnisse erfüllt (z.B. Aufmerksamkeit, Lob) und somit das Vertrauenskapital stärkt (mithin: als Konto-Einlage wirkt) bzw. Erwartungen enttäuscht (z.B. Rücksichtslosigkeit, Tadel) und so das Vertrauenskapital schwächt (mithin: als Konto-Abbuchung wirkt), lässt sich nur aus einem vertieften Verständnis der Wesensart des Beziehungspartners abschätzen.

Zur Gewinnung einer solchen Verständnistiefe ist neben aufrichtig interessierter Zuwendung und kommunikativer Kompetenz (intensives Zuhören, behutsames Verbalisieren etc.) die in 2.1.2.1 angesprochene Empathie förderlich. Als generelles Basisangebot freilich gelten zuvorderst grundsätzliche Ehrlichkeit und persönliche Integrität.

- Ehrlichkeit bedeutet, die Wahrheit zu sagen, also die eigenen Worte in Einklang mit der Realität zu bringen.

- Integrität bedeutet, die Realität mit den eigenen Worten in Einklang zu bringen, also Versprechen zu halten und geweckte Erwartungen zu erfüllen.

Dazu gehören nicht zuletzt Diskretion (vertraulich-verschwiegen-taktvolle Rücksichtnahme), Loyalität (auch gegenüber Abwesenden) und Prinzipien-treue (umzusetzen beispielsweise im Wege der Gleichbehandlung Gleich-berechtigter; vgl. *Drummond* 1993, 76; *Covey* 1994, 165-177; *Gross* 1997, 100-109 u. 123; *Klöckner* 2001, 65f u. 69f; *Cichowski* 2002, 231f; *Bräutigam* 2005, 169-174; *von Elverfeldt* 2005, 37; *Malik* 2006, 135-152; *Conen* 2007, 106ff; *Knoblauch/Hüger/Mockler* 2007, 200f; *Loll* 2007a, C4; *Meier* 2007, 6./14-17; *Öttl/Härter* 2007b, 37.; *Welch/Welch* 2007, 146).

(5) Konvergenzstandards

Zum Aufbau und zur Erhaltung besonders dichter Verbindungen empfiehlt sich die systematische Heranbildung einer gehobenen Beziehungskompetenz durch persönliches Qualitätsmanagement. Dieses umschließt die Entwicklung, Etablierung und Sicherung selbstgesetzter Verhaltensstandards.

„Das Setzen von Standards entspricht einer Art positiver Selbst-konditionierung" (*Gross* 1997, 227). Es dient der persönlichen Absicherung einer individuell verlässlich konstanten Souveränität im Anwenden gewisser Grundregeln der Beziehungspflege.

Solche Standards betreffen Verhaltensbereiche wie beispielsweise Höflichkeit, Freundlichkeit, Aufmerksamkeit, Liebenswürdigkeit, Zuverlässigkeit und Groß-zügigkeit. Sie umfassen in ihren konkreten Ausformungen einen Katalog von vielen kleinen und großen Aktivitäten, deren Gesamtheit schließlich ein per-sönliches Beziehungsverhalten in „Stil und Klasse" (ebenda, 219) ausmacht.

Neben den in 2.1.2.1 bereits angesprochenen Kontaktaspekten lassen sich hier exemplarisch vier organisierbare Verhaltensbündel zusammenfassen:

- Teilhabe: systematische Anteilnahme an Partnerinteressen betreffend Familienverhältnisse (Eltern, Kinder etc.), Hobbys (Haustier, Kultur, Urlaub, Sport etc.), Festlichkeiten (Geburtstage, Jubiläen etc.) und Schicksals-schläge (Krankheiten, Todesfälle etc.);

- Vernetzung: regelmäßige Nähebekundung durch Austauschpflege (Schreiben, Telefonieren, Zusammentreffen) und Entgegenkommen (z.B. unterstützende Gefälligkeiten);

- Erkenntlichkeit: umfangreiche Dankesbezeugungen, und zwar jeweils unverzüglich, konkret, einfallsreich, herzlich sowie nachdrücklich (gegebenenfalls durchaus auch indirekt und/oder wiederkehrend);

- Perspektivität: Nutzenschöpfung zwecks eigener Persönlichkeitsentwicklung mit langfristigem Potentialwachstum (z.B. Horizonterweiterung: aus Über-einstimmungen, Gegensätzlichkeiten, Ergänzungen usw.).

Das organisierte Verfolgen der aufgeführten Vorgehensmuster durch Trans-formation in entsprechende Einzelmaßnahmen und deren Praxisumsetzung begründet Handlungsroutinen für ein wirksames Beziehungsmanagement. In diesem Rahmen sind sodann regelmäßig Nützlichkeit und Werthaltigkeit der eigenen Konvergenzleistungen zu überprüfen und gegebenenfalls zu vervollkommnen.

Im Übrigen gehört zu anspruchsvoller Beziehungsarbeit durchaus auch ein zuträgliches Maß an Selbstmarketing im Wege des geschickten Verbreitens der eigenen Attraktivität nach dem Motto: „Tue Gutes und rede darüber ...“ (*Öttl/Härter* 2007a, 91; vgl. *Drummond* 1993, 39ff u. 76; *Gross* 1997, 36f, 42f, 74f, 152-157, 164ff, 176f, 227ff u. 289-314; *Cichowski* 2002, 60f, 66f u. 128ff; *Seiwert/Tracy* 2002, 44; *Buss* 2004, 354f; *Seidel* 2004, 221-226; *Gross* 2005, 26-36 u. 52f; *Seiwert* 2005b, 87ff; *Carnegie* 2006, 60ff, 91 u. 113f; *von Münchhausen* 2006a, 113ff; *Matthes* 2007, 79ff; *Meier* 2007, 6./10ff u. 6./14-19; *Öttl/Härter* 2007a, 5ff, 24-27 u. 91-97).

(6) Abgrenzungsmanagement

In abschließender Würdigung des Konvergierens von Partnern ist zu beachten, dass Beziehungsmanagement natürlich nicht immer konfliktfrei verlaufen kann. Gerade im Streit jedoch sind die Gemeinschaftsprioritäten zu bedenken.

Manche herabsetzende Attacke und manch überflüssiger Triumph zerstören das partnerschaftliche Wohlwollen, untergraben die gemeinsame Konzentration auf das Wesentliche, vereiteln damit Synergie und erschöpfen sich bestenfalls in Nullsummenspielen. Im Einzelfall drohender Eskalation schützt eine affektzügelnde „Reaktionsroutine" (*Gross* 2005, 271), deren Übung und situationsgerechte Anwendung schadenbegrenzend wirken kann.

Gleichwohl gilt es mitunter, Aggressionen zu begegnen und gegebenenfalls Trennungsoptionen im Auge zu halten.

Trennung steht an, sofern Beziehungen sich als nutzlos bzw. vergleichsweise unergiebig erweisen und Besserung nicht erwartet werden darf. Auch ein Zusammensein mit „Miesmachern" (*Meier* 2007, 12./21) ist angesichts deren herabdrückender Einflüsse auf das eigene Wohlbefinden nicht zu befürworten.

Abbildung 20:

Partnerschaft und Persönlichkeit

Es sind die kleinen Dinge des täglichen Lebens, die Beziehungen auseinanderbringen:

„Wer hat vergessen, die Badezimmertür zuzumachen?"

„Wer hat schon wieder meine Zeitschriften weggeräumt?"

„Warum hast du dein nasses Handtuch nicht aufgehängt?"

„Warum musstest du schon wieder so viel Geld abheben?"

Was glauben Sie, worin hat der Volksmund Recht:

„Gleich und gleich gesellt sich gern" oder eher „Gegensätze ziehen sich an"?

Man wird häufiger von den positiven Charakterzügen eines anderen angezogen, die man selbst nicht hat. Erst nach längerem Zusammensein erkennt man dann die Schwächen, die diesen positiven Charakterzügen gegenüberstehen.

Ab diesem Zeitpunkt versuchen viele Menschen unglücklicherweise, ihren Partner so zu verändern, dass er wie sie selbst wird – was aber nicht funktionieren kann.

Wir vergessen dann, was uns an unserem Partner anfangs so gut gefallen hat, was ihn für uns interessant gemacht hat: nämlich seine Unterschiede zu uns. Wenn wir versuchen, jemanden von außen zu verändern, zerstören wir die gesamte Beziehung.

Wir müssen lernen, den Partner so zu akzeptieren, wie er nun einmal ist, denn grundlegend ändern können wir den anderen für die Dauer der Beziehung ohnehin nicht!

Gemeinsamkeiten stabilisieren eine Partnerschaft, bringen aber weniger Abwechslung und Ergänzung.

Der Erfolgsgarant für eine gute Partnerschaft ist – wie so oft – die gelungene Mischung aus Unterschiedlichkeit und Gemeinsamkeit.

Eine hohe Intimität bringt sehr viel Nähe, birgt aber auch die Gefahr hoher Verletzbarkeit.

Partnerschaft ist Zusammenarbeit im Team auf höchster Ebene.

(*Seiwert/Gay* 2006, 51)

Abstandwahrung empfiehlt sich überdies gegenüber jenen hinterlistigen Manipulatoren, die mit mehr oder weniger subtiler Kommunikationsakrobatik (Sachdarstellung, Emotionsausdruck, Selbstinszenierung, Appellübermittlung etc.) dirigierend ihre Partner mental zu unterwerfen suchen (insbesondere durch Aufnötigung reaktiver Opfergefühle wie Angst, Sorge, Schuld oder Verpflichtung). Dies gilt gleichfalls für die zeitgenössisch-modernen Vertreter des „Fürsorge-Terrors" (*Gross* 2005, 245) in ihrer heuchlerischen, gesinnungsmoralisch aufgeblasenen (und damit unterdrückenden) Geberpose des „Gutmenschen" (*Baron* 2002, 3; *Hüther* 2004, 11).

Ihnen wie allen anderen Unterdrückern ist gegebenenfalls ein vorbereitetes, überlegt begründetes „Nein" entgegenzuhalten – auch wenn hierbei zwecks Durchsetzung eigener Vorstellungen zuweilen Unbequemlichkeiten beharrlich und unnachgiebig ertragen werden müssen. Der Selbstmanager ist nicht „Everybody's Darling" (*Klöckner* 2001, 159).

Dazu ergänzt der amerikanische Psychotherapeut *Wayne W. Dyer*: „Wer wirklich geachtet werden möchte, soll sich diejenigen genau ansehen, die sich Respekt bei anderen verschaffen. Dabei wird man rasch sehen können, daß man niemals Achtung, auch nicht die eigene, durch ein Handeln aus Schwäche erringt. Man muß sich von der Vorstellung freimachen, wer sich durchsetzt, sei nicht beliebt. ... Es ist eigentümlich: Die Menschen respektieren Stärke" (1986, 60).

Im Übrigen warnen in diesem Zusammenhang Experten auch vor jeglicher persönlichen Übernahme der Schwierigkeiten anderer. Ein solches Unterfangen sei nicht nur unwägbar, es verlaufe auch oftmals eher kontraproduktiv, schaffe gegebenenfalls nutzloses, wenn nicht gar beistandlähmendes Zusatzleid. Konkrete Hilfeleistung möge im Einzelfall geboten sein, die Zuständigkeit und Verantwortlichkeit für den Umgang mit der eigenen Problemlast könne jedoch niemandem wirklich abgenommen werden.

In der Tat fehlt der menschlichen Kreaturanlage das zu einem dementsprechend tiefgründigen Mitfühlen nötige Empfindungsvermögen. Deshalb kann zwischen verschiedenen Individuen es nicht gelingen, ureigenste, höchstpersönliche Belastungen auszutauschen. Ebenso unerreichbar ist ein verschmelzendes Aufgehen im individuellen Glück des Partners. Der Mensch bleibt Einzelwesen, gerade in seinen größten Herausforderungen, Siegen und Niederlagen.

Diese Daseinsgegebenheit verweist auf die natürliche Begrenzung der Nachvollziehbarkeit von wechselseitigen Ansprüchen, Erwartungen oder Hoffnungen. Augenmaß, Toleranz und demütige Bescheidenheit sind vor diesem kreatürlichen Hintergrund stets angebracht, ferner der heitere Vorsatz, „das Beste aus dem Leben zu machen" (*Shaw*, zit. n. *Becker* 1993, 1).

Eine ökonomische Konklusion zum Beziehungsmanagement bietet die boden-ständige Empfehlung des türkischen geistlichen Volksweisen *Nasreddin Hoca*: „Strebe in allen Lebensumständen stets danach, das Nützliche für die anderen mit dem Angenehmen für dich selbst zu verbinden" (zit. n. *Hinterhuber* 2007, 34).

Diese Ratgebung mag utilitäre Wertmaßstäbe spiegeln; indessen trifft sie das Selbstmanagement in seiner pragmatisch eigenständigen Innenregulation – frei von Erwartungsansprüchen gegenüber der Außenwelt, auch gegenüber dem Beziehungspartner.

Gerade derartige Selbstgenügsamkeit begründet innere Unabhängigkeit, ist Voraussetzung für „Lebenskunst" (*Gross* 2004, 166). Denn, so befindet der amerikanische Philosoph *Ralph Waldo Emerson*: „Nichts kann dir Frieden geben, nur du selbst" (zit. n. *Carnegie* 2003, 157; siehe auch Abb. 20; vgl. *Dyer* 1986, 133ff, 146f, 151ff, 168f u. 171-174; *Sprenger* 1995b, 20f, 50-59 u. 73-78; *Goleman* 1996, 194ff; *Klöckner* 2001, 69f, 133f u. 154-160; *Cichowski* 2002, 60f; *Seiwert/Tracy* 2002, 154ff; *Gross* 2004, 163f, 380ff u. 396ff; *Hansch* 2004, 164; *Küstenmacher* 2004, 153f; *Nelles* 2004, 115-122 u. 212-216; *Seidel* 2004, 229f; *Bräutigam* 2005, 52-60, 172f u. 181f; *Gross* 2005, 244f,

271ff u. 311ff; *Grosse-Halbuer* 2005, 91-95; *Carnegie* 2006, 151ff u. 156-162; *Dadder* 2006, 82f; *von Münchhausen* 2006b, 194; *Welch/Welch* 2006b, 140; *Conen* 2007, 68f; *Meier* 2007, 6./18; *Öttl/Härter* 2007b, 38.).

2.2 Richtungsfindung

Nach der Positionsfindung mittels Individuation und Integration dürfte es dem Selbstmanager möglich sein, die Phänomene seines Daseins in ihrer Relevanz für das eigene Wohlbefinden einzuschätzen. Die Wägung persönlicher Präferenzen begünstigt die willentliche Fokussierung auf subjektiv erstrebenswerte Erfolgszustände. In deren Realisierung schließlich erlebt das Individuum seine persönliche Erfüllung (vgl. *Huhn/Backerra* 2004, 55ff; *Bräutigam* 2005, 63f; *Bräutigam* 2006, 28ff; *Seiwert* 2006b, 23 u. 41).

2.2.1 Erfolgsbestimmung

2.2.1.1 Erfolgskriterien

Die Kriterien für die Erfolgsmaßstäbe der eigenen Lebensführung wurzeln im persönlichen Wertesystem des Individuums. Werte „bündeln Vorstellungen und Überzeugungen davon, in welcher Weise zentrale Aspekte des Daseins gestaltet sein sollten" (*Bräutigam* 2006, 29). Sie verkörpern die „Neigung, bestimmte Umstände anderen vorzuziehen" (*Hofstede* 2001, 9) und zielen mithin auf abstrakt „erwünschte Zustände" (*Stitzel* 2004, 1989); sie repräsentieren das subjektiv Wichtige der Lebensführung.

Angesichts der inhaltlichen Abstraktheit sowie der weltanschaulichen Heterogenität des Wertesubstrats erwerben, empfinden und vertreten je nach persönlicher Enkulturation und Individuation die Menschen vielfältig differenzierte Präferenzvorstellungen; demgemäß ist eine wissenschaftlich einheitliche Klassifizierung nicht existent.

Die moderne Ratgeberliteratur zum Selbstmanagement gruppiert die gängigen Vorstellungen zunehmend in vier Aspektkategorien. Derartige so genannten „Dimensionen" (*Covey* 1994, 256), „Bereiche" (*Seiwert* 2005a, 22) bzw. „Säulen" (*von Münchhausen* 2006a, 25) unterscheiden die Wertevielfalt nach beruflichen, sozialen, körperlichen sowie geistigen Strebungen (vgl. *Covey* 1994, 256ff; *Hofstede* 2001, 9f; *Borstnar/Köhrmann* 2004, 156ff; *Stitzel* 2004, 1989ff; *Bräutigam* 2005, 63f; *von Elverfeldt* 2005, 103; *Seiwert* 2005a, 172f; *Bräutigam* 2006, 28ff; *von Münchhausen* 2006a, 25-33; *Seiwert* 2006b, 23 u. 43ff; *Knoblauch/Hüger/Mockler* 2007, 126ff).

(1) Wertekategorien

Berufliche Werte umfassen die Aspektkategorie „Arbeit/Leistung" (*Seiwert* 2005a, 22). Aus der Fülle diesbezüglich empirisch erhobener Vorstellungen mag eine Auswahl die Breite des Spektrums gängiger Berufswerte andeuten. Im Vordergrund stehen zumeist Begriffe wie Arbeitsehrgeiz, Berufsprestige, Entgeltsicherheit, Entscheidungsfreiheit, Fachautorität, Fleiß, Freizeit, Führungskompetenz, Gehaltserhöhung, Gestaltungseinfluss, Herausforderung, Karrierestatus, Leistungsanerkennung, Personalverantwortung, Positionsmacht, Reputation, Teamgeist, Unabhängigkeit u.a.

Trotz der existentiell überragenden Relevanz der Erwerbstätigkeit als material- und emotional-ökonomischer Nutzentreiber (Erzielung von Einkommen und Befriedigung) warnen zeitgenössische Berater vor beruflicher „Übermotivation" (*Comelli/von Rosenstiel* 2001, 74), insbesondere wegen befürchteter Einseitigkeit der Lebensweise unter Vernachlässigung weiterer Aspekte des Daseins (vgl. ebenda, 74ff; *Cichowski* 2002, 15f u. 223f; *Borstnar/Köhrmann* 2004, 171f; *Hansen* 2004, 48; *Huhn/Backerra* 2004, 66f; *Kirchhof* 2004, 26f; *von Elverfeldt* 2005, 103f; *Seiwert* 2005a, 96ff; *von Münchhausen* 2006a, 25ff; *Seiwert* 2006b, 48f; *Knoblauch/Hüger/Mockler* 2007, 115ff, 127f u. 132ff; *Seiwert* 2007a, 28f).

Soziale Werte gedeihen im persönlichen Engagement für „Ehe- oder Lebens- partner, Kinder und Familie, Freunde und Bekannte ..." (*von Münchhausen* 2006a, 26). Die Beispielaufzählungen einschlägiger Studien sind auch hier breit gefächert. Hervorgehoben werden die Bedeutung von Aufrichtigkeit, Ehe, Ehrlichkeit, Elternschaft, Fairness, Freiheit, Freundschaft, Frieden, Ge- rechtigkeit, Glaubwürdigkeit, Gruppeneinfluss, Hilfsbereitschaft, Individualität, Liebe, Loyalität, Partnerschaft, Persönlichkeitsanerkennung, Solidarität, Sozialengagement, Toleranz, Tradition, Treue, Verantwortungsbewusstsein u.a.

Wissenschaftliche Untersuchungen betonen einhellig die emotionale Zu- träglichkeit intakter Sozialverhältnisse; manche sogar belegen deren hohe Befindlichkeitsrelevanz mit Zahlenangaben: „85 Prozent unseres Glücks re- sultieren aus den Beziehungen zu anderen Menschen" (*Seiwert/Tracy* 2002, 16).

Den kausalen Zusammenhang zwischen Gemeinschaftskonsistenz und Schaffenskraft unterstreicht der führende deutsche Selbstmanagement-

Experte, *Lothar J. Seiwert*: „Je geborgener wir uns in unserem sozialen Umfeld fühlen, umso leistungsfähiger sind wir in unserem Beruf" (2005a, 107); kurzum folgert er: „Geborgenheit macht leistungsfähig!" (ebenda).

In der Tat ist gemäß zahlreichen jüngeren Erkenntnissen es „falsch zu glauben, dass man völlig ‚unabhängig' und ‚frei' seine gesetzten Ziele verfolgen muss, um sich selbst zu verwirklichen und ein erfülltes Leben zu führen. Menschliches Leben ist Leben in Gemeinschaft" (ebenda, 110), denn: „Kein Mensch ist nur für sich da" (*Küstenmacher* 2004, 308; vgl. *Covey* 1994, 260f; *Cichowski* 2002, 15f; *Borstnar/Köhrmann* 2004, 171f; *Gross* 2004, 387ff; *Hansen* 2004, 48; *Huhn/Backerra* 2004, 66-69; *Di Fabio* 2005, 158; *von Elverfeldt* 2005, 103f; *Seiwert* 2005a, 49f u. 109f; *Bräutigam* 2006, 247-305; *von Münchhausen* 2006a, 25ff u. 184f; *Seiwert* 2006b, 48f; *Knoblauch/ Hüger/Mockler* 2007, 115ff, 127f u. 132ff; *Seiwert* 2007a, 28f; *Schulz* 2008, 8).

Körperliche Werte sind gerichtet auf physisch bedingtes Wohlbefinden. Für dessen Erhalt empfehlen sich „ärztliche Vorsorgemaßnahmen, gesunde Ernährung, Sport und Bewegung, Erholung und Entspannung" (*von Münchhausen* 2006a, 26). Befragungen zu diesem Themenkreis öffnen den Blick für weitere Gesichtspunkte; vorgebracht werden hier unter anderem Aspekte wie Ästhetik, Aussehen, Behaglichkeit, Belastbarkeit, Fitness, Leidenschaft, Lustbefriedigung, Mobilität, Muskelkraft, Potenz, Ruhe, Sättigung, Schlaf, Schmerzfreiheit, Sinnlichkeit, Unversehrtheit, Vitalität, Zähigkeit u.a.

Ein englisches Sprichwort sagt: „Wer keine Zeit für seine Gesundheit aufwendet, wird eines Tages viel Zeit für seine Krankheiten aufwenden müssen!" (zit. n. *Seiwert* 2006b, 23). Dies gilt insbesondere angesichts der Vernachlässigung biologischer Kreaturerfordernisse in den heute üblicherweise anstrengungsarmen Lebensverhältnissen physischer Verwöhnung. Deshalb rät die medizinische Forschung zu steter Beachtung der vielfach belegten

Zusammenhänge zwischen Körpergesundheit, Wohlbefinden und Leistungskraft (vgl. 1.2.1.1; *Covey* 1994, 257f; *Cichowski* 2002, 15f; *Borstnar/Köhrmann*
2004, 171f; *Huhn/Backerra* 2004, 66f; *von Elverfeldt* 2005, 103f; *Seiwert*
2005b, 41f; *von Münchhausen* 2006a, 25ff u. 179-185; *Knoblauch/Hüger/
Mockler* 2007, 115ff u. 132ff; *Seiwert* 2007a, 28f).

Geistige Werte korrespondieren mit kulturellen Aktivitäten der Persönlichkeit.
Die in einschlägigen Untersuchungen aufgelisteten Strebungen umgreifen ein
weit gespanntes Neigungsspektrum, vom (gewöhnlichen) Drang nach
ausschweifig-oberflächlichem Event bis zur (anspruchsvollen) Suche nach
genügsam-tiefgehender Muße. Die Vielfalt allein der anspruchsvolleren
Ansatzpunkte dokumentiert sich in Beispielen wie Akzeptanz, Diskussion,
Gelassenheit, Humor, Intelligenz, Klugheit, Kreativität, Kritikfähigkeit, Kunst,
Neugier, Offenheit, Religiosität, Seelenfrieden, Selbstverwirklichung, Sinn,
Wahrheit, Weisheit u.a.

Der vermehrte Glaubensverlust am Humankapitalstandort Deutschland und
die damit einhergehende kulturelle Orientierungslosigkeit weiter Kreise der
hiesigen Gesellschaft nötigen zur Hinweisgebung auf die Bedeutsamkeit der
Spiritualität. „Intensiv gelebte Spiritualität kann nicht nur die psychische und
physische Widerstandskraft des Individuums stärken, sondern auch die
Kohäsion des Kollektivs, indem sie Zusammenhalt spendet mittels gemeinsam
erlebter Identität" (*Bräutigam* 2006, 247).

„Die Menschheitsgeschichte lehrt, daß die stärker religiösen Kulturen und die
religiös motivierten Mächte den schwächeren und den Söldnern überlegen waren. Und sind. Denn die Daseinsbegründung ohne traditionelle Religion kostet
Kraft. Energie, welche die Religiösen in die praktische Bewältigung ihres
Lebens, in das gelassene Meistern ihrer Mission stellen" (*Fischer* 2004, 1).

„Eine Vielzahl von Studien belegt, daß religiöse Menschen zufriedener,
gesünder und zum Teil sogar erfolgreicher sind als Menschen ohne Glauben"

(*Hansch* 2004, 171; siehe auch Abb. 21). Nach den Befunden der Glücksforschung empfinden Individuen, die freudig ihren als sinnhaft erkannten
Idealen zustreben, häufiger als andere das selbstvergessen-genießerische
Aufgehen in einem erfüllenden „Flow-Erleben" (*Wiswede* 2000, 200). Gerade
wegen der beglückenden Impressionen persönlicher Hingabe an über-
geordnete Wertzusammenhänge sollte sich das „Lebensthema eines
Menschen" (*Hansch* 2004, 163) auf eine Sache beziehen, „die größer ist, als
er selbst" (*Viktor E. Frankl*, zit. ebenda; siehe auch Abb. 22).

Letztere Ratgebung hat über den religiösen hinaus auch einen evolutionären
Bezug, denn seine Naturanlage bestimmt den Menschen zur Fortpflanzung,
mit allen anhängenden Konsequenzen für seine geschlechtliche Destination,
seine biologische Reifung und seine mentale Persönlichkeitsentwicklung
während des Lebensverlaufs. Dagegen aufzubegehren ist aus Natursicht
töricht, denn wer von seinem kreatürlichen Pfad abkommt, verlässt dessen
Potential an Fülle und wandert insoweit ins Leere; er lebt, wie in 1.2.1
aufgezeigt, tendenziell genussmindernd und verdrussmehrend. Eine Be-
sinnung auf den evolutionären Wesenskern allen Lebens und seine Entfaltung
hingegen vermittelt die Bestätigung, zu tun, was kreatürlich ansteht: Das
Aufrechterhalten des Naturzusammenhangs durch Fortsetzung der eigenen
„jahrtausendealten Lebenslinie" (*Lohse* 2008, 10), die anderenfalls für immer
abbricht.

Zu solcher schlichten Rückbesinnung ermuntert in seinem Bestseller „simplify
your life" auch der populäre Theologe und Ratgeber *Werner Tiki Küstenmacher*. „Grundsätzliche Erfurcht vor dem Leben spürt jeder Mensch, nur kann
er sie oft nicht richtig deuten, und sucht sie sozusagen auf Nebenwegen: in
der Liebe zu Tieren, in der Begeisterung für Musik, oder auch in einer merk-
würdigen Gewissheit, dass diese bewohnte Erde bald untergeht. Für solche
Menschen ist es wichtig zu entdecken, dass sie das Leben in sich tragen, um
es weiterzugeben" (2004, 308). Daher richtet der Erfolgsautor an seine Leser-

schaft den Appell: „Sie sind hier, um das Leben an sich am Leben zu erhalten.

Ganz im biologischen Sinn: Indem Sie eigene Kinder bekommen oder indem Sie auf irgendeine andere Weise das Leben anderer Menschen sichern" (ebenda).

Nicht umsonst gelangt auch die wissenschaftliche Zusammenführung von „Evolution und Lebenskunst" (*Hansch* 2004, 3) zu der Erkenntnis: „Nur wenn das Selbst in der Welt irgendeine erhaltende Funktion hat, kann das eigene Leben als sinnvoll erkannt werden" (ebenda 163).

Die reflektierte Einordnung in den Naturzusammenhang, sei es durch Elternschaft oder im Wege anderer sozialkreativer Leistung, nennt der Entwicklungspsychologe *Erik H. Erikson* „Generativität" (1988, 86); der Begriff markiert das handlungsaktive „Interesse an der Erzeugung und Erziehung der nächsten Generation" (*Feser* 2003, 140).

Das Lebensprinzip der Generativität kennzeichnet eine Geisteshaltung, welche Forschungen zufolge am ehesten geeignet ist, im menschlichen Reifungszyklus Gefälligkeit, Freisinn, Weitherzigkeit und Anpassungs-bereitschaft zu bewahren gegen alternsbedingt aufkommende Unbeweglich-keiten mentaler Beharrung (Rigidität). Generativität lindert damit die Begleit-erscheinungen der „Selbstkonzeptkrise während des mittleren Erwachsenen-alters" (ebenda) und schützt so vor einer drohenden emotionalen Erstarrung in geistig-seelischer „Stagnation" (*Erikson* 1988, 86; vgl. ebenda, 85ff; *Ribhegge* 1993, 66ff; *Covey* 1994, 258ff; *Amberger* 2000, 8f; *Feser* 2003, 140f; *Borstnar/ Köhrmann* 2004, 171f; *Friedman/Schustack* 2004, 553f; *Hansch* 2004, 163f, 169-176 u. 194; *Hansen* 2004, 48; *Huhn/Backerra* 2004, 55-58 u. 66f; *Kirchhof* 2004, 26f; *Nelles* 2004, 13f, 29ff u. 171-181; *Bräutigam* 2005, 63-72 u. 134-137; *Di Fabio* 2005, 162f; *von Elverfeldt* 2005, 103f; *Bräutigam* 2006, 247-305; *von Münchhausen* 2006a, 25ff, 157f u. 179-185; *Seiwert* 2006b, 48f; *Knoblauch/Hüger/Mockler* 2007, 115ff, 132ff u. 162f; *Meier* 2007, 5./25; *Schnaas* 2007a, 32f; *Seiwert* 2007a, 28f; *Schulz* 2008, 8).

Abbildung 21:

Malen Sie sich einen guten Gott

Ist der Kosmos nicht ein kalter und seelenlos-gleichgültiger Schlund, der uns unentrinnbar wieder zermalmen wird, sobald es ihm gefällt? Wird nicht alles empfangene Glück irgendwann durch Alter, Leid und Tod wieder aufgewogen? So jedenfalls sehen es viele mehr oder weniger atheistische Menschen, die im Geiste des herrschenden naturwissenschaftlich-mechanistischen Weltbilds aufgewachsen sind. Aber vielleicht dürfen wir – zumindest gemessen an diesen Befürchtungen – in Sachen Paradies eher gute Nachrichten erwarten. ...

Im Alltag gehen wir alle davon aus, daß es keine andere als die von uns unmittelbar erfahrene Welt gibt und uns diese im Prinzip bis in den letzten Winkel zugänglich ist. Natürlich gibt es da Merkwürdigkeiten, etwa wenn man die Kraftwirkung zwischen zwei Magneten spürt oder wenn man mit einem Mobiltelefon plötzlich die Stimme eines Menschen klar und deutlich im Ohr hat, der viele hundert Kilometer entfernt spricht. Wir haben uns einfach an diese Dinge gewöhnt. Aber wenn wir einmal versuchen, dieser Phänomene wieder bewußt innezuwerden, können wir immer noch spüren, wie ungeheuerlich das eigentlich ist: Da werden Wirkungen vermittelt durch irgendetwas, für das wir keine Sinnesorgane besitzen. ...

Offenbar gibt es Dinge in der Welt, die wir nicht wahrnehmen können, offenbar ist die reale Welt größer und anders, als unsere Erfahrungswelt es uns vorgaukelt. Vor der Entdeckung der Radioaktivität ahnte niemand etwas von der Existenz radioaktiver Strahlung – wie viele solcher noch unentdeckten oder auch unentdeckbaren Aktivitäten mögen wohl noch existieren, von denen wir keine Vorstellung haben? Wir wissen es nicht. Wir wissen nur eines: Unsere Sinne und die dazugehörigen psychoneuralen Verarbeitungsmodule haben sich in der Evolution entwickelt, um uns beim Überleben zu helfen, und nicht, um uns ein möglichst genaues und vollständiges Bild der Welt zu zeichnen. Und wir wissen weiter: Evolutives Überleben ist schon möglich mit sehr viel grobkörnigeren Weltbildern als dem unseren – nehmen Sie als Beispiel ein Insekt – oder sogar ohne jedes Weltbild, wenn Sie etwa an Bakterien denken. Wir werden nie erfahren, wieviel wir von der realen Welt sehen, ob ein Prozent, zehn Prozent oder 80 Prozent. Ein fiktives allwissendes Wesen würde vielleicht mitleidig aus dem gleichen Abstand auf uns herabschauen, mit dem wir auf die Bakterien blicken. ...

Wie viele Dimensionen die Realität hat, in der wir leben, wissen wir nicht. Vielleicht sind es tatsächlich nur drei, es könnten aber auch vier oder mehr sein ... . Vielleicht ist unser Universum so etwas wie eine Farm Gottes zur Züchtung von Geist-Entitäten, die durch Evolution in bestimmter Weise strukturiert werden. Ist dies abgeschlossen, fallen sie von ihrem körperlichen Träger ab wie reife Früchte von einem Baum und entschwinden in eine andere Welt mit uns unbekannter Bestimmung – und wer weiß, vielleicht hat dies am Ende etwas von einem Paradies. ...

Es scheint ratsam, sich mit Gedanken dieser Art intensiv auseinanderzusetzen. Die Fähigkeit zu akzeptierend-religiösen Haltungen und Empfindungen ist von essentieller Bedeutung für Glück und Gesundheit. Wir alle haben diese Fähigkeit beziehungsweise können sie entwickeln. Sobald wir die intellektuellen Denksperren ... aus unserem Kopf geräumt haben, ist der Weg dafür frei. Insbesondere bei der Bewältigung und Akzeptanz existentiell bedrohlicher Schicksalsschläge wie Krankheit, Leid, Tod und Verlust geliebter Angehöriger sind religiöse Haltungen hilfreich. Ein inadäquater Umgang mit solchen Ereignissen bzw. eine übersteigerte Erwartungsangst vor ihnen sind ein wichtiger Nährboden für Lebensverdruß oder gar psychische Störungen wie Angsterkrankungen oder Depressionen.

(*Hansch* 2004, 164f, 174 u. 176)

Abbildung 22:

Arbeit – Zielvereinbarung – Sinnerfüllung

Im Mittelalter kam ein Geschäftsmann in eine große Domstadt. Bei seinem Stadtrundgang beobachtete er einen Mann, der einen großen Granitblock bearbeitete. Auf die Frage, was er da täte, gab dieser zur Antwort:

„Ich behaue einen Stein".

Der Geschäftsmann ging weiter und stieß auf den nächsten Steinmetz, der ebenfalls einen solchen Stein vor sich hatte. Seine Antwort lautete:

„Ich baue den Eckpfeiler für ein Portal".

Interessiert wandte sich der Besucher an einen dritten Handwerker mit gleicher Arbeit und hörte:

„Ich baue eine Kathedrale zum Lobpreis Gottes".

Klare Zielsetzung, Selbstmotivation, Sinnfindung – alles ist in dieser Kurzgeschichte verborgen.

Haben Sie oder Ihre Mitarbeiter auch diese Ausstrahlung?

Der große Viktor Frankl, Arzt, Neurologe, Psychotherapeut (der Ausschwitz überstand) pflegt zu sagen:

„Es kommt nicht darauf an, was ein Mensch tut, sondern, wie er es tut".

(*Roth* 1995, 8)

(2) Gewichtungspostulate

Das dargelegte Konzept der modernen Ratgeber-Literatur zur Gruppierung der Wertvorstellungen in vier Aspektkategorien ist ein analytischer Ansatz zur Strukturierung der Lebensvielfalt; seine handlungspraktische Verwertbarkeit für das Selbstmanagement indessen ist begrenzt.

Zum einen lassen sich die Aspekte der Lebensgestaltung und ihrer Bewertung nicht überschneidungsfrei gliedern. Wie sich in obigem Verlauf der Kategorien-beschreibung bereits andeutet, sind die Aspekte keineswegs trennscharf voneinander abzugrenzen. Dies zeigen Beispiele der angeführten Werte wie Akzeptanz, Anerkennung, Belastbarkeit, Freiheit, Gelassenheit, Humor, Kreativität, Leidenschaft, Offenheit, Selbstverwirklichung, Sicherheit, Ver-antwortung, Zähigkeit u.a.

Zum anderen eröffnet das Konzept insgesamt kaum alltagstaugliche Handlungsansätze. Zwar empfehlen zahlreiche Autoren das persönliche Austarieren der vier Aspektkategorien zu einer wie auch immer gearteten „Balance" (*Seiwert* 1999, 76). Mangels empirischer Erhebbarkeit praxisbezogen-qualitativer Gleichgewichtslagen aber gerät dieser Anspruch zur unausgesprochenen Forderung theoretisch-quantitativer Ausgewogenheit (z.B. Proportionalität der Zeitverwendung).

Völlig lebensfremd schließlich ist das aus solcher Künstlichkeit literarisch entwickelte Postulat einer „Work-Life-Balance" (*Cassens* 2003, III). Inzwischen weit verbreitet, suggeriert diese Metapher eine Wertekonfrontation zwischen einerseits dem menschlichen Leben (in seiner Ganzheit) und andererseits der existenzerhaltenden Arbeit (als Teilgröße dieser Ganzheit).

Das Denkmodell konstruiert damit nicht nur die Gleichstellbarkeit ungleicher Daseinsebenen (hier: Leben als Gesamtheit; dort: Arbeit als darin einge-ordnete Teileinheit). Es skizziert zudem „Arbeit und Leben als Konkurrenten, ja sogar Gegensätze, die es gegeneinander abzuwiegen gilt" (*Schmidt* 2005,

114). Obendrein nährt es die Illusion der Realisierbarkeit einer diesbezüglich beliebigen Wertesubstitution – mit implizit normativem Handlungsappell, nach dem Motto: Meide „Arbeit (statt Leben)", und wähle „Leben (statt Arbeit)"!

Die Entscheidung, welche Werte in welcher Gewichtung erstrebenswert sind, kommt indessen einzig dem Individuum zu – nicht zuletzt aufgrund seiner kreatürlichen Selbstverantwortlichkeit für seinen persönlichen Lebenserfolg.

Das Individuum freilich trifft die Gewichtungsentscheidung subjektiv nach Maßgabe seiner im Verlauf der Lebensführung sich entwickelnden Nutzen-funktion (in Auseinandersetzung mit den im jeweiligen Reifestadium aktuell wirksamen Rahmenbedingungen). So folgt im Lebenszyklus dem Wandel der Anforderungen nicht selten eine Neuordnung der persönlichen Gewichte bis hin zu umbruchartigen Präferenzverschiebungen (z.B. nach Ausbildungs-, Aufstiegs- oder Aufzuchtphasen, nach Eintritt in den Ruhestand).

Von daher erscheint letztlich jedwede vorstrukturierende Aufgliederung des menschlichen Wertespektrums in Kategorien fragwürdig und jede daran anknüpfende Ausgewogenheitsempfehlung normativ (vgl. *Seiwert* 1999, 76-81; *Cassens* 2003, 7ff; *Cichowski* 2002, 15f; *Kirchhof* 2003, 10; *Huhn/Backerra* 2004, 68f u. 72; *Schmidt* 2005, 114; *Seiwert* 2005a, 21ff, 96ff, 111-119, 134f u. 173; *von Münchhausen* 2006a, 25-32; *Roßbach* 2006, C1; *Seiwert* 2006b, 24; *Welch/Welch* 2006a, 112; *Knoblauch/Hüger/Mockler* 2007, 126ff; *Öttl/Härter* 2007b, 34.; *Schnaas* 2007b, 96).

(3) Praxisschwerpunkte

Das praxisgerichtete Konzept der vorliegenden Schrift erkennt, wie in 1.1.2.2 empirisch begründet, die Handlungsansätze der individuellen Lebensführung vornehmlich im Zeit- und Geldmanagement. Diese Schwerpunktsetzung er-öffnet eine ergänzende bzw. alternative Ordnung des menschlichen Werte-spektrums nach Präferenzen im Umgang mit Zeit (= Zeitmanagement-Werte) und Geld (= Geldmanagement-Werte).

Zeitmanagement-Werte vereinigen sämtliche in den oben dargelegten Werte-kategorien aufgefächerte Lebensaspekte, denn „Zeit ist das Leben selbst" (*Seiwert* 2007a, 17). Wertschöpfung durch Zeitmanagement bedeutet, die eigene Lebenszeit beruflich, sozial, körperlich und geistig wirksam subjektiv nutzenmaximierend einzusetzen.

Geldmanagement-Werte erfahren in der Selbstmanagement-Literatur ten-denziell Vernachlässigung (möglicherweise angesichts der historisch psy-chologischen Fachentwicklung sowie der hiesigen pekuniären Tabukultur, angesprochen in 1.1.2.2 und 1.2.2.2). Die überragende empirische Relevanz finanzieller Schwierigkeiten als Verdrusstreiber der Lebensführung (aufgezeigt in 1.1.2.2) freilich nötigt zu einer intensiveren Wahrnehmung material-ökonomischer Wohlbefindensaspekte.

Bedauerlicherweise erscheint unter allen denkbaren Erfolgskriterien vier von fünf Deutschen Geld als „das Wichtigste für ein glückliches Leben" (*von Münchhausen* 2006a, 77). Diese Fehldeutung, womöglich Ausfluss der tabubedingten Erkenntnisdefizite, missversteht die empirisch belegte Be-ruhigungswirkung des Geldes als Glückswirkung.

Geldmanagement zielt darauf ab, die eigenverfügbaren Finanzmittel in der Lebensführung subjektiv nutzenmaximierend einzusetzen.

Dabei umfassen die dementsprechenden Erfolgsbemühungen Aktivitätswerte wie beispielsweise Altersvorsorge, Ausgabenkontrolle, Einnahmenanalyse, Darlehenstilgung, Gewinnschätzung, Investitionsbewertung, Kapitalerhöhung, Liquiditätsbeschaffung, Renditekalkulation, Sparentscheidung, Umsatz-planung, Umschuldung, Vermögensbildung und Zinsberechnung.

Deren inventarisierbare Potentiale und Ergebnisse bemessen sich in Be-standswerten wie beispielsweise Aktiendepot, Annuitätendarlehen, Eigen-kapital, Festzinskredit, Immobilienfonds, Investmentportfolio, Kontoguthaben, Mehrfamilienhaus, Renditeobjekt, Unternehmensanteil, Wohnungseigentum und Sparbrief (vgl. *Wiswede* 2000, 163-175; *Hofstede* 2001, 9; *Klöckner* 2001, 72-77; *Wettach* 2001, 40; *Kirchhof* 2003, 10; *Borstnar/Köhrmann* 2004, 171f; *Huhn/Backerra* 2004, 69; *Stitzel* 2004, 1989; *Seiwert* 2005b, 106; *Bräutigam* 2006, 29; *von Münchhausen* 2006a, 26, 74-86 u. 178f; *Knoblauch/Hüger/ Mockler* 2007, 115ff u. 158f; *Seiwert* 2007a, 29).

(4) Präferenzklärung

Alle dargelegten Ansätze zur Differenzierung mannigfaltiger Wertbegriffe vermitteln dem Selbstmanager Anregungen zu seiner individuellen Richtungsfindung.

Im Aufdecken persönlicher Grundhaltungen, Wünsche bzw. Sehnsüchte sowie im anschließenden Entfalten und Ordnen dieser Vorstellungen zu einem in sich stimmigen Wertesystem begründet er ein eigenständiges Präferenzgefüge und -konzept. Die innere Attraktivität des eigenen Wertekonzepts erschließt sodann eine mentale Energiequelle, aus der sich jene Antriebskraft schöpfen lässt, welche wertebegründet dem Leben Richtung und Bewegung spendet.

Zum Abklären der jeweiligen inneren Präferenzneigungen bewähren sich in der Alltagspraxis die Erkenntnisverfahren der Individuation (z.B. Reflexion durch Introspektion und Coaching; siehe 2.1.1). Dazu empfiehlt sich der Einsatz von Instrumenten und Methoden der Imagination durch geistigen Rückblick in die Vergangenheit bzw. Ausblick in die Zukunft.

Der Rückblick in die Vergangenheit vertraut auf die Individualbefähigung zur wertergründenden Ausdeutung historischer Begebenheiten.

Die Vorgehensweisen hierzu basieren überwiegend auf einem reflektierenden Erinnern persönlichkeitsoffenbarender bzw. -prägender Lebensereignisse. So lassen sich berufliche wie private Erfolgserlebnisse (persönliche Siege) und

Misserfolge (persönliche Niederlagen) hinterfragen und, ergänzt um möglichst objektive Ursachenzuschreibungen, in Ranglisten einstufen. Chronologisch geordnet zeigen Abfolgen und Auswirkungen der Ereignisse sodann eine individuelle „Lebensentwicklung" (*Knoblauch/Hüger/Mockler* 2007, 77). Diese lässt sich nach „Lebensperioden" (ebenda, 81) veranschaulichen durch Skizzierung einer „Lebenslinie" (ebenda) bzw. einer „Lebenskurve" (*Seiwert* 2005c, 56) und verwerten für die Erstellung eines Stärken-/Schwächen-Profils.

Daneben fördert die Aufstellung einer „Lust-Frust-Bilanz" (*Bischof/Bischof* 2006, 8) eine Aufdeckung persönlicher Präferenzneigungen durch die Analyse historischer Genuss- und Verdruss-Erlebnisse (im Wege der Situations-vergegenwärtigung, Ursachenforschung, Rangfolgenbildung etc.).

Der Ausblick in die Zukunft vertraut auf die Individualbefähigung zur wertbegründeten Vorstellung ersehnter Zustände.

Die Vorgehensweisen hierzu basieren überwiegend auf einem visuali-sierenden Ersinnen neigungsgeleiteter Wunschbilder. Anwendungsbeispiele sind plastische Vorstellungen betreffend eine erlebenswerte Familien-konstellation, eine erstrebenswerte Karriereposition oder eine erhoffenswerte Lobrede anlässlich eines ferneren eigenen Hochbetagten-Geburtstags (makabre Alternative: die huldigende Grabrede zur eigenen Beerdigung).

Zweifelsohne erfordern derartige Praxisübungen Muße zum persönlichen Innehalten zwecks einerseits nüchtern selbstkritischer Analyse vergangener Wertempfindungen und andererseits umsichtig kreativer Zukunftsimagination. Empfohlen werden hierzu nicht zuletzt Beharrlichkeit und Akribie – Beharrlichkeit zur geduldigen Ausschöpfung eines großzügig zu bemessenden Zeitkontingents, Akribie zur schriftlichen, geschliffenen Ausformulierung und Dokumentation der neigungsordnenden Richtungsfindung.

Indessen liefert die Reflexion historischer und imaginärer Szenarien viel-fältigen Aufschluss über die Wurzeln und Ausformungen eigener Stärken und

Schwächen, eigener Genuss- und Verdrussempfindungen sowie eigener Wunsch- und Alpträume. Sie liefert damit grundlegende Anhaltspunkte zur Beantwortung der existentiellen Sinnfragen einer jeden Lebensführung, nämlich: „Was ist mir wirklich wichtig?" (*Seiwert* 2005a, 113) bzw., präziser: „Welche Werte sind mir wirklich wichtig?" (derselbe 2006b, 51; vgl. *Covey* 1994, 88ff; *von Zugbach* 1996, 122 u. 128ff; *Voigtmann* 1997, 34ff; *Wehmeier* 2001, 171f; *Borstnar/Köhrmann* 2004, 33-46, 170-175 u. 195f; *Gross* 2004, 327-339 u. 350-357; *Huhn/Backerra* 2004, 12ff, 63-72 u. 192; *Kaußler* 2005, 9; *Seiwert* 2005a, 95; *Bischof/Bischof* 2006, 8-15; *von Elverfeldt* 2006b, 57; *Knoblauch/Wöltje* 2006, 15f; *von Münchhausen* 2006a, 21f u. 179f; *Pilsl* 2006, 33; *Knoblauch/Hüger/Mockler* 2007, 68-102 u. 131-138).

Die Präferenzklärung der persönlichen Zentralwerte des Individuums gelingt vorzugsweise unter ökonomischem Kalkül. Denn „die Kunst, das Beste aus dem Leben zu machen" (*Shaw*, zit. n. *Becker* 1993, 1), besteht in der optimalen Abwägung von Wünschenswertem und Umsetzbarem.

„Lebenskunst" (*Gross* 2004, 166) verwendet ein geordnetes Wertekonzept (konkretisiert in hierarchisch gestufter Rangfestlegung), dessen oberste Prioritäten den Wunschtraum der eigenen Existenz kennzeichnen – unter Beachtung der Potentiale und Restriktionen, die der Bedingungsrahmen des natürlichen und kulturellen Daseins vorgibt.

In der Konsequenz leitet die subjektive ökonomische Wägung das Individuum zu seinem Lebenssinn. Ausgehend vom imaginär-idealen „Lebenswunschbild" (*Seiwert* 2005c, 54) verkörpert der Lebenssinn die Spitze des eigenen Präferenzgefüges und damit die ranghöchste Wertvorstellung (bzw. den obersten Werteverbund) unter Berücksichtigung realer und prognostizierbarer Bedingungsfaktoren.

Abbildung 23:

Konzentrieren Sie sich auf das, was wirklich zählt

Vielleicht erscheint dieser Ratschlag im ersten Moment nicht unbedingt nötig. „Natürlich, man muss sich um die wichtigen Dinge kümmern, um was sonst?", so wird vielleicht der eine oder andere sagen. Genau hier aber liegt der entscheidende Engpass. Die meisten Menschen tun genau das gerade nicht. Im Gegenteil. Sie finden für alles ausreichende Aufmerksamkeit, Zeit und Energie, nur nicht für die Elemente in ihrem Leben, die wirklich von Bedeutung sind. Sie sprechen zwar regelmäßig über ihre Sorgen und sie verkünden auch oft genug ihre Wünsche, denken in Wahrheit aber nicht weiter darüber nach, was ihren Lebenserfolg und ihr Lebensglück ausmacht und was sie tun können oder tun sollten, um beide zu fördern und zu sichern. Anstatt sich auf ihre persönliche Entwicklung zu konzentrieren und zu analysieren, was in ihrem Leben Bedeutung hat und was nicht, richten sie ihren Blick lieber auf eine Vielzahl von Unwichtigkeiten.

Damit aber nehmen sie sich selbst jede Möglichkeit, ein selbstbestimmtes Leben zu führen und das zu erreichen, um was es ihnen eigentlich geht. Wer sich nur mit Nebensächlichkeiten beschäftigt, übersieht die Hauptsachen. Wer die Hauptsachen nicht kennt, der hat keine (oder die falschen) Ziele. Wem die Ziele fehlen, der weiß auch nicht, wohin er gehen muss. Er tritt auf der Stelle, er dreht sich im Kreis, er richtet seine Energie auf etwas, das ihn nicht vorwärts bringt, ja das ihm insgesamt nichts bringt. ...

Für sich alleine betrachtet ist die Hinwendung zu den üblichen Themen des Alltags sicher kein Problem. Mehr noch, ohne eine angemessene Beschäftigung mit ihnen wäre ein im positiven Sinne „normales" und auch freudvolles Leben kaum möglich.

Der entscheidende Fehler liegt vielmehr darin, dass für die eigentlich relevanten Bereiche und Aufgaben kaum noch etwas an Raum, Aufmerksamkeit und Zeit übrig bleibt. Die Wahrnehmung und Definition der Elemente, die wirklich von Bedeutung sind, die Förderung und Sicherung der Faktoren, die den Lebenserfolg auf Dauer bestimmen, oder die aktive und sinnvolle Gestaltung des eigenen Lebens als Ganzes, alle diese existentiellen Themen werden bewusst oder unbewusst, gewollt oder ungewollt völlig in den Hintergrund gedrängt. Sie werden von der Flutwelle der Nebenthemen und vom Sturzbach des Alltäglichen aus dem eigenen Bewusstsein herausgespült. Und wenn man sich doch einmal mit ihnen beschäftigt, dann höchstens sporadisch, zufällig und ohne echte Konsequenz.

Beenden Sie deshalb die Selbstablenkung. Beschäftigen Sie sich nicht nur mit der Entwicklung von Leitlinien und Grundsätzen für die Weltpolitik, sondern ebenso mit der Entwicklung von Leitlinien und Grundsätzen für Ihr Leben. Denken Sie weniger über das nach, was andere tun und erreichen, und mehr darüber, welche Ziele Sie selbst haben und was Sie zu unternehmen haben, um ihnen näher zu kommen. Schwelgen Sie nicht ausschließlich in materiellen Wunschvorstellungen, sondern achten sie weit stärker darauf, welche immateriellen Werte und Güter Ihr Leben lebenswert machen. Und widmen Sie Ihre Aufmerksamkeit, Zeit und Kreativität nicht länger irgendwelchen Nebenthemen, sondern konzentrieren Sie sich mit Ihrem Denken und Handeln auf die Bereiche, Inhalte und Aufgaben, die wirklich von Bedeutung sind und die es wirklich verdienen.

(*Gross* 2004, 303f u. 310f)

Abbildung 24:

<u>Sinnwerte</u>

Die Herausforderungen, die wir uns im Leben suchen, müssen etwas mit unseren eigenen Lebensthemen zu tun haben, sonst wird ihre Bewältigung ... ein schales Gefühl hinterlassen. ... Sinn macht das, was persönlich bedeutungsvoll ist .... Etwas als wertvoll zu betrachten heißt, ... dieser Sache, diesem Zustand ... oder auch diesem Menschen Wichtigkeit ..., also einen Wert geben.

Werte bestimmen, auf was wir unsere Aufmerksamkeit lenken, und sie beeinflussen entscheidend unser Verhalten. Der Schlüssel zu einem ausgeglichenen und glücklichen Leben besteht darin, ... kontinuierlich in Übereinstimmung mit dem zu handeln, von dem wir glauben, dass es darum in unserem Leben geht. Das können wir aber erst dann, wenn wir uns klar darüber sind, welches unsere Werte sind. Die Werte, nach denen wir unser Leben ausrichten, sind die Wegweiser, die unserem Leben Richtung geben. Sie verursachen Entscheidungen, bestimmte Dinge zu tun, andere zu lassen. Und aus der Summe aller Entscheidungen setzt sich unser Lebensweg zusammen, erwachsen die wesentlichen Themen oder die bestimmenden Grundideen unseres Lebens.

Und es ist das Fehlen des Sinn-Gefühls, das uns auf Werte-Defizite aufmerksam macht, uns leiden lässt ... . Die Ursache vieler Frustrationen, Enttäuschungen, Mangel an Erfüllungen und für das nagende Gefühl, das ganze Leben könnte völlig anders sein, liegt zu einem erheblichen Teil darin, dass Menschen auf den schnellen Spaß aus sind und nicht auf die tiefe Freude, die durch die Erfüllung von Werten verursacht wird. Erstaunlich viele verzichten darauf, nach ihren Werten zu leben. ...

Auf der anderen Seite steckt eine ungeheure Kraft darin, nach der eigenen Werteorientierung zu leben. In Kongruenz, in Übereinstimmung mit dem zu sein, was für einen Bedeutung hat, erzeugt ein Gefühl innerer Sicherheit, eine Ausstrahlung von Gewissheit und Bestimmtheit, schenkt die innere Ruhe und Gelassenheit, nach der die meisten Menschen dann letztlich doch wieder streben. ...

Denn unser System ist ... auf die Realisierung unserer Werte angelegt: Sobald wir ... nicht nach unseren Werten leben, reagiert unser Organismus nicht nur mit dem Ausbleiben von Glückserfahrungen, sondern sogar mit ... Schmerz, mit Unruhe, ... innerem Spannungs- oder Druckgefühl. ...

Leider ist unser eigener Umgang mit diesem ... Schutzmechanismus alles andere als intelligent: Wir reagieren meist nicht mit verändertem Verhalten, ... das unserem Wertesystem besser entspräche.

Nein, wir bekämpfen den Schmerz, indem wir auf rasche und bequeme Weise in die Biochemie unseres Gehirns eingreifen und den warnenden Hormonzustand in einen ... gleichgültigen oder sogar auf eine manipulierte Weise glücklichen Zustand versetzen: mit Rauchen, Alkohol trinken, zu viel Essen, lieblosem Sex, Drogenmissbrauch, dem Versuch, andere zu dominieren ..., maßlosem Computerspielen, zu viel Arbeiten usw. ...

Auch über diese Verhaltensmuster sind die Menschen natürlich nicht glücklich, und ... dann verwenden sie Zeit, Energie und möglicherweise sogar eine Menge Geld darauf, um von den Methoden ihrer eigenen emotionalen Betäubung wieder loszukommen. ... Aber was sie in der Mehrzahl der Fälle nicht tun, ist, sich mit den eigentlichen Gründen auseinander zu setzen. ... Sie zäumen das Pferd von der falschen Seite auf. Sie wissen nicht, was eigentlich wichtig in ihrem Leben ist.

(*Huhn/Backerra* 2004, 55-59)

Sinnfindung ist danach gleichzusetzen mit der Entfaltung eines persönlichen Wertegefüges unter realitätsbezogener Ausrichtung.

Sinngebung verwirklicht das Individuum durch seine Identifikation mit diesem Gefüge und durch dessen willentliche Übernahme in sein Verhaltenskonzept. Sinnverfolgung schließlich manifestiert sich im tatkräftigen Streben nach Umsetzung der verinnerlichten Präferenzen im jeweils eigenen Möglichkeitsraum.

Das Strebensresultat bezeichnet der berühmte Psychiater und Neurologe *Viktor E. Frankl* als „Sinn-Erfüllung durch Werte-Verwirklichung" (zit. n. *Huhn/Backerra* 2004, 55; siehe hierzu auch Abb.24).

Im Lichte dieser Herleitung wird Sinnerfüllung zum zentralen menschlichen Erfolgskriterium:

Je höher der Grad an persönlicher Sinnerfüllung, desto näher kommt das Individuum der Realisierung seiner höchstrangigen Wertvorstellung, desto mehr erfüllt es sein Eigenkonzept, desto stärker verwirklicht es sich selbst, desto erfolgreicher ist es.

Die Erfüllung des Lebenssinns wird damit zum Zweck des kreatürlichen (Erfolg-)Strebens.

Für die Befindenslage am Humankapitalstandort Deutschland indessen konstatiert der Philosoph *Wilhelm Schmid*: „Fast alle Menschen in unserer Gesellschaft, egal in welcher Schicht, auf welcher Hierarchieebene, leiden unter einem Sinnmangel" (zit. n. *Loll*, 2007c, C8). Und der Organisationspsychologe *Michael Kastner* ergänzt: „Die wenigsten wissen, was sie wirklich antreibt" (zit. n. *Schlesiger* 2007b, 92). Dies erscheint bedrückend, erschließt sich doch aus den oben dargelegten Einsichten die Konklusion des renommierten Erfolgsexperten *Stefan F. Gross*: „Ohne Sinn ist das Leben sinnlos" (2004, 313; vgl. ebenda, 313-341, 348ff u. 362; *Borstnar/Köhrmann* 2004, 33-46 u. 173ff; *Huhn/Backerra* 2004, 24 u. 55-59; *Bräutigam* 2005, 84f u. 110ff; *Seiwert* 2005b, 96ff u. 103-107; *Kals* 2006c, C1; *von Münchhausen*

2006a, 161ff; *Seiwert* 2006b, 41; *Knoblauch/Hüger/Mockler* 2007, 135 u. 162f;
Schlesiger 2007b, 89-98).

2.2.1.2 Erfolgsresultate

(1) Visionsfokussierung

Mit der Verinnerlichung eines neigungsgeleiteten Präferenzkonzepts ent-
wickelt das Individuum seine Vorstellung von einer sinnvollen Existenz.
Diese Impressionen spenden ihm Energie für eine subjektiv werthaltige
Lebensführung zum Zweck der Stabilisierung des eigenen Wohlbefindens.

Das Verfolgen von Sinnhaftigkeit bestimmt gleichwohl zunächst nur den
Richtungskorridor persönlich vertretbarer Handlungsimpulse. Zum darüber
hinaushebenden Effekt der Steigerung des eigenen Wohlbefindens bewährt
sich das Erreichen erstrebter Schaffensresultate. Hierzu bedarf die werte-
begründete Verhaltensausrichtung der verbindlichen Fokussierung auf bewusst angepeilte, präzise realisierbare und konkret wahrnehmbare Zielzustände. Denn, so erklärt der amerikanische Psychologe *Robert F. Mager*,
„wer nicht weiß, wohin er will, braucht sich nicht zu wundern, wenn er ganz
woanders ankommt" (zit. n. *Comelli/von Rosenstiel* 2001, 71).

Vor diesem Hintergrund empfiehlt sich dem Einzelnen die Fortentwicklung
seiner Präferenz- und Sinnfindung zu einer anziehend ausgearbeiteten
Erfolgsvision. „Alle wissenschaftlichen Untersuchungen ... belegen, dass
Menschen mit klaren Visionen erfolgreicher werden als andere" (*Seiwert/Tracy*
2002, 56; vgl. ebenda, 57f; *Seiwert* 1999, 94ff; *Comelli/von Rosenstiel* 2001,

71ff; *Borstnar/Köhrmann* 2004, 32f u. 36f; *Huhn/Backerra* 2004, 105f u. 113; *Bräutigam* 2005, 121-128; *von Münchhausen* 2006a, 164f; *Knoblauch/Hüger/ Mockler* 2007, 121ff u. 136ff).

Die persönliche Lebensvision verdichtet den sinnstiftenden Werteverbund zu einem attraktiv komponierten „Bild der angestrebten Wunschzukunft" (*Comelli/ von Rosenstiel* 2001, 71) mit „Ziel- und Richtungscharakter" (*Simon* 2004, 67). Damit bietet sie ein verbindliches „Zielszenario" (*Huhn/Backerra* 2004, 113) und eröffnet so eine herausfordernde „Zukunftsperspektive" (*Borstnar/Köhrmann* 2004, 32).

Keineswegs bedarf die persönliche Lebensvision einer „Big Idea" (*Seiwert* 2007a, 27); sie erfordert aber einen Substanzgehalt, dessen subjektiv empfundene Attraktivität ausreicht, im Individuum ein „mentales Kraftzentrum" (*Seiwert/Tracy* 2002, 57) zu aktivieren und daraus „geistige und emotionale Energien freizusetzen" (ebenda), die sodann zielführenden Antrieb entfachen.

Zwecks exemplarisch umrissartiger Veranschaulichung der Visionsgestalt lassen sich idealtypische Modellideen skizzieren; es ergeben sich daraus voneinander abgrenzbare komprimierte Bildmuster wie beispielsweise eine
- Selbständigkeitsvisionen (Aufbau und Führung eines eigenen Unternehmens, z.b. als Ferienpension, Bauschreinerei, Großhandelsbetrieb o.ä.),
- Karrierevisionen (Kompetenzaufstieg zur Führungskraft, etwa im Konzern, z.B. vom Trainee bzw. Assistenten bis zum Geschäftsleiter),
- Familienvisionen (Pflege der traditionellen Generationengemeinschaft in heimischer Hauswirtschaft, z.B. mit Großeltern, Eltern und Kindern unter einem Dach) oder
- Destinationsvisionen (Aufgabenenthusiasmus mit hingebungsvoll ausgelebter Funktionserfüllung, präferenzspezifisch z.B. als Künstler, Seelsorger, Journalist o.ä.).

In der Alltagspraxis kommt es dem Einzelnen zu, höchstpersönlich aus seinem Neigungs- und Wertekonzept eine eigenartige Individualvision abzuleiten und nachfolgend diese entsprechend den Entwicklungen im Lebensverlauf veränderungsgerecht fortzuschreiben.

Zur Erhöhung der inneren Verbindlichkeit des Entwurfs der eigenen Vision empfiehlt sich deren schriftlich selbstverpflichtende Ausformulierung zu einer so genannten „Mission" (*Huhn/Backerra* 2004, 274), einem „Leitbild" (*Borstnar/Köhrmann* 2004, 34) bzw. einem „Lebensdrehbuch" (*Seiwert* 2007a, 34). Eine solche Ausarbeitung verknüpft imaginierende und verbalisierende Gestaltungsmomente; sie vertieft damit die geistige Verankerung der angepeilten Zukunftsperspektive und erwirkt eine gedanklich präzisierte „Vorstellung des Erfolgs" (*Comelli/von Rosenstiel* 2001, 50; vgl. ebenda, 49ff u. 71ff; *Voigtmann* 1997, 37; *Seiwert* 1999, 94ff; *Borstnar/Köhrmann* 2004, 32-37 u. 43; *Huhn/Backerra* 2004, 81ff u. 113ff; *Simon* 2004, 66f; *Hungenberg* 2006, 172ff; *von Münchhausen* 2006a, 29-32 u. 164-170; *Öttl/Härter* 2006, 73ff u. 151ff; *Knoblauch/Hüger/Mockler* 2007, 136-139; *Seiwert* 2007a, 27f; *Welge/Al-Laham* 2008, 422ff).

(2) Erfolgskennzeichnungen

Der Erfolgsbegriff als solcher indessen ist durchaus mehrdeutig. Worthistorisch aus dem Verb „(er)folgen" abzuleiten, kennzeichnet sein Inhalt sowohl die Folgen zeitlicher Abläufe wie auch kausale Resultate. Die nachstehenden Ausführungen sehen den Schwerpunkt seiner Bedeutung im ergebnisverursachenden Kausalzusammenhang.

Ausgehend von einer wertebegründet sinnvollen und präzise ausformulierten, zukunftfüllend anzustrebenden Daseinsvorstellung bezeichnet Erfolg das wahrnehmbare Erreichen dieses anvisierten Zustands. Dementsprechend manifestiert sich der menschliche „Lebenserfolg" (*Gross* 2004, 6) als Gesamterfolg im Ausmaß der ganzheitlichen Realisierung einer vormals entworfenen Lebensvision (unter Einbezug wandelbedingt angezeigter Fortschreibungen).

Die Erzielung von einzelnen angestrebten Ergebnissen in bestimmten Zeitabschnitten bzw. Sachbereichen der Lebensführung bedeutet das Erreichen von zeitlich bzw. sachlich unterscheidbaren Teilzuständen der Gesamtvision. Je nach Blickwinkel lassen solche Resultate sich betrachten als Erfolge (bezogen auf den jeweils erwünschten Teilzustand) bzw. als Teilerfolge (bezogen auf den jeweils erwünschten Gesamtzustand).

Das zumeist teilschrittartig-etappenweise Vorankommen auf dem Erfolgspfad der Visionserfüllung (mit zahlreichen Zwischenergebnissen) erklärt die verbreitete prozessuale Definition des Erfolgs als „zunehmende Verwirklichung eines persönlich erstrebenswerten Zieles" (*Nightingale*, zit. n. *Huhn/Backerra* 2004, 174). Diese Auslegung erinnert an die Redensart „Der Weg ist das Ziel" (zit. ebenda), nach der allerdings weniger das Erreichen von Ergebnissen den Erfolg ausmacht als vielmehr das bewusste Beschreiten eines eigenständigen Lebenswegs (vgl. *Dyer* 1986, 234ff; *Deysson* 2000, 154ff; *Comelli/von Rosenstiel* 2001, 67f; *Borstnar/Köhrmann* 2004, 37; *Gross* 2004, 6f u. 234f; *Huhn/Backerra* 2004, 173f; *von Münchhausen* 2006a, 29-32 u. 170; *Öttl/Härter* 2006, 80-84).

Der Erfolg kann seine Funktion als Nutzentreiber zur Wohlbefindenssteigerung nur erfüllen, sofern er genusswirksam empfunden wird; hierzu muss er erkennbar sein in der menschlichen Wahrnehmung. Diese freilich unterliegt regelmäßig psychischer Färbung infolge selbstwertdienlich realitätsverzerrender Kausalattribution (siehe auch 1.2.1.1). Um derartigen Bewusstseinstrübungen entgegenzuwirken bedarf die Tatsächlichkeit des Zustandekommens der angestrebten Erfolge allgegenwärtig einer kritisch prüfenden Beachtung.

Überprüfbar wird ein Erfolg durch Messung der aus ihm resultierenden Ergebnisse. Angesichts der überwiegend bildhaft-sprachlich und damit qualitativ konzipierten Imagination der persönlichen Erfolgszustände freilich ist deren quantitative Messbarkeit regelmäßig eingeschränkt. Sie begrenzt sich zumeist auf einzelne formale Kenngrößen wie Berufsposition, Depotvolumen, Einkommensbetrag, Kinderzahl, Wohnungsgröße o.ä. (gegebenenfalls jeweils in Relation zur angestrebten Soll-Vorstellung). Umso mehr bedarf die Visionsbeschreibung einer wohlüberlegt präzisen Ausdrucksweise sowie späterhin, zum Zeitpunkt der Erfolgsbeurteilung, eines strengen Maßstabs zur Ausdeutung der historischen Formulierungen sowie der hinter diesen stehenden Wünsche, Sehnsüchte und Hoffnungen. Anderenfalls wächst die Gefahr einer psychohygienisch beschönigenden Selbsttäuschung bis hin zum selbstwertdienlichen Konfabulieren einer realitätsabweisenden „Lebenslüge" (*Eberspächer* 2002, 117; vgl. ebenda, 115ff; *Seiwert* 1999, 94ff; *Bräutigam* 2005, 89-94; *Öttl/Härter* 2006, 80-84).

Die jeweilige persönliche Eigenbeurteilung des Erfolgs der Visionsumsetzung im Lebenszyklus lässt sich schwerpunktmäßig nach drei Ergebnisphasen unterscheiden.

Erstens ist im Aufbau der Realisierung Erfolg gleichzusetzen mit einer aus der Beobachtung anfänglicher Ergebnisverläufe wachsenden eigenen Über-zeugtheit des Vorankommens; diese vermittelt sodann das Gefühl eines selbstbestimmten Fortschritts, eines beschleunigten Heranrückens an die Verwirklichung des höchstpersönlichen Existenzentwurfs. Damit verbunden ist das Bewusstsein, einen sinnreichen Weg zu gehen und in zunehmend selbstkontrollierter „Lebensbeherrschung" (*Gross* 2004, 143) „die Hoheit über das eigene Leben zu gewinnen" (ebenda, 190). Bereits diese Empfindungen begünstigen tendenziell sowohl subjektiv das Wohlbefinden wie auch objektiv den Gesundheitszustand des betreffenden Individuums.

Zweitens bedeutet im Stadium der fortgeschrittenen Konzeptbewährung Erfolg die Erfahrung erhoffter Gewinnerlebnisse, sei es in positiver Wahrnehmung von Streckenverläufen (z.B. erspürbar gehobene Niveaupegel an Anerkennung, Harmonie, Wohlstand und Zufriedenheit) oder in positiver Wahrnehmung von Zieleinläufen (z.B. bezifferbar gehobene Gipfelpunkte an Herausforderungen, Leistungen, Siegen und Auszeichnungen).

Drittens schließlich ist in der herbstlichen Erntephase des Lebens Erfolg das rückblickend zyklusspiegelnde Gefühl des Angekommenseins, durchaus bereits verknüpft mit anstehendem Loslassen vom Streben nach Umsetzung selbstverfasster Drehbücher. Diese Phase eignet sich zu einem resümierenden Reflektieren der persönlichen Begehrlichkeiten und des Ausmaßes ihrer Erfüllung durch eigenes bzw. fremdes Zutun (vgl. 1.2.1.1; *Dyer* 1986, 234ff; *Helm* 1999, 1; *Comelli/von Rosenstiel* 2001, 67f; *Seiwert/Tracy* 2002, 16; *Aronson/Wilson/Akert* 2004, 535f; *Friedman/Schustack* 2004, 542 u. 553f; *Gross* 2004, 143ff; *Küstenmacher* 2004, 300ff).

(3) Glücksvorbereitung

Den Resultaten des persönlichen Lebenserfolgs lässt sich letztlich auch das individuell empfundene Glück zuordnen.

Glück kennzeichnet einen Zustand höchsten Wohlbefindens; aufgrund seiner etymologischen Nähe zur schicksalhaften Fügung verbindet der Sprachgebrauch den Begriff überwiegend „mit dem günstigen und erwünschten Zufall" (*Schmid* 2007, 1).

Gleichwohl ist Nachhilfe nicht ausgeschlossen, sondern eventuell sogar angeraten, denn es heißt: „Das Glück begünstigt den, der darauf vorbereitet ist" (*Drummond* 1993, 187). Den Weg bereiten vermag erstens womöglich schon die bloße persönliche Offenheit für das Ergreifen der günstigen

Gelegenheit und zweitens das Bemühen um deren Herbeiführung. Diese Doppeldeutigkeit des Phänomens erlaubt eine theoretische Unterscheidung zwischen aktuellen und habituellen Glücksbegründungen.

Aktualglück umfasst zufallsinduzierte, augenblickhaft strömende Glücksempfindungen. Dieses Glück trifft den Einzelnen vielfach unvorbereitet (z.B. Lottogewinn, Liebe auf den ersten Blick) in psychisch überflutender Wirkung; es wird demgemäß nicht selten ungeordnet verarbeitet. Häufig zerstreuen und verflüchtigen sich solche Gefühle rasch, diffundieren im Zeitablauf mangels emotionspflegend erhaltender Maßnahmen und Rahmenbedingungen.

Habitualglück umfasst visionsinduzierte, gewohnheitlich strömende Glücksempfindungen. Dieses Glück trifft das Individuum nach hoffnungsfroh weitblickender und umsichtig-beharrlicher Vorbereitung (z.B. Gehaltserhöhung, Liebe auf den zweiten Blick) mit demgemäß beherrschbarer Wirkung; es wird nicht selten überlegt verarbeitet. Oftmals fügen solche Gefühle sich in mental vorstrukturierte Rahmenbedingungen und können in diesen stützend gepflegt und damit tragend erhalten werden.

Der berühmte Filmkomiker und -produzent *Charlie Chaplin* behauptete sogar: „Glück ist eine Frage der Organisation" (zit. n. *Gross* 2005, 210).

Da der Aufbau entsprechender innerer wie äußerer Strukturvoraussetzungen Gestaltungsaktivität und damit gegebenenfalls Überwindung kostet, interpretiert der französische Schriftsteller und Psychologe *Manès Sperber* den Genuss vorbereiteten Glücks als „Überwindungsprämie" (*Sperber*, zit. n. *Hansch* 2004, 157; vgl. ebenda, 155-164; *Degen* 1996, 9; *Friedman/Schustack* 2004, 426ff; *Bräutigam* 2005, 128ff; *von Münchhausen* 2006a, 178ff; *Radloff* 2006, 5ff; *Seiwert* 2006b, 232f; *Hinterhuber* 2007, 42ff; *Knoblauch/Hüger/ Mockler* 2007, 122; *Schmid* 2007, 1f).

(4) Glückskonkretisierungen

Die moderne Literatur zum Selbstmanagement beschränkt ihren Glücksbegriff überwiegend auf das in Untersuchungen der empirischen Glücksforschung entdeckte „Flow-Erleben" (*Wiswede* 2000, 200; siehe auch 2.2.1.1); dieses bezeichnet ein selbstvergessen-genießerisches Aufgehen in Abläufen. Beobachtbar ist es vornehmlich in der Ausübung von selbststärkenden Berufs- oder Freizeitaktivitäten, kaum hingegen in trägheitsfördernden Passivzuständen. Dessen ungeachtet verbringt in den letztgenannten Zuständen der moderne Mensch den größten Teil seiner wachen Zeit (Fernsehen, Computerspiele u.ä.).

Daneben kursieren zahlreiche Erhebungsbefunde über statistisch signifikante Zusammenhänge zwischen empirischen Glücksbezeugungen und Einzelmerkmalen der Lebensführung. Elementare Voraussetzung für menschliche Glücksempfindungen ist hiernach die persönliche Freiheit des Einzelnen zur Selbstbestimmung.

Allerdings genügt zur Beglückung keineswegs eine gewisse quantitative Breite an Wahl- und Entscheidungsmöglichkeiten. Ausschlaggebend vielmehr ist, wie der Wirtschaftspädagoge *Karlheinz A. Geißler* verdeutlicht, die qualitative Tiefe „substantieller Freiheit" (*Geißler* 2005, 6): „Ein erweiterter Entscheidungsspielraum macht nämlich nur dort freier, wo das, worüber entschieden wird, auch mehr Freiheit schafft, und die größeren Wahlmöglichkeiten führen nur dort zu mehr Zufriedenheit, wo das Gewählte zufrieden macht. Die einem Gefangenen gebotene Möglichkeit, sich in der Strafanstalt die Zelle selbst aussuchen zu dürfen, macht diesen weder frei noch zufrieden" (ebenda; vgl. *Degen* 1996, 9; *Noelle-Neumann* 1999, 5; *Wiswede* 2000, 199ff; *Noelle-Neumann* 2002, 5; *Hansch* 2004, 155-164; *Huhn/Backerra* 2004, 29-54; *Küstenmacher* 2004, 205-209; *Bräutigam* 2005, 134f; *Seiwert* 2005b, 155-160; *von Münchhausen* 2006b, 130-134; *Seiwert/Konnertz* 2006, 15; *Meier* 2007, 5./25).

Die jeweils eigenbestimmte Ausgestaltung einer qualitativ überzeugenden Freiheit führt zu persönlichkeitsspezifischen Empfindungen, die sich schwerpunktmäßig ordnen lassen in Wohlstands-, Geistes- und Bindungsglück.

Wohlstandsglück:

„Eine der wichtigsten Grundlagen persönlicher Freiheit ist die Herrschaft über Wirtschaftsgüter" (*Kirchhof* 2003, 10).

Dies gilt für Geldmanagement-Güter (Herrschaft über die Verwendung von Geldvermögen) wie für Zeitmanagement-Güter (Herrschaft über die Verwendung von Zeitvermögen). Neben dem Grad an persönlicher Bewegungsfreiheit ist wesentlich der Grad an materieller Entscheidungssouveränität, denn: „Kaum eine Freiheit kann ohne Eigentum ausgeübt werden" (ebenda).

Das kreatürliche Wohlstandsglück wird weniger geprägt durch den jeweils absoluten kollektiven Lebensstandard, denn an ihn gewöhnen die Menschen sich (soweit er blanke Armut übersteigt). So stagnierte in den westlichen Industrienationen das Glücksniveau im Verlauf der vergangenen Jahrhunderthälfte – trotz vervielfachtem Wohlstand.

Glücksbeeinflussend ist eher die jeweilig relative individuelle Wohlstandsposition. „Der amerikanische Sozialkritiker H. L. Mencken definierte einen reichen Mann denn auch als einen, der 100 Dollar pro Jahr mehr verdient als der Ehemann der Schwester seiner Frau" (*Baron* 1999, 5). Merke: „Glück ist relativ" (ebenda).

Im Übrigen erleichtern selbstverständlich zeitliche und geldliche Bewegungsräume die Realisierung idealer und materieller Annehmlichkeiten; sie begünstigen damit die Entfaltung von Zuständen höchsten Wohlbefindens (vgl. *Degen* 1996, 9; *Baron* 1999, 5; *Helm* 1999, 1; *Noelle-Neumann* 1999, 5; *Stehling* 2000, 21; *Wettach* 2001, 40; *Noelle-Neumann* 2002, 5; *Kirchhof* 2003, 10; *Friedman/Schustack* 2004, 426ff; *Hansch* 2004, 155f; *SY* 2005a, 1f; *von Münchhausen* 2006a, 77f).

Geistesglück:

Wie in 2.2.1.1 bereits angesprochen, befördern gelebte Spiritualität und „Generativität" (*Erikson* 1988, 86) die mentale kreatürliche Erfüllung. Ergänzend hebt ein durch Bildung beflügelter geistiger Reichtum (auch: die damit gewonnene innere Unabhängigkeit) das empirisch bezeugte Glücksniveau.

Glücksfördernd wirkt zudem die Neigung, „das Leben von der schönen Seite her zu sehen" (*Huhn/Backerra*, 144), gemeinhin bezeichnet als „Positivität" (ebenda; siehe 2.1.1.2). Höchstes Wohlbefinden folgt mithin weniger aus äußeren Umständen als aus innerer Geisteshaltung. Umgekehrt korrelieren Aggressivität und Feindseligkeit mit Stress und Krankheitsanfälligkeit.

Die positive Lebenssicht umschließt zumeist eine grundsätzliche Bejahung der Daseinsphänomene; diese hat sogar bio-chemische Auswirkungen. So entfaltet beispielsweise ein bewusstes Genießen sinnlicher Freuden (mittels Sehen, Hören, Riechen, Tasten, Schmecken) die körperliche Produktion von glücksanregenden Hormonen. Zu deren überlegter Aktivierung ermuntert deshalb die führende Ratgeberliteratur: „Ihre Sinne sind die Kanäle für Glück. Denn wenn Sie intensiv an einer Rose riechen, Ihren Partner betrachten, Mozart hören, den Hund streicheln, einen Stein befühlen, Erdbeeren genießen, Schokolade naschen, Rotwein schmecken oder einem Goldfisch zusehen, antwortet Ihr Körper mit mehr Serotonin" (*Seiwert* 2005b, 41).

Hierzu ergänzt die praktische Philosophie: „Für diese Augenblicke allein lohnt sich das Leben schon. Wie gut, dass sie sich nahezu jeden Tag finden lassen: Herrlich, diese aromatisch duftende Tasse Kaffee! Dieser schöne Film, den Sie zelebrieren und für den Sie sich einen ganzen Abend Zeit nehmen! Dieses wohlige Zusammensein mit Ihrem alten Freund, Ihrer besten Freundin bei einem guten Glas!" (*Schmid* 2007, 2; vgl. ebenda, 1f; *Degen* 1996, 9; *Aronson/ Wilson/Akert* 2004, 533; *Friedman/Schustack* 2004, 428 u. 542; *Hansch* 2004, 155-164; *Seiwert* 2005b, 40ff; *Carnegie* 2006, 102; *Radloff* 2006, 5ff; *Hinterhuber* 2007, 42ff; *Loll* 2007c, C8;).

Bindungsglück:

Nach dem Sozialwissenschaftler und ehemaligen Richter des Bundes-verfassungsgerichts, *Udo Di Fabio*, ist der Mensch „nicht nur frei, wenn er sein Leben selbst gestaltet, auf eigenes Risiko, sondern gerade auch wenn er das Risiko der Bindung eingeht, mit einer Familie, mit Kindern sich gemeinsam eine neue Welt schafft" (*Di Fabio* 2005, 158).

Die hiermit angesprochene Bedeutung vertrauensvoller Beziehungen ist mit geistig begründetem Glück eng verwoben. Das gilt nicht nur für die Familie, sondern auch für Religions- und Freundschaftsgemeinschaften; deren Relevanz wurde bereits in 1.2.1.1, 2.1.2.2 und 2.2.1.1 hervorgehoben.

Diese grundlegenden Erkenntnisse untermauernd belegen zahllose empi-rische Forschungsarbeiten das tendenziell erhöhte Glücks- und Gesundheits-niveau der Verheirateten gegenüber den Alleinstehenden (auch: gegenüber Geschiedenen und Zweitverheirateten) sowie die emotionale Bereicherung durch Nachwuchsaufzucht.

Eltern genießen die Beziehung zu ihren Kindern in aller Regel als überdauernd sinnstiftende „Quelle psychischen Einkommens oder psychischer Be-friedigung" (*Becker* 1993, 189). Ehe und Nachkommenschaft in der Familie bieten somit einen relativ stabilen und verlässlichen Emotionsrahmen zur Verstetigung der sozialen Glücksempfindungen. Umgekehrt belegen Studien, „daß Kinder bei einer Scheidung der Eltern langfristig Schaden nehmen" (*Howard Friedman*, zit. n. *Frank* 1995, 10; vgl. *Becker* 1993, 189ff; *Ribhegge* 1993, 66ff; *Degen* 1996, 9; *Wettwer* 1996, 34ff; *Helm* 1999, 1; *Wettach* 2001, 40; *Seiwert/Tracy* 2002, 16; *Friedman/Schustack* 2004, 428; *Hansch* 2004, 155-164; *Küstenmacher/Küstenmacher* 2004, 124-128; *Di Fabio* 2005, 158f; *Bräutigam* 2006, 251f; *Radloff* 2006, 5ff; *Schulz* 2008, 8).

(5) Genügsamkeitsglück

Schlussendlich ist zu beachten, dass Glücksbezeugungen in Befragungen tendenziell auch nach Probandenalter differieren.

Hoffnungsfroh ausgeprägt sind sie in jungen Jahren (optimistische Sturm- und Drangzeit), zurückhaltender im mittleren Erwachsenenalter (ernüchterungsbedingte Midlife-Crisis) und sodann wieder positiver gefärbt im späteren Lebensverlauf, insbesondere nach bewältigten Belastungen (reifungsbedingte Ernte- und Abklärungsphase).

„Zu jedem Lebensabschnitt gehören dabei typische Glückserfahrungen, die nicht wiederholbar sind, das Glück der ersten Verliebtheit etwa. Es wäre unsinnig, in einer Ehe immer wieder diesen Kitzel der ersten Begegnung zu erwarten" (*Küstenmacher* 2004, 206). Denn „wirkliches Glück entsteht nicht aus der Sehnsucht nach der Vergangenheit, sondern aus der Weiterentwicklung der Seele – beispielsweise das Glück, Kinder zu bekommen, eine bleibende Leistung geschafft zu haben oder trotz einer körperlichen Einschränkung das Leben genießen zu können" (ebenda).

Im Übrigen vermittelt die reifungsbedingte Begehrlichkeitsdämpfung vorgerückter Lebensphasen Hinweise auf Zusammenhänge zwischen persönlicher Ansprüchlichkeit bzw. Bescheidenheit und individuellem Glücksempfinden.

Wie zahlreiche Studien bestätigen, erhöht das im Verlauf der Individuation zu festigende Charaktermerkmal „Genügsamkeit" (*Seiwert* 2006b, 231) die persönliche Verzichtbereitschaft, damit einhergehend die innere Unabhängigkeit von Eigenansprüchen und in der Konsequenz schließlich die individuelle Empfänglichkeit für Glücksempfindungen (siehe hierzu auch 2.1.1).

Dies verweist auf die ökonomische Zweckmäßigkeit einer Lebensweise in Bescheidenheit. „Zu viel Besitz, zu viele Aufgaben, zu viel Rummel, all das bringt kein Glück, sondern verursacht Stress. ... Wer zu viel mit sich herumschleppt, lässt dem Glück keinen Raum. ... Weniger ist eben mehr – mehr Glück" (*Seiwert* 2006b, 231). „Die Kunst, glücklich zu sein", so schließt der Philosoph *Wilhelm Schmid*, „liegt in der Beschränkung" (zit. ebenda). Denn „der Verzicht nimmt nicht. Der Verzicht gibt. Er gibt die unerschöpfliche Kraft des Einfachen" (*Heidegger* 2006, 7) zu einem Leben, in dem sodann sukzessive „die eigenen Kräfte wachsen" (*Noelle-Neumann* 1999, 5; vgl. *Helm* 1999, 1; *Stehling* 2000, 22f; *Comelli/von Rosenstiel* 2001, 76-81; *Friedman/Schustack* 2004, 427f; *Hansch* 2004, 143f u. 155-164; *Küstenmacher* 2004, 205ff u. 300ff; *Seiwert* 2006b, 231ff; *Seiwert/Konnertz* 2006, 25; *Conen* 2007, 51f; *Hinterhuber* 2007, 42ff).

2.2.2 Strategiebestimmung

2.2.2.1 Strategieparadigma

Die Verwirklichung einer Existenz in Kräftewachstum, Erfolgsreichtum und Glücksbewusstsein benötigt „Lebenskunst" (*Gross* 2004, 166). Diese beruht, wie jegliche Kunst, auf einer persönlichen, ganzheitlich-ergebnisgerichteten Vision plus Schaffensantrieb (nebst Gestaltungsfertigkeit). „Eine Vision ohne Aktion ist nur eine Illusion" (*Hilb* 2000, 116).

Abbildung 25:

<u>Denken, Handeln, Selbstverwirklichung und Glück</u>

Keine Person lebt in einer Welt, die sie ganz selbst geschaffen hat, aber andererseits ist sie auch mehr als nur ein Rädchen in einer mechanischen Welt. Die Menschen müssen sich darum bemühen, ihrer Welt einen Sinn zu geben und die Angst und die Furcht bekämpfen, um den Kampf zu transzendieren und unter schwierigen Bedingungen nach Selbstverwirklichung streben. ...

Auf Grundlage der ... Forschung ... können wir die folgenden Empfehlungen für das Streben nach Glück herleiten.

1. Helfen Sie anderen. Wenn man sich weniger auf die eigenen Probleme konzentriert und positive, enge Beziehungen mit anderen Menschen aufbaut, steigt das Gefühl des Wohlbefindens.

2. Überwachen Sie Ihr Streben nach Reichtum. Da die Menschen sich schnell dem neuen Reichtum anpassen, garantieren materielle Besitztümer allein nicht das Glück. Ressourcen, die dem Menschen dabei helfen, sich mit produktiven und fesselnden Aktivitäten zu beschäftigen, können allerdings das Glück fördern.

3. Meiden Sie das Fernsehen. Sowohl die Inaktivität als auch die fehlende Beschäftigung mit anderen Menschen, die Passivität und die Beschränkung der körperlichen Aktivität können zu Traurigkeit beitragen.

4. Führen Sie Listen oder Tagebuch über Ihre Leistungen, so dass Sie sich an die positiven Dinge in Ihrem Leben erinnern können. Tun Sie das auf wöchentlicher oder monatlicher Basis.

5. Suchen Sie geistige oder ehrfurchtgebietende Erfahrungen in Ihrem Leben, insbesondere solche, die zu Ihrem Temperament passen. Diese Erfahrungen könnten religiös, auf der Natur beruhend, künstlerisch, wissenschaftlich oder kreativ sein.

6. Setzen Sie sich langfristige Ziele und machen Sie nach kurzfristigen Misserfolgen schnell weiter. Erkennen Sie an, dass es im Leben viele schwierige Herausforderungen gibt und freuen Sie sich darüber.

7. Erkennen Sie, dass viele Menschen aufgrund einer Kombination aus Biologie, frühen Erfahrungen, Lernen in der Vergangenheit, Gedanken und Fähigkeiten sowie der gegenwärtigen Situation Tendenzen aufweisen, relativ unglücklich zu sein. Wenn Sie ein solcher Mensch sind, grübeln Sie nicht darüber nach. Genau wie die Persönlichkeit kann sich auch das Niveau des Glücks verbessern ... .

(*Friedman/Schustack* 2004, 429f)

(1) Herleitungsansätze

Mit Blick auf die Komplexität der Verwirklichung einer persönlichen Lebensvision liegt es nahe, die durchführungserforderlichen Aktionen vorausschauend anzugehen, mithin „schon am Anfang das Ende im Sinn zu haben"
(*Covey* 1994, 89). Dies verdeutlichen die in den Abbildungen 26 bis 28 dargestellten Überlegungen; hierauf verweist nicht zuletzt auch die Alltags-
erfahrung in zahllosen Beispielen.

So sollte etwa, wer für sein Erwachsenenalter Gedankenaustausch auf verbal
anspruchsvoller Ebene anstrebt, über die gesamte Kindes- und Jugendzeit
hinweg sein Ausdrucksvermögen lesend und schreibend üben. Anderenfalls
begleitet ihn gegebenenfalls lebenslang eine sprachliche Begrenztheit.

Wer Familien- und dereinst auch Großelternfreuden zu genießen ersehnt,
sollte sich zeitig um Sprösslinge kümmern und diesen vorbildhaft Begeisterung
für nachwachsendes Leben vermitteln. Mit zunehmender Verzögerung und
halbherziger Aufzucht nämlich schwinden die Aussichten auf generativen
Früchtegenuss.

Wer materiellen Reichtum anhäufen möchte, sollte beachten, dass über den
Ergebnisverlauf neben der Betragshöhe seiner Sparrate vor allem die Laufzeit
und die Häufigkeit seiner Einzahlungen entscheiden (wegen langfristig ver-
vielfachender Zinseszinseffekte). Dauerhaftes Aufschieben macht Vermögensaufbau zur Illusion.

Wie die Beispiele veranschaulichen, benötigen langfristige Herausforderungen
langfristige Vorkehrungen. Versäumnisse in Einleitung und Durchführung
mindern die Erntequalität (hier: Kommunikationskompetenz, Familienglück,
Vermögensprofite).

Abbildung 26:

<u>Würze des Lebens</u>

Wenn ich Ihnen jetzt, lieber Leser, während Sie das lesen, das absolut sichere Datum Ihres Todes sagen könnte – dann würden Sie schon morgen anders leben. Denn Ihnen würde schlagartig klar: Der morgige Tag ist ein unwiederholbarer Tag weniger in meinem Leben; den bekomme ich nie wieder. ...

Über den Tod zu reden, ist heute eigentlich ein Tabu. Dennoch, weise Menschen wissen: Das Bewusstsein der Unvermeidbarkeit des Todes und damit der Unwiederholbarkeit jedes Moments ist eine Voraussetzung für echte Lust am Leben. ...

Wo immer man hinschaut, herrscht panische Angst vor dem Tod. Die Lebenszeit in der westlichen, kaum noch glaubensorientierten Welt ist drastisch zusammengeschmolzen. Während die Menschen früherer Jahrhunderte ihre diesseitige Lebenszeit plus ewiges Leben vor sich hatten, bleibt dem heutigen Menschen nach seiner Wahrnehmung unendlich weniger Lebenszeit übrig: das begrenzte Leben auf dieser Welt. Doch je deutlicher man das merkt, desto mehr Unruhe bricht aus im Wartesaal des Lebens.

Panik herrscht bei vielen, rette sich wer kann. Alles wird getan, um den Tod zu vermeiden, zu bekämpfen, zu verdrängen. Mit schlechtem Gewissen, die Todesdrohung im Nacken, rennen die Menschen durch die Wälder, laufen von Arzt zu Arzt, essen unschmackhafte Sättigungsbeilagen zu einem Leben voller Verzicht und Kasteiung – und sterben dann doch. ...

Die grenzenlose Angst vor dem Tod hat in unseren Tagen auch damit zu tun, dass man ihm gar nicht mehr begegnet. Gestorben wird nicht in der Familie im Beisein der Kinder, sondern steril abgepackt im Krankenhaus, im Pflegeheim und nicht selten allein. Das ist schon schlimm genug. Doch es bedeutet auch, dass immer mehr Menschen zum ersten Mal einen sterbenden Menschen erleben, wenn sie selbst sterben. ...

Sterben und Tod stellen eigentlich die Würze des Lebens dar. Wer sich der Unvermeidlichkeit des Todes stellt, dem entgleitet das Leben nicht im alltäglichen Betrieb, und der kann im Bewusstsein der Unwiederholbarkeit jedes Moments dieses einzigartige Leben mit Leib und Seele lustvoll genießen.

(*Lütz* 2006b, 100)

Abbildung 27:

Balance, Seelenfrieden und letzte Stunde

Hier eine wichtige Regel, die wohl den meisten Menschen mehr als alles andere zum Erfolg verholfen hat und dabei sehr einfach ist:

Es liegt an Ihnen, sich Ihren Seelenfrieden als höchstes Ziel zu setzen und Ihr Leben danach zu organisieren. Erklären Sie diesen Frieden zu Ihrem obersten Ziel und ordnen Sie ihm alle kleineren Ziele unter. Wenn Sie das tun, wird sich Ihr ganzes Leben verändern.

Erfolgreiche Menschen jedes Kalibers, egal, ob Männer oder Frauen, leben in voller Integrität mit sich. Was sie nach außen tun, steht in vollem Einklang mit ihrem inneren Denken und Fühlen. ...

Wann immer Sie Ihre Balance vermissen, fragen Sie, welche Werte Sie vernachlässigen, um Ihr derzeitiges Leben zu führen. ...

Für nichts auf der Welt dürfen Sie Ihren Seelenfrieden aufs Spiel setzen – nicht für einen Job, nicht für Geld oder für eine Beziehung. Sie werden am Ende immer ohne alles dastehen – ohne Geld, ohne Job, ohne Beziehung. ...

Fragen Sie sich immer wieder, was Sie tun würden, wenn Sie nur noch sechs Monate, sechs Wochen, sechs Tage oder sogar nur noch sechs Stunden zu leben hätten. Was, wenn Ihnen nur noch sechzig Minuten Lebenszeit vergönnt wären?

Sie wissen nicht, was wirklich wichtig ist, bevor Sie nicht wissen, was Sie tun würden, wenn Sie nur noch eine Stunde zu leben hätten.

Wenn Sie nur noch eine einzige Stunde übrig hätten, würden Sie garantiert nicht zurück ins Büro wollen, um rasch noch ein paar Anrufe zu erledigen.

Tatsache ist: Mit wem auch immer Sie Ihre letzten Stunden verbringen wollen, es ist die Person, mit der Sie schon jetzt mehr Zeit verbringen sollten, um Ihr Leben in die perfekte Balance zu bringen.

(*Seiwert/Tracy* 2002, 157f)

Abbildung 28:

Was es bedeutet, „schon am Anfang das Ende im Sinn zu haben"

Schon am Anfang das Ende im Sinn zu haben bedeutet, mit einem klaren Verständnis des Zieles zu starten. Es bedeutet, zu wissen, wo Sie hingehen, damit Sie besser verstehen, wo Sie jetzt sind, und Ihre Schritte immer in die richtige Richtung lenken.

Man kann ganz leicht in eine Aktivitätsfalle geraten, in der Geschäftigkeit des Lebens gefangen sein, härter und härter für die nächste Sprosse auf der Erfolgsleiter arbeiten, nur um dann zu entdecken, daß die ganze Leiter an die falsche Mauer gelehnt ist.

Viele Menschen stellen fest, daß sie leere Siege erringen. Sie erreichen Erfolge auf Kosten von Dingen, von denen sie plötzlich merken, daß sie ihnen wichtig waren.

Menschen aus allen Lebensbereichen – Ärzte, Akademiker, Politiker, Geschäftsleute, Sportler und Installateure – mühen sich häufig um ein höheres Einkommen, mehr Anerkennung oder einen bestimmten Grad von professioneller Kompetenz, nur um festzustellen, daß ihr Drang, das Ziel zu erreichen, sie für die Dinge blind gemacht hat, auf die es wirklich ankam und die nun verschwunden sind.

Wie anders unser Leben doch ist, wenn wir wirklich wissen, was in unserem Innersten wichtig ist. Und wenn wir dieses Bild vor Augen haben, schaffen wir es jeden Tag wieder, das zu sein und zu tun, worauf es wirklich ankommt.

Wenn die Leiter nicht an der richtigen Mauer lehnt, bringt uns jeder Schritt einfach schneller an den falschen Ort.

(*Covey* 1994, 90)

Unterlassungen bestraft der Zukunftsverlauf, vielfach ohne Möglichkeit zur Defizitbehebung oder zur Verantwortungsabweisung. Schließlich lehrte bereits der chinesische Philosoph *Laotse*: „Man ist nicht nur verantwortlich für das, was man tut, sondern auch für das, was man nicht tut" (zit. n. *WW* 2005, 130; vgl. 1.2.1.1; *Covey* 1994, 89ff; *Klöckner* 2001, 34ff; *Eberspächer* 2002, 4ff; *Feser* 2003, 167f; *Gross* 2004, 166-177; *Kappler* 2004, 1074-1078; *Küstenmacher* 2004, 113f u. 125; *Seidel* 2004, 353f; *Bräutigam* 2006, 253-291; *Domke/Obmann* 2006, 56f; *von Münchhausen* 2006a, 29ff u. 82; *Heide* 2007, B9; *Hinterhuber* 2007, 68; *Knoblauch/Hüger/Mockler* 2007, 23ff; *Looman* 2007a, 22).

Das Vorhaben der Visionsverwirklichung überstrahlt den gesamten subjektiven Vorstellungszeitraum in sämtlichen Präferenzkategorien. Es erfordert einen dementsprechend weiten Überlegungshorizont mit vorausschauendem Umsetzungsstreben.

Der damit angesprochene kognitive Weitblick findet wissenschaftliche Beachtung im Modellkonzept der Strategie. Diese kennzeichnet eine mentale Einheit von langfristig umsichtig zielführender Verlaufsüberlegung und daraus abgeleiteter Vorgehensorientierung (einschließlich etwaig erforderlicher Korrekturvorsorge, z.B. zur Abfederung zielwidrigen Umständewandels). Angesichts der im Lebensverlauf einzukalkulierenden Veränderungen des individuellen Anspruchs- und Bedingungsrahmens bestimmt die Strategie weniger den einzelnen Aktionsvollzug als vielmehr ganzheitlich und grundsätzlich richtungsweisende Verfahrensmaßgaben. Ihr Zeithorizont steht in übergeordnetem Verhältnis zur kürzerfristigen Taktik (= situationsantizipierender Handlungsplan) sowie zur augenblickhaften Operation (= unmittelbar wirksame Verrichtung; vgl. *Schneck* 1995, 107-111; *Macharzina* 1999, 197-202; *Comelli/von Rosenstiel* 2001, 76-81; *Simon* 2004, 67f;

Wöhe/Döring 2005, 99f; *Dadder* 2006, 33f; *Hungenberg* 2006, 3-6; *Hinterhuber/Hinterhuber* 2007, 20; *Welge/Al-Laham* 2008, 18-23).

Die strategischen Überlegungen zur Umsetzung der persönlichen Daseinsvision umgreifen neben individueller Selbstbestimmung insbesondere auch eine Einstimmung auf die Determinationen im kreatürlichen Lebenszyklus bis hin zum Abschlussakt des Sterbens. Sie eröffnen damit dem Individuum die selbstdienliche Perspektive, bis zu seinem Lebensende diesseitsorientiert zu werken, über seinen Tod hinaus jenseitsorientiert zu hoffen und ferner ein Weiterleben vorzubereiten mittels natürlich bzw. kultürlich begründeter „Generativität" (*Erikson* 1988, 86; vgl. 1.2.1.1 u. 2.2.1.1; *Eberspächer* 2002, 4ff; *Feser* 2003, 183ff; *Kappler* 2004, 1070-1076; *Küstenmacher/Küstenmacher* 2004, 10f u. 130; *Nelles* 2004, 29ff u. 135ff; *Leander* 2005, 1-5; *Lütz* 2006b, 100; *Knoblauch/Hüger/Mockler* 2007, 20ff; *Flick/Onderka* 2008, 22).

Die generative Verknüpfung von kreatürlichen Vorgängern und Nachfolgern ermöglicht dem Gegenwartsmenschen ein würdiges Altwerden unter der Fürsorge seines Nachwuchses.

Neben diesem Anreiz zur Fortpflanzung vermittelt die evolutionäre menschliche Wesensbeschaffenheit weitere Antriebe zum Streben nach Arterhaltung durch genetisch angelegte Sinnesfreuden (Essen, Trinken, Bewegen, Vereinigen etc.). Ihre Genusswirkungen begünstigen das individuelle Bemühen um ideelle und materielle Wertschöpfung, denn sie verheißen vielfältigen Reichtum (beispielsweise an Gesundheit, Familienglück, Vermögensbeständen u.a.).

Nicht zu rechtfertigen ist in diesem Existenzzusammenhang der zeitgenössisch verbreitete verzehrende Vorgriff auf Nutzungs- und Leistungspotentiale künftiger Generationen (z.B. durch Ressourcenverschwendung und/oder Staatsverschuldung) mit der Folge ökologischer und/oder ökonomischer Belastungen der Nachkommenschaft. Eine zukunftsverträgliche Daseinsstrategie beachtet die Verantwortung des Gegenwartsmenschen für die ihm gegebenen Möglichkeiten der Vorgestaltung seiner Nachwelt.

Diese menschliche Verantwortung wurzelt zum einen in dem Moralgebot der Fairness und Redlichkeit. Danach sollten vom Werteaufbau ihrer Vorfahren die Nachfahren ähnlich der Gegenwartsgesellschaft profitieren dürfen (statt deren Verzehrrechnungen begleichen zu müssen).

Zum anderen freilich dient der respektvollen Interessenwahrung auch das Eigennutzgebot des Menschen, nicht durch übermäßigen Potentialverzehr vorzeitig Möglichkeiten zukünftiger Genussempfindungen zu vergeben (z.B. durch Raubbau mit der eigenen Gesundheit, durch Verschleuderung des Generationenvermögens, durch Selbstausgrenzung aus dem Wohlwollen der Nachkommenschaft).

In der Konsequenz ist, am Naturprinzip des Generationenverbunds gemessen, ausschließlich eine Daseinsstrategie akzeptabel, die zwar Sinnesfreuden vermittelt, dabei aber gleichfalls zukunftstragend wirkt. Diese Einsicht deckt sich im Übrigen, wie in 2.2.1.2 dokumentiert, eindrücklich mit den Befunden aus zahllosen Studien der Glücksforschung (vgl. *Eberspächer* 2002, 4ff; *Küstenmacher/Küstenmacher* 2004, 130; *Leander* 2005, 1-5; *Bräutigam* 2006, 253-296; *von Münchhausen* 2006a, 75-83; *Schnaas* 2007a, 32f; *Flick/Onderka* 2008, 22).

Eine derartige „naturkonforme Strategie" (*Pilsl* 2006, 55) leitet hin zu einem langfristig sozialverträglichen Lebenskonzept mit Schwerpunkten im Streben nach Vermehrung der Quantität und Qualität an Human- und Sachkapital zugunsten der Wohlbefindenspotentiale gegenwärtiger sowie nachwachsender Generationen.

In ihrer Tendenz gestaltet sich die hiernach anzuratende Lebensführung weniger konsumtiv (= werteverzehrend verbrauchsgerichtet) als vielmehr investiv (= werteschöpfend erzeugungsgerichtet). Dieses am evolutionär-generativen Dasein orientierte Strategieparadigma bildet die inhaltliche Plattform für die Handlungsempfehlungen der vorliegenden Schrift. Sie begreift das Selbstmanagement im Kontext einer investiven Existenzführung zur nachhaltigen Realisierung einer Selbstbestimmung der gegenwärtig und zukünftig Lebenden (vgl. 1.2.1; *Eberspächer* 2002, 4ff; *Küstenmacher/ Küstenmacher* 2004, 130; *Leander* 2005, 1-5; *von Münchhausen* 2006a, 76-80; *Pilsl* 2006, 71-83; *Schnaas* 2007a, 32f; *Flick/Onderka* 2008, 22).

(2) Anwendungsansätze

Das allgemeine Strategieparadigma einer nachhaltig investitionsgerichteten Naturkonformität zwecks Aufrechterhaltung individueller und generativer Selbstbestimmung konkretisiert sich in seiner Anwendung auf die empirisch herausragenden Problemfelder der Alltagsrealität, nämlich auf Zeit- und Geld-Engpässe (siehe 1.1.2.2).

Zeitstrategie:

Die investive Lebensstrategie im Zeitmanagement zügelt unreflektierten Zeitkonsum; bei diesem nämlich wird Zeit unwiederbringlich und nicht selten ziellos verbracht, verplempert, vertrieben, totgeschlagen (etwa zu Hause mit Computerspielen und Fernsehen bzw. auswärts in Gaststätten und Freizeit-einrichtungen).

Statt eines zukunftsvergessenen Verzehrs der selbstbestimmt gestaltbaren Zeitfreiräume fördert die „naturkonforme Strategie" (*Pilsl* 2006, 55) eine reflektierte Investition dieses Zeitkapitals, beispielsweise zur Erhöhung von

Bildung, Schaffenskraft, Berufskarriere oder Beziehungsqualität (in Ehe, Familie, Kindererziehung, Freundes- und Kollegenkreis etc.). Derartige Zeitinvestitionen bieten dem Einzelnen sowohl unmittelbares Erfolgserleben (denn Engagement erbringt bestätigende Belohnungen, Wertschöpfung erbringt überprüfbare Resultate usw.) wie auch genussträchtige Wachstumsperspektiven (infolge des Anstiegs an Erkenntnisvermögen, Leistungsfähigkeit, Sozialharmonie u.ä.).

Zu dieser eher generativ angeregten Begründung einer investiven Zeitverwendung treten indessen egozentrisch-materielle und -ideelle Vorteilsaspekte.

Aus materieller Sicht steht angesichts der voranschreitenden Globalisierung eine internationale Angleichung der Humankapitalqualitäten in Aussicht mit weltweiten Verfügbarkeiten an Fach-, Methoden-, Sozial- und Selbstkompetenz. Infolgedessen entscheidet über die Verteilung von materiellen Wohlstandspositionen zunehmend die Rendite der jeweils höchstpersönlichen Zeitinvestitionen in eigenes Humankapital.

Unter ideellem Aspekt werden die kommenden Jahrzehnte den Deutschen infolge ihrer „kollektiven Fortpflanzungsverweigerung" (*Bräutigam* 2006, 277) eine Überalterung bescheren mit psycho-sozialer Nachteilslage für nicht generativ verwobene Senioren (Beziehungsarmut, Pflegemängel, Ausgrenzung etc.). Die Gewinnung und alternszuträglich überdauernde Erhaltung früchtespendender Partnerschaften mit Nachgeborenen bedeutet in diesem Kontext eine wohl alternativenlose ideelle Herausforderung zur Zeitinvestition in Beziehungskapital zwecks Abwendung eines Lebensabends in Einsamkeit (vgl. *Comelli/von Rosenstiel* 2001, 76-81; *Feser* 2003, 167ff u. 178f; *Bräutigam* 2004, 18ff; *Küstenmacher/Küstenmacher* 2004, 130; *Bräutigam* 2005, 16-28; *Leander* 2005, 1-5; *Bräutigam* 2006, 253-296; *Pilsl* 2006, 71-83; *Schnaas* 2007a, 32f; *Schwägerl* 2007, 31; *Schulz* 2008, 8).

Geldstrategie:

Die investive Lebensstrategie im Geldmanagement zügelt unreflektierten Geldkonsum; bei diesem nämlich wird Geld unwiederbringlich und nicht selten ziellos weggegeben, verjubelt, verpulvert, vertan und damit endgültig eingebüßt, beispielsweise für Prestige- oder andere Überflussgüter (der Kleidung, Wohnung, Ernährung, Unterhaltung usw.).

Statt eines zukunftsvergessenen Verzehrs der selbstbestimmt gestaltbaren Finanzfreiräume fördert die „naturkonforme Strategie" (*Pilsl* 2006, 55) eine reflektierte Investition dieses Geldkapitals, etwa zur Ausweitung von kurz-, mittel- und langfristigen Entscheidungsalternativen auf der Basis von Liquiditätsreserven, Sparanlagen und Renditezuflüssen (aus Wertpapieren, Immobilien, Unternehmensbeteiligungen o.ä.). Derartige Geldinvestitionen bieten dem Einzelnen sowohl unmittelbares Erfolgserleben (denn Ausgabendisziplin bewirkt Kostenentlastung, Sparleistung bedeutet Rücklagenerhöhung usw.) wie auch genussträchtige Wachstumsperspektiven (infolge des Anstiegs an Finanzvermögen, Bewegungsräumen, Entfaltungspotentialen etc.).

Zu dieser eher generativ angeregten Begründung einer investiven Geldverwendung treten indessen egozentrisch-materielle und -ideelle Vorteilsaspekte.

Aus ideeller Sicht ist zunächst evident, dass ein durch investives statt konsumtives Ausgabenverhalten angehäufter Kapitalstock (nebst Renditen) über die finanzielle Kräftigung seines Eigentümers auch dessen persönliche Unabhängigkeit stärkt. Denn obgleich der so genannte „Sozialstaat" die Sparsamen abzockt (beispielsweise, indem er die aus versteuerten Einkünften erwachsenen Vermögen und Renditen weiterer Besteuerung unterwirft), gilt tendenziell auch hierzulande immernoch der weltweit vertretene ökonomische Leitsatz des ersten bundesdeutschen Wirtschaftsministers: „Eigentum macht frei" (*Ludwig Erhard*, zit. n. *Ramthun/Handschuch* 2005, 23f).

Unter materiellem Aspekt ist angesichts der oben angesprochenen

Nachwuchsarmut neben generativer auch finanzielle Eigenvorsoge unverzichtbar. In wenigen Jahrzehnten dürfte am „Senioren-Standort Deutschland" das Erwerbstätigen/Rentner-Verhältnis auf 1:1 geschrumpft und demgemäß der umverteilungsgespeiste „Sozialstaat" zerschmolzen sein (weil: unfinanzierbar). Für dieses Szenario eröffnen ausschließlich profitable Kapitalanlagen dem Ruheständler Aussicht auf Geldrenditen, welche die Versorgungslücken zu füllen vermögen (vgl. *Wiswede* 2000, 163f u. 167f; *Klöckner* 2001, 34ff; *Kirchhof* 2003, 10; *Bräutigam* 2006, 283 ff; *Looman* 2006, 22; *von Münchhausen* 2006a, 46f u. 76-86; *Conen* 2007, 51f; *Heide* 2007, B9; *Looman* 2007b, 22; *Schwägerl* 2007, 31; *Hildebrandt-Woeckel* 2008, 19).

2.2.2.2 Strategieprinzipien

Damit eine Strategie wirksame Umsetzung finden kann, erscheint es zweckmäßig, verschiedene Anwendungsgrundsätze zu beachten. Sie entstammen dem Fundus der Betriebswirtschaftslehre und werden nicht selten gebündelt zu einem Richtlinienpaket, bestehend aus einer Ansammlung strukturell durchaus unverbundener genereller Praxisprinzipien. Diese soll der Manager verinnerlichen und sodann in sein langfristiges Handeln einbringen (vgl. *Grant/ Nippa* 2006, 49f).

(1) Vorbereitungsrichtlinien

Wünschenswerte Grundlage für die Ausarbeitung einer jeden Lebensstrategie ist die persönliche Vision. Sie formuliert eine Vorstellungsattraktion, die perspektivische Überlegungen evoziert.

Eine Vision ist, wie in 2.2.1 angeraten, realistisch aufzusetzen, unter nüchterner Einschätzung zukunftswirksamer Persönlichkeits- und Rahmenbedingungen. Für die Erstellung der Strategie sind sodann systematische Analysen aller relevanten internen und externen Einflussfaktoren vorzunehmen.

Interne Analysen (Selbstanalysen):

Die Analyse der internen Einflussfaktoren umfasst eine sorgfältige Aufstellung von Stärken-/Schwächen-Profilen einschließlich der Ableitung entsprechender Prognosen (bezüglich der Entwicklung eigener Vorlieben, Sehnsüchte, Fähigkeiten usw.). Solche Aufstellungen lassen sich erarbeiten mit den in Abhandlung der Individuation erörterten Methoden (Introspektion, Coaching etc.; siehe 2.1.1.1), unterstützt durch strukturierende Formalisierungen (Auflistung von Erfolgen/ Misserfolgen, Skizzierung von Lebensverlaufskurven, Ordnung von Wertehierarchien usw.; siehe 2.2.1.1).

Zur Selbstortung des eigenen Stands verhilft ein kritischer Abgleich mit Profilen vorbildhafter Personen (Benchmarking), gegebenenfalls unter Klärung strategisch relevanter Individualmerkmale (Alleinstellungskompetenzen, Handicaps etc.).

Modisch beliebt ist die Empfehlung einer strategischen Fokussierung auf die eigenen Stärken (denn Stärkenförderung befeuere den Erfolgsvortrieb, während Schwächenbekämpfung diesem Energien entziehe). Auch wenn in der Tat bei mancher Gipfelstürmung einzelne Persönlichkeitsstärken entscheiden mögen (zu denken wäre an Begeisterungsfähigkeit, Durchsetzungskraft o.ä.), so ist gleichwohl die Tauglichkeit einer pauschalen Stärkenfokussierung anzuzweifeln; das gilt insbesondere bei längerfristigen Zeithorizonten.

Hier droht erstens eine persönliche Selbsteinengung durch einseitige Fähigkeitsspezialisierung (mit nachfolgenden Flexibilitätshemmnissen); sie erscheint bedenklich angesichts des rasanten Anforderungswandels, und zwar insbesondere für jüngere Menschen mit Entwicklungspotential. Denn, so erklärt der amerikanische Erfolgspsychologe K. Walter, „Wer immer nur das tut, was er schon kann, bleibt immer das, was er schon ist" (zit. n. Klöckner 2001, 37).

Hier lauert zweitens aber auch die Gefahr eines selbstgnädigen Ignorierens unheilstiftender Verhaltenseigenarten. Wie die Erfahrung lehrt, sind nämlich mitunter gerade persönliche Defizite in ihrer schädlichen Wirkung kaum zu kompensieren; konkret verdeutlicht sich dies anhand alltäglicher Praxisbeispiele aus materiellen wie aus ideellen Lebensbereichen.

In materiellen Lebensbereichen verhindern vielfach vor allem individuelle Schwächen einzelwirtschaftlich angestrebte Prosperität.

Die meisten Wohlhabenden verdanken ihren Vermögensaufbau einem günstigen Verhältnis zwischen einerseits auskömmlichen (keineswegs exorbitanten) Einnahmen und andererseits gezügelten Ausgaben (diszipliniert und wohlüberlegt).

Die meisten materiellen Schieflagen erwachsen aus einem defizitären Verhältnis zwischen ebensolchen Einnahmen und unangemessen überhöhten Ausgaben, verursacht durch Schwächen im Kostenmanagement (wurzelnd in finanzieller Verführbarkeit, in Geltungsdrang, Verschwendungssucht, Verantwortungslosigkeit u.ä.).

In ideellen Lebensbereichen offenbaren sich ähnliche Einsichten. Die meisten dauerhaft glücklichen Partnerbeziehungen beruhen auf der persönlichen Pflege eines günstigen Verhältnisses zwischen Gefühlen dankbarer Freude (z.B. über erlangte Zuneigung) und forderndem Anspruch, verknüpft mit einer respektvoll-vernünftigen Umgangskultur auch in konfliktären oder krisenhaften Situationen.

Vor diesem Hintergrund erwachsen die ideellen Schieflagen einer Partnerschaft seltener aus einer Vernachlässigung der Stärkenfokussierung, häufiger hingegen aus einer verdrusskumulierenden Ungezähmtheit individueller Defizite im Beziehungsmanagement (z.B. Achtlosigkeit, Unbeherrschtheit, Egozentriertheit u.a.).

Was nach diesen Relativierungen übrigbleibt vom Postulat der einseitigen Stärkenausrichtung ist die verbreitete Behauptung der Erfolgsträchtigkeit eines Vertrauens in die eigenen, subjektiv empfundenen Neigungen (Interessen, Präferenzen, Passionen etc.).

Doch selbst die Wunschregel, nach der Begeisterung Erfolg verspreche, mithin Neigung und Eignung zusammenfallen, gilt keineswegs durchgängig. Manche leidenschaftlich ausgeübte Aktivität (sei es in Handwerk, Sport, Kunst oder Management) bleibt erfolglos (womöglich mangels hinreichender Begabung) und demzufolge erwerbsmäßig brotlos, bereichernd allenfalls als Liebhaberei im Freizeitleben.

Gleichwohl sind ökonomisch ausschöpfbare Leistungspotentiale ehestens dort zu vermuten, wo dem Einzelnen Tätigkeiten leicht „von der Hand" gehen (was häufig unauffällig geschieht und deshalb zuweilen unerkannt bleibt).

Insofern könnte eine berufliche Ratgebung durchaus darin gipfeln, das strategische Augenmerk auf die Erkundung der fachlichen Eignungen zu richten – nicht zuletzt im Vertrauen auf Erhebungsbefunde, nach denen erzielte Erfolge Neigungen befördern. Ermunternd konstatiert denn auch *Mihaly Csikszentmihalyi*: „Alles, was Sie gut tun, bereitet Freude!" (zit. n. *Hansen* 2004, 127).

Zu warnen ist in diesem Zusammenhang abschließend vor der zeitgenössisch gern vernommenen Suggestion, das erfolgstrebende Individuum benötige zuvorderst „ein positives Selbstwertgefühl", denn dieses begründe eine mental optimale Ausgangslage zum Gelingen.

Leider scheitern nicht wenige Erfolgsuchende gerade an der realistischen Ermessung ihres Selbstwerts. Ein vermessenes Selbstwertgefühl aber leitet zu selbsttäuschender Einbildung, gegebenenfalls mit der Folge sowohl der Unterschätzung sachlicher Herausforderungen (infolge träumerischer Blauäugigkeit) wie auch der Überschätzung eigenpersönlicher Fähigkeiten (infolge selbstgefälliger Überheblichkeit).

Von daher ist eine Strategie vorsichtiger Selbstbewertung allemal praxisgerechter als aufgeblasener Hochmut. Dieser kommt, wie nicht nur der Volksmund weiß, bekanntlich vor dem Sturz (siehe auch Abb. 29; vgl. *Peters* 1995, 75f; *Comelli/von Rosenstiel* 2001, 82ff; *Klöckner* 2001, 34ff; *Cichowski* 2002, 13; *Eberspächer* 2002, 80ff; *Seiwert/Tracy* 2002, 42f, 65ff u. 72ff; *Hansch* 2004, 145; *Hansen* 2004, 15-19 u. 24-32; *Küstenmacher* 2004, 102f; *Simon* 2004, 83; *Liesem* 2005, 55; *Seiwert* 2005b, 61ff; *Sommer* 2005, 78; *Steinmann/Schreyögg* 2005, 204-215; *Wöhe/Döring* 2005, 106ff; *Bischof/ Bischof* 2006, 12ff; *Hildebrandt-Woeckel* 2006, C5; *Hungenberg* 2006, 87f; *Malik* 2006, 114-134; *von Münchhausen* 2006a, 46f u. 78-84; *Rampersad* 2006, 78; *Beck, S.* 2007, 18; *Knoblauch/Hüger/Mockler* 2007, 70-77; *Meier* 2007, 1./7ff).

Externe Analysen (Umfeldanalysen):

Die Analyse der externen Einflussfaktoren umfasst eine sorgfältige Recherche und Auswertung von Daten des Bedingungsrahmens zum Zweck der Gegenwarts- und Zukunftseinschätzung.

Zielrichtung ist die Prognose der Entwicklung von Rahmenbedingungen sowie deren Abgleichung mit den zuvor festgestellten persönlichen Neigungs- und Eignungspotentialen.

Hierzu sind aktuelle Lagebeurteilungen zu treffen und Zukunftsszenarien zu entwerfen, die als modellhafte Skizzierung zentraler Wirkungszustände die

Strategiegestaltung bereichern können. Dabei geht es im Selbstmanagement weniger um die betriebswirtschaftlich herausgestellten unternehmerisch maßgeblichen Marktteilnehmer (z.B. Lieferanten, Kunden, Wettbewerber), wenngleich diese auch hauswirtschaftlich Beachtung verdienen (etwa als Berufskonkurrenten oder Leistungsabnehmer). Stärker zu gewichten sind hier die allgemein existenzbestimmenden Rahmenbedingungen des jeweiligen Lebensraums (z.B. Einflüsse von Technik, Politik, Recht und Bildungswesen). Deren Entwicklung ist heute ungewisser denn je; auf die Globalisierung und die damit einherkommende Kulturmischung wurde in 1.1.1 hingewiesen.

Gleichwohl ist es für die Fundierung einer Strategie zur Erfüllung der eigenen Zukunftsvision unerlässlich, schwerpunktmäßige Veränderungslinien heraus-zuarbeiten. Diese betreffen den Leistungsbereich (Veränderung von Arbeits- und Produktmärkten nebst einhergehenden Risiken und Chancen) wie auch den Sozialbereich (Veränderung von Beziehungsmustern, beispielsweise in Ehe, Familie, Freundes- und Bekanntenkreisen bis hin zur National-gemeinschaft).

Für eine Prüfung alternativer Ansiedlungsoptionen ist zudem die Aufbereitung internationaler Vergleichsszenarien anzuraten.

Zur Bewältigung der hiermit insgesamt verbundenen Aufgabenstellungen (z.B. Erhebung und Verdichtung relevanter Daten, Ableitung und Verinnerlichung entsprechender Erkenntnisse, nachfolgende Veranlassungen) benötigt das Individuum ein persönliches Informationsmanagement. Dieses unterfüttert letztlich das gesamte Selbstmanagement, von der tiefgründigen Individuation (siehe 2.1.1) bis hin zum scheinbar oberflächlichen Alltagsgeschäft (vgl. *Schneck* 1995, 80-83 u. 112-115; *Macharzina* 1999, 648-654; *Crux/Schwilling* 2003, 20; *Hansen* 2004, 19-24; *Reimer* 2005, 179f; *Seiwert* 2005a, 168ff; *Steinmann/Schreyögg* 2005, 176-188, 191 u. 197-203; *Wöhe/Döring* 2005, 106ff; *Hungenberg* 2006, 87-97 u. 172ff; *Seiwert* 2006b, 81; *Hinterhuber/ Hinterhuber* 2007, 20; *Welge/Al-Laham* 2008, 292-296 u. 422ff).

Abbildung 29:

Selbstwertgefühl und Selbsttäuschung ("So wie der will ich auch mal leben...")

Wer Ihnen, ob als Trainer oder Buchautor suggeriert: "Du brauchst nur ein gutes Selbstwertgefühl, dann wirst du besser, schneller und erfolgreicher durchs Leben kommen", sagt Ihnen nicht die Wahrheit. Genau diese weit verbreitete Botschaft "Fühle dich gut und du wirst gut sein", wurde eindrucksvoll über 30 Jahre hinweg widerlegt. ... Gerade ein hohes Selbstwertgefühl kann Ihrem wirklichen persönlichen und finanziellen Erfolg im Wege stehen. Dann nämlich, wenn Sie auf Grund eines gegebenen hohen Selbstwertgefühls nicht mehr erkennen, dass Sie schlechte Leistungen erbringen. ...

Immer wieder treffe ich auf Menschen, die mir gegenüber äußern: "So wie Sie möchte ich auch mal arbeiten dürfen", oder "Ich würde auch gerne mal ein Buch schreiben" oder "Das muss ja Spaß machen, in den verschiedenen Ländern herumzureisen und Seminare zu halten. Das würde ich mir auch wünschen". Wissen Sie, was ich diesen Menschen entgegne? Ich sage: "Nein, das wollen Sie nicht. Sie wollen nicht so intensiv arbeiten. Sie wollen nicht abends in Städten ankommen, sich frühmorgens vorbereiten, bis abends referieren, dann spät in der Nacht nach Hause kommen, um sich wieder auf das Seminar am Wochenende vorzubereiten. Sie wollen nicht morgens um 4:30 Uhr regelmäßig aufstehen, sich an Ihren Schreibtisch setzen, um bis 8:00 Uhr Buchmanuskripte zu schreiben und anschließend das ‚normale' Arbeitspensum bis 19 Uhr zu bewältigen." Verstehen Sie, was ich damit sagen will? Diese "So wie der will ich auch mal leben..."-Menschen wollen nicht wirklich so leben. Sie wollen die schönen Seiten leben, aber nicht die Disziplin und Konsequenz, die dazugehören.

Immer wieder begegne ich auch Menschen, die im Hinblick auf erfolgreiche Personen äußern: "Der hat ja auch Glück gehabt." Das ist schlichtweg falsch. Menschen, die so denken, belügen sich selbst. Denn interessanterweise haben oft die Menschen mehr "Glück", die hart gearbeitet haben. ...

Bis zum heutigen Tag lerne ich jeden Tag aufs Neue dazu und bin selbst weit davon entfernt, perfekt zu sein. Im Gegenteil: Es gab Zeiten, da war ich der schlechteste Mann für meine Familie und der schlechteste Partner für meine Frau, den man sich vorstellen kann. ...

Heute lebe ich, gemeinsam mit meiner Frau und meinen Kindern, ein sehr angenehmes Leben. Ich genieße meine in den letzten Jahren aufgebaute finanzielle Unabhängigkeit und Freiheit – das Ergebnis ... konsequenter Arbeit, getragen von Erfolgsvisionen, die alle nach und nach wahr wurden. Daher kann ich Ihnen mit Recht versprechen: Die in diesem Buch beschriebenen, teils verblüffend einfachen Erfolgsregeln werden auch Ihr Leben ändern. Sie müssen nur handeln und die Veränderung zulassen. Das ist die Formel für Ihren Erfolg.

"Wer Perlen ... aus dem Meer herausholen will, muss ... zunächst tief tauchen, um diese Perlen zu finden. Es hilft nicht, ... am flachen Strand herumzuplantschen und ... beim Auftauchen zu behaupten, im Meer gäbe es überhaupt keine Perlen" (Sri Sathya Sai Baba). ... Nur wenn Sie sich für Anstrengungen und gegen das Verbleiben in Ihrer Komfortzone entscheiden, können Sie überhaupt tief genug tauchen. Wenn Sie ... Anstrengungen vermeiden ... wollen, dann beklagen Sie sich ab heute möglichst nicht mehr darüber, dass Sie noch keine Perlen gefunden haben.

(*Klöckner* 2001, 13-16 u. 193)

(2) Durchführungsrichtlinien

Die Durchführungsprinzipien zur strategischen Umsetzung der persönlichen Lebensvision beziehen sich im Wesentlichen auf die Ergiebigkeit des Mitteleinsatzes sowie auf die Beherrschbarkeit der rahmenbildenden Umfeldsituation.

Ergiebigkeit des Mitteleinsatzes:

Die Produktivität ist der zentrale ökonomische Bestimmungsfaktor im Prozess der Wertschöpfung. Ihre Steuerung benötigt einen sicheren Blick für Schaffensverläufe. Das diesbezügliche Augenmaß ist zu entfalten in steter kalkulierender Wägung der Verhältnisgünstigkeit zwischen den angestrebten Ausbringungsmengen und den für deren Erzeugung hinzugebenden Einsatzmengen. Angezeigt ist das Verinnerlichen des Denkens, Fühlens und Handelns in zuträglichen Output/Input-Relationen.

Wertschöpfende Verhaltensmuster habitualisieren sich somit im subjektiv profitleitenden „Zählermanagement" (*von den Eichen/Stahl* 2002, 18) oder „Nennermanagement" (ebenda) bzw. einer Kombination von beiden. Hierin manifestiert sich das stete Abwägen von Nutzenmaximierung (z.B. durch Vergrößerung von Chancen, Gelderträgen und Genussräumen) und Kostenminimierung (z.B. durch Verkleinerung von Risiken, Geldaufwendungen und Verdrussräumen).

In der Alltagspraxis gestaltet sich die Ausprägung der Wertschöpfungsstrategie unterschiedlich je nach Eigenart von Persönlichkeit und/oder Umfeld. Theoretisch unterscheidbar sind zwei konträre Wertschöpfungsstile, modellhaft abzubilden auf einem bipolaren Kontinuum mit den entgegengesetzten Extrempunkten strategischer Maximal- vs. Minimalorientierung. Die Gegenpole erscheinen in der individuellen Schwerpunktbildung als tendenzielle

- Nutzenausrichtung (z.B. offensives Erstreben höchstmöglicher Genuss-
bzw. Leistungserfolge unter Hintanstellung von Kostenwägungen) oder

- Kostenausrichtung (z.B. defensives Erstreben niedrigstmöglicher Verdruss-
bzw. Anstrengungseinsätze unter Hintanstellung von Nutzenwägungen).

Die dazwischen angesiedelten Mischformen konkretisieren zugleich ein vielförmiges Spektrum subjektiver Wertschöpfungsansprüche – vom systematischen Streben nach umfassender Leistungsexzellenz bis hin zum selbstgenügsamen Standardniveau (vgl. 1.1.1.2; *Macharzina* 1999, 586-590; *Cichowski* 2002, 128ff; *Gross* 2004, 394ff; *Bräutigam* 2005, 23f u. 48f; *Steinmann/Schreyögg* 2005, 223-236; *Grant/Nippa* 2006, 310ff; *von Münchhausen* 2006a, 81; *Dudenhöffer* 2007, 28).

Beherrschbarkeit der Umfeldsituation:

Die Situationsbeherrschung ist dem Selbstmanager meist nur indirekt und näherungsweise erreichbar (z.B. durch Beeinflussung von Kooperations-partnern und Gruppenkonstellationen); sie bleibt vielfach unvollkommen, insbesondere in komplexen Organisationszusammenhängen (Konzern-unternehmen, Familiengemeinschaften, Staatskollektive u.ä.).

Demzufolge erfordert der Wunsch nach Lagebeherrschung häufig zunächst eher selbstbeeinflussende Maßnahmen (z.B. Eigenanpassung subjektiver Wert-, Arbeits- und Beziehungspräferenzen). Diese stärken sodann günstigen-falls einflusseröffnende Individualkompetenzen.

Zu den Schlüsselkompetenzen der Situationssteuerung gehören die im Alltag zielgerichtet einsetzbaren persönlichen Verfahrensstrategien der Konzen-tration und Flexibilität.

Konzentration:

Sie beeinflusst das Umfeldgeschehen in Anwendung erstens eines be-gründeten Präferenzsystems (schriftlich, priorisiert) sowie zweitens einer soliden „Realisierungskompetenz" (*Gross* 2004, 346) unter Einsatz der in 2.1.1.2 angesprochenen Arbeitstugenden (z.B. Ordnungssinn, Eigenkontrolle, Beharrlichkeit).

„Realisierungsexperten" (ebenda, 393) beherrschen insbesondere die „Kunst des Widerstehens" (*Klöckner* 2001, 35), indem sie „situative Auslöser bewusst ignorieren, wodurch Verhaltensimpulse unterdrückt werden, ... um ein Ablaufen automatisierter Verhaltensreaktionen zu unterbinden" (*Müller* 2004, 38). Sie bewahren sich damit jenen Handlungsfreiraum zur steuernden Einflussnahme, den der Verführte in seiner Abgelenktheit einbüßt.

Als probate Instrumente zur Konzentrationsstützung werden nicht selten die Salami-Taktik und das Kieselprinzip genannt.

- Die Salami-Taktik ist eine Verfahrensweise zur Konzentrationssicherung durch Ausrichtung persönlicher Handlungsantriebe auf sachlich und/oder zeitlich abgegrenzte Aktivitäten, die angesichts ihrer konkreten Überschaubarkeit erfolgversprechend erscheinen und aufmerksamkeitsfesselnd wirken. Der so angestrebte Motivierungseffekt ergibt sich durch Zerlegung einer komplexen Aufgabenstellung in unterschiedliche Teilverrichtungen („Scheibchen"; *Seiwert* 2006b, 76) mit jeweils eigenem zielbildenden Vollzugsanreiz. In schrittweiser Erledigung ihrer einzelnen Teilaufgaben gelangt so die Gesamtaufgabe zur Erfüllung.

- Das Kieselprinzip ist ein Vorgehensgebot der ranggemäßen Zuordnung von Kapazitäten zur Sicherung der Konzentration auf das Wesentliche. Seine Logik illustriert sich in einer Beispielmetapher, der prioritätsgerechten Befüllung eines Gefäßes mit unterschiedlichen Kieselgrößen (= Bedeutsamkeiten). Danach gibt der optimal befüllende Selbstmanager in das Gefäß zuerst große Steine ein und anschließend kleine; zuhauf bereitliegenden Sand schüttet er zuletzt in die verbliebenen Zwischenräume (zur Nutzung der Restkapazität). Im Fall der umgekehrten Reihenfolge birgt am Ende das Gefäß zwar viel bedeutungsarmen Sand, aber keine (ge)wichtigen Steinbrocken.

Flexibilität:

Sie beeinflusst das Umfeldgeschehen in Anwendung der persönlichen Kompetenz zur Kreation (Neuschaffung) durch Entwicklungsbeeinflussung wie auch zur Reaktion (Beantwortung) durch Wandlungsanpassung.

- Kreation im Wege der Entwicklungsbeeinflussung manifestiert sich im erschließenden Management von Chancen und Risiken durch systematische Frühaufklärung bzw. Frühwarnung nebst Ableitung von Handlungsoptionen. Diese vorausgestaltende Öffnung neuer Möglichkeitsräume folgt der in 2.2.1.2 zitierten Erfahrungsregel: „Das Glück begünstigt den, der darauf vorbereitet ist" (*Drummond* 1993, 187). Die Ermittlung und Aufbereitung relevanter Datenmaterialien obliegt dem oben bereits erwähnten Informationsmanagement. Dieses erhellt künftige Möglichkeitspfade durch trendweisende Signale. Im Lichte der Datenklärung werden so unvorhersagbare Begebenheiten vorhersehbar und damit greifbar in Nutzung der Gunst eines situativ zufällig erscheinenden Augenblicks.

- Reaktion im Wege der Wandlungsanpassung manifestiert sich im beantwortenden Management von Übergängen und Umbrüchen durch konstruktive Bewältigung änderungsinduzierter Herausforderungen. Die persönliche Wandlungssteuerung („Changemanagement") umfasst sowohl die innere Stabilisierung bzw. Neuausrichtung des eigenen Zielkurses als auch die äußere Ausformung angemessener Verhaltensmuster, ob im kontinuierlichen Anforderungswandel oder im Wirbel zyklus- bzw. krisenbedingter Turbulenzen. Persönliches Changemanagement steuert damit die subjektive Verarbeitung der kalkulierbaren Bedingungsänderungen sowie der unwägbaren Wechselfälle des Lebens, nicht zuletzt durch stetes Wachhalten der individuellen Änderungsbereitschaft. Dem schlimmstdenkbaren, existenzgefährdenden Unglücksfall („worst case"; *Dadder* 2006, 40) schließlich begegnet es mit einem in regelmäßigen Abständen zu aktualisierenden „Katastrophenplan" (*Hinterhuber* 2007, 72; siehe Abb. 30 und 31).

Abbildung 30:

Kleine Auswahl strategischer Ratschläge und Prinzipien

Streben Sie nichts an, für das Sie nicht die notwendigen Voraussetzungen mitbringen. Widerstehen Sie den Verlockungen, viel Geld mit etwas zu verdienen, von dem Sie keine Ahnung haben.

Sammeln Sie möglichst viele und genaue Informationen über die Aufgaben, die sich Ihnen stellen. Verschaffen Sie sich Hintergrundwissen.

Führen Sie Planspiele durch. Versuchen Sie sich soweit wie möglich in bevorstehende Situationen hineinzuversetzen. Schauen Sie sich vorher die Örtlichkeiten an, an denen für Sie wichtige Verhandlungen, Prüfungen oder Entscheidungen stattfinden sollen. Machen Sie sich mit der Umgebung vertraut. Vergleichen sie Ihre Vorhaben mit ähnlichen, die bereits stattgefunden haben. Prüfen Sie deren Abläufe.

Seien Sie vorbereitet, auch auf Unerwartetes. Schließen Sie bei Ihren Planungen immer auch den „worst case" mit ein.

Imponieren Sie. Erzielen Sie Aufmerksamkeit. Wer nicht auffällt, wird nicht engagiert.

Wer nie kandidiert, kann auch nicht gewählt werden.

In dem Werk „Remedia Amoris" („Heilmittel gegen die Liebe") des römischen Dichters Ovid ... findet sich der Ratschlag: „principiis obsta" („Widerstehe den Anfängen!"). Er mahnt, sich auf Verlockungen und Versuchungen gar nicht erst einzulassen, wenn diese vom gewählten Ziel ablenken und dadurch Schaden anrichten könnten.

Der Straßenprediger P. Johannes Leppich ... vertrat die Ansicht: „Um über den Tripper reden zu können, muss man ihn nicht selbst gehabt haben."

Es ist leichter, gegenüber einer Verlockung „nein" zu sagen, wenn man noch keinen Geschmack daran gefunden hat oder ihr gar erlegen ist.

Ein Ratschlag des großen florentinischen Politphilosophen und Strategieexperten Machiavelli ... an seinen Fürsten lautete: Vollziehe das Unangenehme schnell und das Angenehme langsam.

Ein weiterer Kernsatz Machiavellis lautete: „Wenn du ein Territorium hinzugewinnst, verlege deine Hauptstadt dorthin."

Übertragen auf das Management heißt das: Wer ein neues Arbeits- oder Geschäftsfeld eröffnet, muss dort präsent sein.

Ein getreuer Verwalter findet sich leichter in dem Bereich, den man bisher erfolgreich geführt hat, als in dem neuen „Territorium".

(*Dadder* 2006, 37-43)

Abbildung 31:

Annahmen, Schicksalsschläge, Neuorientierung und Wachstum

Annahmen macht man ... nicht nur für aktuelle Handlungen, sondern auch für ferner liegende Ziele und letztlich für die grundsätzliche Lebensplanung. ... Wie fest sie verankert sind, kann erkennbar und eventuell zum Problem werden, wenn sich wesentliche Parameter der Lebensführung ganz unerwartet ändern. Das könnte der Fall sein, wenn ein Lebenspartner stirbt, oder wenn Krankheit oder schwere wirtschaftliche Einbußen (Arbeitslosigkeit) die Aufgabe des gewohnten Lebensrhythmus erzwingen. Dann sind schlagartig alle bisherigen Annahmen falsch.

Entscheidend ist nach Schicksalsschlägen wie einem Todesfall die rasche und möglichst realistische Umorientierung. Die neue Situation muss – zweckmäßig im Gespräch mit vertrauten, nahe stehenden Mitmenschen – in allen wesentlichen Aspekten angesprochen und vergegenwärtigt werden.

Es gibt ja nun so viele neue Aufgaben, die bislang der Verstorbene wahrgenommen hat und die es jetzt selbst zu organisieren gilt. Die Umstände sind plötzlich alle anders. Vielleicht muss man sich nun selbst um das Einkaufen oder das Entsorgen des Mülls kümmern. Jeder neuen Einzelaufgabe wie der Gesamtsituation muss nun auch die geeignete, neue und positive Emotion zugeordnet werden: Man darf die Situation nicht zum Anlass für Selbstmitleid nehmen, so hart das klingt. Die künftige Lebensqualität hängt davon ab. ...

Es genügt nicht, zu sagen: „Das Leben geht weiter." Es beginnt ein ganz neues Leben. Auf die positive Einstellung dazu, auf eine gewollte klare Umstellung kommt es an.

(*Seidel* 2004, 111f)

Kritische Lebensereignisse bieten immer die Chance für innerliche Neuorientierung und persönliches Wachstum. ... – keine nachhaltige Heilung ohne inneres Wachstum!

Entscheidend ist es also, auch in Zeiten seelischer Not eine offensive, zupackende innere Haltung aufrechtzuerhalten und nicht in eine Haltung des Rückzugs und Vermeidens zu verfallen. Wer dauerhaft innerlich auf Rückzug umschaltet, hat verloren! Rückzug und Vermeiden führen zu einem immer weiter gehenden Verlust an Kompetenzen und Selbstvertrauen und verstärken sich in Wechselwirkung mit wachsendem Mißerfolg zu einer Abwärtsspirale. ... Machen Sie sich das immer wieder klar, wenn Sie die bittersüße Versuchung der Resignation in sich aufsteigen spüren.

Am besten kann man mit solchen Situationen fertig werden, wenn es einem gelingt, zu einer religiösen Grundhaltung zu finden.

Versuchen Sie, sich an das Restrisiko zu gewöhnen, das immer bleibt. Das Leben ist eben eine ziemlich gefährliche Angelegenheit – und endet immer mit dem Tod. Setzen Sie sich mit dem Gedanken an den Tod auseinander. Je mehr Sie sich daran gewöhnen, desto mehr verliert er seinen Schrecken.

(*Hansch* 2004, 192, 240 u. 245)

Die persönliche Befähigung zu situationsangemessener Kreation und Reaktion bildet eine taugliche Plattform für den Aufbau der oben erwähnten nutzentreibenden „Realisierungskompetenz" (*Gross* 2004, 346; vgl. ebenda 346ff u. 391-396; *Macharzina* 1999, 493; *Comelli/von Rosenstiel* 2001, 67f u. 82ff; *Cichowski* 2002, 148ff; *Seiwert/Tracy* 2002, 65f, 72ff u. 82; *Crux/ Schwilling* 2003, 20; *Borstnar/Köhrmann* 2004, 88 u. 223-249; *Hansch* 2004, 191f, 240f u. 244f; *Hansen* 2004, 14-28 u. 119ff; *Küstenmacher* 2004, 133; *Müller* 2004, 33 u. 37f; *Seiwert* 2005b, 61ff; *Covey* 2006, 90ff; *Dadder* 2006, 59ff; *Knoblauch/Wöltje* 2006, 35ff; *von Münchhausen* 2006a, 218-221; *Seiwert* 2006b, 76, 81 u. 114; *Wolf* 2006, 3; *Conen* 2007, 135ff; *Hinterhuber* 2007, 68, 72 u. 95; *Welge/Al-Laham* 2008, 432-437).

3. Transformieren

Das Sachkonzept der vorliegenden Schrift ist in drei Kapiteln aufbereitet.

Die Orientierung in Kapitel 1 beleuchtet den für das Selbstmanagement relevanten natürlichen und kultürlichen Anspruchs- und Bedingungsrahmen.

Die Fokussierung in Kapitel 2 begründet eine individuell integrative Positionsfindung im jeweiligen Lebensumfeld sowie eine erfolgweisende Richtungsfindung (einschließlich entsprechender Strategiebestimmung).

Die Transformierung (Umformung) in Kapitel 3 schließlich bereitet das Übertragen des entwickelten Lebensentwurfs in die Praxis. Sie dient der nutzenwirksamen Umsetzung mental verinnerlichter Zukunftsbilder in konkrete Alltagsrealität.

Das Übertragen angestrebter Vorstellungen in die private und berufliche Lebensführung bedarf der Erledigung verschiedener miteinander verknüpfter Aufgabenstellungen in einem zwecktauglichen Prozessgeschehen. Für die Unternehmensführung wird der typische „Managementprozeß" (*Wöhe/Döring* 2005, 63) nicht selten in einem Zirkulationsmodell veranschaulicht.

Der so genannte „Management-Regelkreis" (*Züger* 2005, 26) zerlegt die Gesamtaufgabe in Teilfunktionen und stellt diese in eine ringförmig umlaufende Reihenfolge (von der Zielsetzung, Planung und Organisation über die Realisation bis hin zur Kontrolle); diese wird ergänzt um übergreifende Erfordernisse wie beispielsweise Information, Kommunikation oder Entscheidung.

In der Praxis sind die einzelnen Teilverrichtungen zwar nicht über-schneidungsfrei abgrenzbar, sondern wechselseitig überlagernd miteinander verwoben; zudem folgen sie zumeist nicht schrittweise aufeinander (so erzwingt die Realisation mitunter Zielkorrekturen, und auch Kontrolle will organisiert sein). Gleichwohl lassen sich die meisten Alltagsanforderungen tendenziell entsprechenden Schwerpunkten zuordnen.

Für die Zwecke dieser Schrift ermöglicht das Prozessmodell einen Glie-derungsansatz mit Unterteilung der Gesamtaufgabe in Steuerungsfunktionen (Zielen, Planen) und Vollzugsfunktionen (Organisieren, Realisieren). Übergreifende Aspekte der Information, Kommunikation und Entscheidung durchdringen das Selbstmanagement in seiner Ganzheit; sie sind deshalb fließend in die Argumentation integriert. Der Kontrollaspekt schließlich findet Berücksichtigung in den Optimierungsüberlegungen zum Ausklang der Gesamtdarstellung (vgl. *Tschammer-Osten* 1979, 35ff; *Piorkowsky* 1997, 80ff; *Nagel* 2001, 16; *Simon* 2004, 74 u. 77ff; *Seiwert* 2005c, 40ff; *Wöhe/Döring* 2005, 62ff; *Züger* 2005, 26).

3.1 Steuerungsfunktionen

3.1.1 Zielen

Im Selbstmanagement-Prozessmodell stellt sich als erste Schwerpunkt-aufgabe das Zielen; es kennzeichnet ein gedanklich anvisierendes Vorwegnehmen „zukünftiger Zustände, die man für persönlich erstrebenswert hält" (*Huhn/Backerra* 2004, 105).

Die Ausformung anzustrebender Zukunftszustände folgt dem aus der Präferenz- und Visionsentwicklung hervorgegangenen Lebenskonzept. Sie schlägt den Bogen von den richtungsweisenden Grundsatzüberlegungen des Vorkapitels zur ergebnisführend umsetzenden Alltagshandlung (vgl. *Macharzina* 1999, 154ff; *Eberspächer* 2002, 121ff; *Borstnar/Köhrmann* 2004, 46; *Gross* 2004, 358-372; *Hohenadel* 2004, 16; *Huhn/Backerra* 2004, 105ff; *Simon* 2004, 66ff).

3.1.1.1 Zielsystematisierung

(1) Systemhierarchie

Wie die individuelle Lebensvision, so beruht auch der Kanon individueller „Lebensziele" (*Gross* 2004, 346) letztlich auf dem persönlichen Wertesystem. Oberste Ziele wurzeln zumeist in obersten Wertüberzeugungen, nachrangige Ziele spiegeln nachrangige Vorstellungen.

In Anbetracht der Komplexität menschlicher Wertanschauung stellt sich dem Individuum ein breites Spektrum an Zielalternativen. Diese lassen sich unter verschiedenen Aspekten ordnen und strukturiert zusammenstellen zu einem persönlichen Zielsystem.

Ein alltagspraktisch ausschlaggebender Gliederungsaspekt ist das Rang-verhältnis der erstrebenswerten Zustandsvorstellungen gemäß deren subjektiver Bedeutungseinstufung. Es führt zum Aufbau der individuellen Zielhierarchie (z.B. A-Ziele, B-Ziele, C-Ziele).

Eine auf die jeweilige Lebenssituation prioritätsklar abgestimmte Zielhierarchie ist glücksentscheidend. Ihr Fehlen verursacht beim Individuum mentale Zerrissenheit mit nachfolgender Unentschlossenheit (erkennbar in Vollzugsschwäche, Ablenkbarkeit, Verzettelung etc.) nebst entsprechender Rückwirkung (Diskrepanzreaktionen: kognitive Dissonanz, Stress, Frustration). „Das ambivalente Schwanken zwischen zwei nahezu gleichwertigen Zielen ist eine der gefährlichsten Lebensweisen überhaupt. Man erreicht schlussendlich weder das eine noch das andere Ziel, erlebt seine Tage in Lähmung und kann möglicherweise sogar ernstlich erkranken" (*Huhn/Backerra* 2004, 135; vgl. 1.1.1 u. 2.2.1; *Tschammer-Osten* 1979, 48ff; *von Zugbach* 1996, 122; *Nagel* 2001, 11ff; *Cichowski* 2002, 11; *Borstnar/Köhrmann* 2004, 46ff; *Gross* 2004, 342-346 u. 359f; *Simon* 2004, 72f; *Bräutigam* 2005, 130-141).

(2) Systemkomplexion

Ein prioritätenbegründetes Zielsystem ist grundsätzlich teilbar in zwei Dimensionen mit jeweils eigener Ranghierarchie.

Die formale Dimension formuliert und ordnet erstrebte Daseinszustände nach ihrem Bedeutsamkeitsanteil am abstrakten Endzweck des Ganzheitszustands persönlicher Wohlbefindensmaximierung; die Hierarchie folgt mithin der subjektiv empfundenen gesamtwirksamen Nutzenhöhe.

Die operationale Dimension formuliert und ordnet erstrebte Daseinszustände nach ihrem Bedeutsamkeitsanteil am konkreten Zuarbeiten zur Nutzenhöhe; die Hierarchie folgt mithin dem objektiv überprüfbaren teilwirksamen Förderungsbeitrag.

Hiernach unterscheiden sich formale und operationale Zielarten mit jeweils eigenen Hierarchien (wenngleich in gegenseitiger Verknüpfung).

Formale Oberziele (= gedanklich-abstrakte Leitziele) sind ganzheitlich wirksame Genusstreiber zur Maximierung des Wohlbefindens (z.B. Unabhängigkeit, Selbstverwirklichung, Familienglück); sie sind grundsätzlich zu bestimmen nach qualitativen Maßgaben (z.B. nach persönlichen Definitionen für Unabhängigkeit, Selbstverwirklichung, Familienglück). Ihr Zukunftshorizont kann variieren (etwa in Nah- bzw. Fernziele), ist tendenziell aber eher langfristig angelegt.

Operationale Zwischen- bzw. Unterziele (= konkret messbare Sachziele) sind Mittel zur Wegbereitung des Erreichens der formalen Oberziele (z.B. Konstellationen, Positionen, Potentiale); sie sind grundsätzlich aus diesen abzuleiten und nach sukzessiver Konkretisierung zu bestimmen, etwa in quantitativen Maßgrößen (Geldbeträge, Stückzahlen, Zeiträume etc.). Ihr Zukunftshorizont ist unterschiedlich gestaffelt, gegebenenfalls nach Erfolgsabschnitten (z.B. Studien- oder Karriereziele; Zehnjahres-, Fünfjahres-Jahres- oder Tagesziele).

Eine Übersicht über den Zusammenhang zwischen formalen und operationalen Zielen im Zielsystem vermittelt Abbildung 32.

Zwecks Motivationserhaltung während langfristiger bzw. umfassender Vorhaben empfiehlt sich das „Herunterbrechen" (*Stollreiter* 2006, 53) einer größeren Gesamtherausforderung in Teilziele („Etappenziele"; ebenda) mittels Anwendung der Salami-Taktik; unterstützend wirkt eine antriebsverstärkende Selbsthonorierung der jeweils zu erbringenden Teilleistungen (z.B. durch Eigenlob, Abschnittsprämien, Bergfeste; siehe 2.2.2.2).

Sowohl innerhalb der Leitziele wie auch zwischen den Sachzielen ergeben sich in der Praxis nennenswerte Harmoniebeeinträchtigungen. Angesichts der Vielfalt zeitgenössischer Entfaltungsoptionen sind durch gespaltene Motivlagen ausgelöste Spannungen unvermeidlich. Diese offenbaren zwar meist lediglich die bekanntermaßen naturgegebenen Opportunitätskosten, beispielsweise auftretend im Zielkonflikt zwischen Individualfreiheit und Familiengemeinschaft oder zwischen Einkommens- und Freizeitwohlstand; derartige Zielkonkurrenzen lassen sich mittels Reflexion theoretisch klären und mittels Priorisierung praktisch einordnen.

Freilich aber bedarf das anschließende Konsequenzhandeln nach Maßgabe der jeweiligen Rangzuweisung persönlicher Umsetzungsdisziplin; das Individuum hat dem vorgeformten Zielsystem sein spontan wählbares Aktualverhalten zu unterwerfen.

Die hierfür erforderliche Bereitschaft zur Selbstfügung lässt sich stützen erstens durch einen wohlüberlegt begründeten Systemaufbau mit unmissdeutbaren Vor- und Nachrangigkeiten sowie zweitens durch deren Festlegung in einer sorgfältig schriftlich selbstverpflichtend fixierten umfassenden Ausarbeitung mit programmatischem Wesensausdruck.

Eine solche Systemgestaltung erleichtert dem Selbstmanager die persönliche Verinnerlichung der Zielordnung und bietet ihm zudem eine optische Erinnerungshilfe. Gerade disziplinabhängige Handlungsvorsätze nämlich entgleiten in der Alltagspraxis rasch dem Blickfeld, getreu der Verdrängungsregel „Aus den Augen, aus dem Sinn" (*Simon* 2004, 72; vgl. 1.1.1.1 u. 2.1; *Tschammer-Osten* 1979, 48-52; *Macharzina* 1999, 157ff; *Comelli/von Rosenstiel* 2001, 82; *Cassens* 2003, 70f; *Borstnar/Köhrmann* 2004, 47ff, 52 u. 55ff; *Gross* 2004, 342-346; *Hansen* 2004, 81f; *Bräutigam* 2005, 45ff u. 179f; *Wöhe/Döring* 2005, 94ff; *Züger* 2005, 28; *Dadder* 2006, 59ff; *Knoblauch/Wöltje* 2006, 16f; *von Münchhausen* 2006b, 148f u. 157f; *Stollreiter* 2006, 53; *Beck, M.* 2007, 125-129; *Meier* 2007, 12./16-21; *Seiwert* 2007b, 24ff; *Welge/Al-Laham* 2008, 206f).

Abbildung 32:

Persönliches Zielsystem

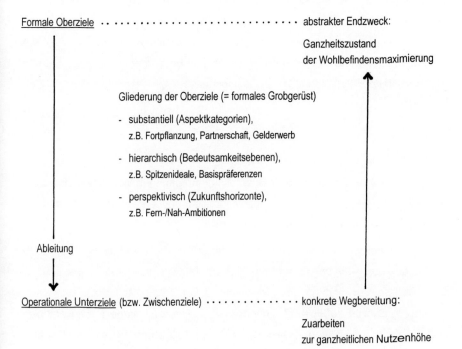

Formale Oberziele ·························· abstrakter Endzweck:

Ganzheitszustand
der Wohlbefindensmaximierung

Gliederung der Oberziele (= formales Grobgerüst)

- substantiell (Aspektkategorien),
  z.B. Fortpflanzung, Partnerschaft, Gelderwerb

- hierarchisch (Bedeutsamkeitsebenen),
  z.B. Spitzenideale, Basispräferenzen

- perspektivisch (Zukunftshorizonte),
  z.B. Fern-/Nah-Ambitionen

Ableitung

Operationale Unterziele (bzw. Zwischenziele) ·············· konkrete Wegbereitung:

Zuarbeiten
zur ganzheitlichen Nutzenhöhe

Gliederung der Unterziele (= operationales Feingerüst)

- Sachkonkretisierung (inhaltliche Zielordnung),
  z.B. Soll-Zustände für Nachwuchs, Partnerschaft, Vermögen, Berufsposition

- Rangkonkretisierung (hierarchische Zielordnung),
  z.B. Soll-Zustände für Prioritätenverwirklichung (A-, B- und C-Stufungen)

- Fristenkonkretisierung (terminliche Zielordnung),
  z.B. Soll-Zustände für Lebensentwicklung, Jahresbilanz, Tageserfolg

3.1.1.2 Zielpräzisierung

(1) Präzisierungsanforderungen

Um eine aufmerksamkeitsleitende Kompasswirkung verlässlich entfalten zu können, müssen Ziele stimulierende Anziehungskraft besitzen. Die hierfür zu erhebenden Anforderungskriterien fasst die einschlägige Literatur nicht selten in die so genannte SMART-Formel; sie trägt ihren Namen nach einer Reihung der Anfangsbuchstaben von Bündelbezeichnungen praxiswirksamer Zielmerkmale.

Spezifität:

Im Unterschied zu den eher unverbindlich empfundenen Wünschen sind Ziele spezifisch; sie sind mithin möglichst präzise und ergebnisorientiert zu definieren – als seien sie bereits verwirklicht.

Beabsichtigt wird damit eine konzentrationsfördernd nachhaltige Einprägung des erstrebten Zukunftszustands in das Unterbewusstsein. Wenig geeignet ist hierzu die Verwendung des Konjunktivs („‚könnte‘, ‚sollte‘, ‚müsste‘, ‚hätte‘, ‚wäre‘"; *Seiwert* 2007b, 70); unvorteilhaft wirken auch vage Formulierungen („Ich versuche nicht mehr zu rauchen. Ich will einen neuen Job finden"; ebenda).

Ziele beleuchten anvisierte Realitätszustände („Ich bin Nichtraucher. Ich habe einen neuen Job"; ebenda); als solche sind sie aus ihrer Strahlkraft heraus detailliert und anschaulich konkret zu beschreiben – treffend zugespitzt durchaus auch in emotional selbstwirksamer Sprache, wie etwa: „Ich bin stolz, am 31. Dezember des übernächsten Jahres zusammen mit meiner Familie in einem eigenen Bauernhaus maximal 50 km nördlich von Hamburg entfernt zu wohnen" (*Borstnar/Köhrmann* 2004, 52; vgl. *Seiwert/Tracy* 2002, 40ff u. 54f;

Hohenadel 2004, 16ff; *Maiwald* 2004, 46-50; *Simon* 2004, 68-72; *Züger* 2005, 29f; *Müller, G.F.* 2006, 13; *von Münchhausen* 2006b, 145-163; *Rampersad* 2006, 77-85; *Seiwert* 2006b, 66-70).

Messbarkeit:

Das Ausmaß der Zielverwirklichung muss eindeutig nachprüfbar sein. Die Erreichung von Zielen knüpft deshalb vorzugsweise an quantitativ messbare Resultate.

Unergiebig sind „Wischiwaschi-Formulierungen" (*von Münchhausen* 2006b, 152) wie etwa „mehr lesen" (*Seiwert* 2005b, 119), „mehr Zeit" (*Borstnar/ Köhrmann* 2004, 51) oder „mehr Geld" (*Cassens* 2003, 71); ihren Ansprüchen würden schon Zuwächse von einzelnen Seiten, Cents oder Minuten genügen.

Der Erreichungsgrad von Zielen ist häufiger bezifferbar als gemeinhin angenommen wird. Zum Erfolgsmaßstab eignen sich beispielsweise gegebenenfalls

- die Betragshöhe von Vermögenswerten und Schulden, von Kosten und Erlösen, von Gewinnen und Verlusten (einschließlich deren Zu- und Abnahme sowie prozentuale Relationen);
- die Anzahl aufgebauter Beziehungen (zu Kollegen, Freunden, Lieferanten o.ä.), abgestatteter Besuche (bei Kunden, Verwandten, Ärzten etc.), investierter Stunden (in Hobby, Familie, Studium usw.), genossener Abende (mit Partnern, Kindern, Gästen usw.), zurückgelegter Kilometer (im Auto, auf dem Fahrrad, zu Fuß u.ä.) oder die Menge anderer Einheiten wie Kilogramm (betreffend Gewichtsveränderungen) oder Liter (betreffend Verbrauchsveränderungen);
- die Niveaueinschätzung der subjektiv empfundenen Erwerbszufriedenheit (mit Aufgabe, Position, Einkommen o.ä.), der Beziehungsharmonie (in Ehe, Familie, Beruf etc.) oder der „Selbstmächtigkeit" (*Gross* 2004, 149; z.B. infolge Leistung, Souveränität und Gelassenheit).

Bei aller Unvollkommenheit mancher Gefühlsquantifizierung bieten numerisch bzw. verbal eindeutig definierte Zielzustände dem Einzelnen doch regelmäßigen Ansporn, denn „nichts beflügelt so sehr wie nachweisbare Erfolge" (*Seiwert* 2005b, 119; vgl. *Seiwert/Tracy* 2002, 40ff u. 54f; *Cassens* 2003, 70ff; *Crux/Schwilling* 2003, 20; *Borstnar/Köhrmann* 2004, 50-53; *Hansen* 2004, 184-187; *Hohenadel* 2004, 16ff; *Maiwald* 2004, 46-50; *Simon* 2004, 68-72; *Züger* 2005, 29f; *Bonneau* 2006, 52; *von Münchhausen* 2006b, 145-163; *Rampersad* 2006, 77-85; *Seiwert* 2006b, 66-70; *Knoblauch/Hüger/Mockler* 2007, 171-179).

Attraktivität:

Die angestrebten Zustände müssen attraktiv sein, damit sie eine „Sogwirkung" (*Hohenadel* 2004, 16) ausüben.

Ihre Sinnhaftigkeit sollte auf dem eigenen, subjektiv begründeten Wertefundament basieren, ihre Zugkraft dem vorfreudigen Antizipieren angenehmer Genusserwartungen entspringen.

Ein begeisterndes Ausmalen verlockender Nutzenprofite kann die zielleitende Wegstrecke emotional verschönern bzw. verkürzen und so gegebenenfalls auch einen verdrießlichen Anstrengungsverlauf überbrücken.

In der Verbalisierung bewähren sich „Anstrebungsziele" (*Eberspächer* 2002, 126). Weniger Genuss verheißen „Vermeidungsziele" (ebenda) angesichts ihrer negativen, verneinenden Absichtserklärung, wie etwa: „Ich will nicht mehr allein sein. Ich will keine Schulden mehr haben. Ich will nicht mehr übergewichtig sein" (*Seiwert* 2006b, 69). Die Anziehungskraft des Ablehnens ist gering (zumal das Unterbewusstsein Negationen ignoriert).

Eindrücklich vorteilhaft wirken positive, verlockende Erfolgsbilder, wie etwa: „Ich habe meine/n Traumpartner/in. Mein Kontostand ist ausgeglichen. Ich habe mein Idealgewicht" (ebenda; vgl. *Comelli/von Rosenstiel* 2001, 67f u. 82; *Eberspächer* 2002, 126f; *Seiwert/Tracy* 2002, 40ff u. 54f; *Cassens* 2003, 70ff;

Borstnar/Köhrmann 2004, 50-53; *Hohenadel* 2004, 16ff; *Maiwald* 2004, 46-50; *Simon* 2004, 68-72; *Bräutigam* 2005, 119-128; *Züger* 2005, 29f; *Bonneau* 2006, 52; *Müller, G.F.* 2006, 13; *von Münchhausen* 2006b, 145-163; *Seiwert* 2006b, 66-70; *Beck, M.* 2007, 125-129; *Knoblauch/Hüger/Mockler* 2007, 171-179; *Meier* 2007, 12./12ff).

Realisierbarkeit:

Vorhaben sollen herausfordern, nicht jedoch über- oder unterfordern; es gilt der Grundsatz: „Ehrgeizig, aber erreichbar" (*Seiwert/Tracy* 2002, 55). An der Realisierbarkeit zeigt sich, „ob die Messlatte zu hoch oder zu niedrig angelegt wurde" (*Hohenadel* 2004, 18). Überzogene Anforderungen erzeugen Resignation: „Das schaff' ich nie! ... Sowieso sinnlos, sich anzustrengen!" (*Comelli/von Rosenstiel* 2001, 68); der umgekehrte Fall, die Unterforderung, provoziert Lustlosigkeit. Beide Reaktionen lähmen den Eigenantrieb und schmälern so die Erfolgsaussichten.

Machbarkeit ist indessen auch kompetenzabhängig. So bedarf es zur Bewältigung außergewöhnlicher Herausforderungen vielfach einer individuellen Geschicklichkeit, relativ umfängliche Gesamtvorhaben zu zerlegen in persönlich beherrschbare, gleichwohl jeweils anspruchsvolle Teileinheiten („Scheibchen"; *Seiwert* 2006b, 76). Häufig wird die Vorgehensweise dieser (in 2.2.2.2 vorgestellten) Salami-Taktik sodann befeuert durch alsbaldige (Teil-) Erfolgserlebnisse.

Dauerhaft getragen wird das Erfolgshandeln nicht zuletzt von verinnerlichter Habitualmotivation, begünstigend verstärkt wird es durch das in 3.1.1.1 bereits empfohlene eigenständige Setzen individueller Belohnungsanreize (vgl. *Voigtmann* 1997, 37; *Comelli/von Rosenstiel* 2001, 67f u. 82; *Seiwert/Tracy* 2002, 40ff u. 54f; *Cassens* 2003, 70ff; *Borstnar/Köhrmann* 2004, 50-53; *Gross* 2004, 366-376; *Hohenadel* 2004, 16ff; *Maiwald* 2004, 46-50; *Simon* 2004, 68-72; *Bräutigam* 2005, 119-130; *Züger* 2005, 29f; *Bonneau* 2006, 52; *Müller, G.F.*

2006, 13; *von Münchhausen* 2006b, 145-163; *Rampersad* 2006, 77-85; *Seiwert* 2006b, 66-70; *Knoblauch/Hüger/Mockler* 2007, 171-179; *Meier* 2007, 12./12ff).

Terminiertheit:

Schließlich benötigt jede Zielverwirklichung einen Abschlusszeitpunkt, eine „Deadline" (*von Münchhausen* 2006b, 155), terminlich fixiert und visuell gegenwärtig (ob im Notebook, auf dem Tisch oder an der Wand). Gemäß dem Gebot der Realisierbarkeit ist die Frist nicht zu eng anzusetzen (anderenfalls drohen Hektik, Stress, Fehler usw.). Übermäßige Großzügigkeit freilich wirkt ebenso kontraproduktiv, denn gemäß dem so genannten „Parkinson-Gesetz" (*Stollreiter* 2006, 51) dehnen Aufgabenstellungen „sich so weit aus, dass die für ihre Fertigstellung zur Verfügung stehende Zeit ausgefüllt wird" (*Cyril Northcote Parkinson*, zit. ebenda).

Im Übrigen befördert die Gewöhnung an das Einhalten von Terminen mit zunehmender Erfahrung ein wachsendes persönliches Augenmaß für die Zeitspannenerfordernisse zur Realisierung unterschiedlicher Zielzustände. Dieser Lerneffekt begünstigt die Entfaltung individueller Geduld (die meisten Verwirklichungen brauchen länger als erhofft) und Genügsamkeit (realistisch begrenzte Zielmarken bedeuten höhere Verwirklichungsraten).

Zugleich bereitet sich hieraus der Weg zum kompetent-gelassenen, realistischen Fortschreiben der eigenen Zielsetzungen (vgl. *Seiwert/Tracy* 2002, 40ff u. 54f; *Cassens* 2003, 70ff; *Borstnar/Köhrmann* 2004, 50-53 u. 93f; *Gross* 2004, 366-376; *Hohenadel* 2004, 16ff; *Maiwald* 2004, 46-50; *Simon* 2004, 68-72; *Züger* 2005, 29f; *von Münchhausen* 2006b, 145-163; *Seiwert* 2006b, 66-70; *Meier* 2007, 12./12ff).

(2) Präzisierungsauswirkungen

Das Zielen einschließlich seiner Vorarbeiten (z.B. Werte-, Visions- und Strategiebestimmung) bedarf vertiefter persönlicher Hingabe. Diese sichert dem Einzelnen die Zukunftsfokussierung, „in willentlicher Gestaltungsaktivität das eigene Selbst ergebnisgerichtet zu managen" (1.1.2.2). Hiernach sind Ziele „der Maßstab, an dem jede Aktivität zu messen ist" (*Seiwert* 2006a, 23).

Gleichwohl scheuen nicht wenige Individuen die Mühen insbesondere der präzisen schriftlichen Ausarbeitung eigener Zielvorstellungen. Manche unterschätzen den daraus resultierenden Persönlichkeitsnutzen, andere fürchten die Lästigkeit einer womöglich ausufernd wuchernden Beschäftigung mit sich und dem eigenen Selbst.

Aus amerikanischen Sozialstudien ist bekannt, „dass zwar alle Menschen irgendwelche unerfüllten Wünsche haben, dass aber nur etwa 5 % ... klar formulierte, selbst gesteckte Ziele verfolgen" (*Huhn/Backerra* 2004, 106). Dies gilt ähnlich selbst für Hochschulabgänger. Zu Beginn einer Langzeiterhebung registrierten die Forscher einen Verzicht auf klare Karriereziele bei fünf von sechs Absolventen. Während des nachfolgenden Berufslebens dann erreichten gegenüber diesen Ziellosen die Zielbewussten dreimal höhere Erwerbseinkünfte; nach schriftlicher Zielfixierung (praktiziert von nicht einmal jedem Dreißigsten) gerieten die Einkünfte noch dreimal höher.

Offenbar besteht ein Zusammenhang zwischen ausgearbeiteten Zielszenarien und der Transformation von Wunschbildern in Lebensqualität. Da schriftlich zielsetzende Vielverdiener wohl kaum bürokratisch überladene Eigenverwaltung pflegen, kann vermutet werden, dass sie unter Einsatz eines vertretbaren zeitlichen Investitionsaufwands eingängig-schlichte Prioritätenkonzepte entwickeln, welche in produktiv wirksamer Wertschöpfung zu monetären Erfolgen leiten.

Und womöglich ist diese Ergiebigkeitsregel übertragbar auch auf andere Lebensbereiche. Denn Untersuchungen zur Korrelation zwischen individuellem Zielbewusstsein und späterer persönlicher Entwicklung in Eheglück, Vermögensaufbau sowie Gesundheitszustand dokumentieren gleichläufige Befunde (vgl. *Huhn/Backerra* 2004, 105ff u. 112f; *Seiwert* 2005b, 25 u. 109; *Malik* 2006, 187; *Knoblauch/Hüger/Mockler* 2007, 23f).

3.1.2 Planen

Das Verwirklichen eines individuell erstrebten Zustands erfordert die Transformation einer persönlichen Imagination in Realität. Dabei stellen sich Aufgaben, durch deren Erfüllung das Ziel erreicht werden soll.

3.1.2.1 Plansystematisierung

(1) Planbegründung

Da Zielstreben regelmäßig in die (stets ungewisse) Zukunft weist, lassen sich häufig weder die anfallenden Aufgaben prognostizieren (Menge, Güte, Beschaffenheit etc.) noch deren Zusammenhänge (Reihenfolgen, Verwobenheiten, Nebenumstände usw.) oder etwaige Unwägbarkeiten (z.B. Umfeld-, Verlaufs- oder Persönlichkeitsveränderungen).

Von daher wird häufig empfohlen, das erstrebte Ziel zunächst ins Visier zu nehmen und vom dieserart angepeilten Zukunftszustand ausgehend die zu bewältigende Wegstrecke gedanklich rückschreitend zeitlich und sachlich abzuschätzen (einschließlich einzukalkulierender Hindernisse). Aus der so gewonnenen Vorausschau können sodann zielführende Vorgehensüberlegungen abgeleitet werden. Diese sind im anschließenden Voranschreiten fortzusetzen zwecks ständiger Überprüfung des eingeschlagenen Zielkurses (vgl. *von Zugbach* 1996, 128ff; *Hohenadel* 2004, 20f; *Simon* 2004, 76f; *Küstenmacher/Küstenmacher* 2005, 24; *Reimer* 2005, 174f; *Züger* 2005, 32; *Conen* 2007, 195f).

Planen umfasst damit das gedankliche Vorwegbestimmen zukünftigen Handelns, ohne freilich dessen Ergebnis sicherstellen zu können.

Der letztgenannte Umstand veranlasst manche Mitglieder der gegenwartsorientierten Lust- und Beliebigkeitsgesellschaft zu der Annahme, Planung (und insbesondere deren disziplinierter Vollzug) bedeute Selbst-Kasteiung ohne Wert. Unterlegen lässt solch eine Sichtweise sich gegebenenfalls durch blasierte „Killerphrasen" (*Simon* 2004, 213) wie „Leben kann man nicht planen!" (*Knoblauch/Hüger/Mockler* 2007, 16).

Zwar trifft diese Behauptung als Metapher durchaus zu, denn im Lebensverlauf „kommt tatsächlich vieles anders, als man denkt" (ebenda). Und womöglich entspricht eine derartige Grundhaltung sogar dem bequemlichkeitsgeprägten Denkmuster einer Mehrzahl von Gesellschaftsmitgliedern, denn, so berichtet der renommierte Persönlichkeitscoach *Alexander Christiani*, „die meisten Menschen planen ihr Leben weniger als einen vierzehntägigen Erholungsurlaub" (zit. n. *Seiwert* 1999, 165).

Doch wer individuelle „Lebensziele" (*Gross* 2004, 346) anstrebt, wer in freiheitlicher Selbstbestimmung „dem Leben Richtung geben" (*Knoblauch/Hüger/ Mockler* 2007, 1) und sodann diese konsequent verfolgen will, der wird ohne

Planung nicht auskommen; zumindest wird er einen Handlungskorridor vorwegbestimmen und im Verlauf der Wegbeschreitung einzuhalten versuchen zwecks Abwehr ablenkender Fremdeinwirkungen. Denn „Ablenkung ist der erste Schritt auf dem Weg zur Zielverfehlung" (von Münchhausen 2006b, 67).

Insoweit umfasst Planen über die gedankliche Festlegung zukünftiger Vorgehensweisen hinaus zusätzlich das „Managen von Abweichungen" (Knoblauch/Hüger/Mockler 2007, 16).

Der Verzicht auf einen zielführenden „Umsetzungsplan" (Meier 2007, 12./16) vergibt die Möglichkeit zur Analyse der aus Planabweichungen erkennbaren Signale einer sich anbahnenden Zielverfehlung. Hieraus erklärt sich das alte Sprichwort „Nur der Tor plant nicht" (zit. n. Knoblauch/Hüger/Mockler 2007, 16; vgl. von Zugbach 1996, 118ff; Macharzina 1999, 297ff; Simon 2004, 76f; Reimer 2005, 172ff; Wöhe/Döring 2005, 96; Seiwert 2006b, 86; Conen 2007, 195f; Meier 2007, 12./16ff).

(2) Planverfolgung

Die Planerstellung folgt, prioritätengeleitet, günstigenfalls dem individuellen Zielsystem. Sie veranlasst die Überführung von Inhaltselementen der persönlichen Wertordnung, Vision und Strategie in Maßnahmen zu deren Verwirklichung.

Die Umsetzungspläne entstehen demgemäß systematisch aus den persönlichen Oberzielen sowie aus den daraus abgeleiteten konkret messbaren Zwischen- bzw. Unterzielen („Top-down"-Planung).

Indessen kann im Lebensalltag die Planumsetzung be- bzw. verhindert werden durch mancherlei Einflüsse, welche vorab bei Formulierung der Leit- und Sachziele zuweilen nicht erkennbar sind; es empfiehlt sich insofern die flexible Berücksichtigung einer gegebenenfalls realitätsbedingt vorzunehmenden Korrektur der Vorgaben („Bottom-up"-Planung). Insgesamt ergänzen sich die Planungsrichtungen dann zu einem so genannten „Gegenstromverfahren" (*Wöhe/Döring* 2005, 104).

Auch die Zeithorizonte der Planung folgen praktischerweise dem Zielsystem. Danach wird zwischen lang-, mittel- und kurzfristigen Zeiträumen unterschieden (bzw. zwischen strategischer, taktischer und operativer Sicht). Langfristige Pläne entwerfen beispielsweise Wege und Maßnahmen zum Aufbau ferner generativer, partnerschaftlicher oder materieller Zielzustände (z.B. betreffend Nachkommenschaft, Paarbeziehung, Wohlstand). Kurzfristige Pläne ordnen konkrete Vollzugsaktivitäten, die den zu beschreitenden Umsetzungsgang zielführend vorantreiben (vgl. *Crux/Schwilling* 2003, 20; *Simon* 2004, 76f; *Reimer* 2005, 177-181; *Wöhe/Döring* 2005, 98-104; *Züger* 2005, 34f; *von Münchhausen* 2006a, 212-218; *Seiwert* 2006b, 105f; *Conen* 2007, 195f).

Wie die Zielbestimmung sich in einem Prioritätensystem niederschlägt, so fügt dementsprechend auch die Planung des Umsetzungswegs sich in ein hierarchisches Gesamtsystem. Dieses kann neben Rangordnungen und Fristigkeiten verschiedene Sachdimensionen vorsehen, alle gemeinsam wurzelnd in dem über ihnen stehenden umfassenden „Lebensplan" (*Seiwert* 2005c, 77), dem obersten Ausgangspunkt der Maßnahmenkonkretisierung. Aus diesem „Masterplan" (*Knoblauch/Hüger/Mockler* 2007, 206) sind sodann inhaltlich unterscheidbare Einzel- und Teilpläne abzuleiten.

Indessen erwachsen aus der Alltagspraxis nicht selten Ansammlungen unverbunden verrichtungsbezogen differenzierter Aktionspläne (oftmals aufgespalten nach Berufs- und Privatsphäre, letztere zuweilen spezifiziert in Familien-, Finanz-, Hobby- und Urlaubsplanung etc.).
Einer sozialen Ordnung nach individuell übernommenen „Lebensrollen"

(*Knoblauch/Hüger/Mockler* 2007, 209) dient das von manchen Autoren vertretene Denkmodell der so genannten „Lebenshüte" (ebenda); es versucht eine Strukturierung von Zielplänen je nach der eigenen Gruppenposition (etwa unterschieden nach den Rollen als Elternteil, als Ehepartner, als Vereinsmitglied, Betriebsrat usw.). Alternativ vorstellbar (nach den Ausführungen in 2.2.1.1) ist eine Auffächerung in theoretisch definierte Wertekategorien (z.B. beruflich, sozial, körperlich und geistig zielführende Pläne). Empirisch begründbar schließlich ist eine Beschränkung auf vorrangige Problem-Schwerpunkte der Lebensführung, namentlich auf die oben mehrfach angesprochene Zeit- und Geldverwendung (siehe 1.1.2.2, 2.2.1.1 u. 2.2.2.1); eine solche Ordnung erfordert sodann eine differenzierte Zeit- und Geldplanung (vgl. *Seiwert/Tracy* 2002, 35ff; *Simon* 2004, 76f; *Bräutigam* 2005, 165ff; *von Münchhausen* 2006a, 212-218; *Knoblauch/Hüger/Mockler* 2007, 206-211).

Regelmäßig sind die einzelnen Teilpläne miteinander verflochten, vielfach sind sie voneinander abhängig (hierarchisch, terminlich, sachlich etc.). So sind den in der Zielbestimmung heruntergebrochenen Teilzielen („Etappenziele"; *Stollreiter* 2006, 53) zwecks ihrer Umsetzung aufeinanderfolgende Planabschnitte zuzuordnen mit verknüpfter Ergebnisterminierung („Meilensteine"; ebenda).

Außerdem unterliegen alle Pläne, wie erwähnt, äußeren Störeinflüssen. Ihre Erfüllung bedarf insoweit laufend umsichtiger Beobachtung, Abstimmung und gegebenenfalls aktualisierender Fortschreibung.

Vor diesem Hintergrund ist, wie das Zielsystem, auch das Planungssystem ständig im Blick zu halten. Auch hier ist demzufolge die Schriftform unentbehrlich; anderenfalls nämlich droht wiederum Entgleitungsgefahr gemäß der Verdrängungsregel „Aus den Augen, aus dem Sinn" (*Simon* 2004, 86).

Im Übrigen dokumentiert die Schriftlichkeit eigener Selbstanweisungen eine reflektierte Selbstverpflichtung; sie stützt insoweit die persönliche Identifikation, die Ergebnismotivation und die Aufgabenkonzentration.

Zudem entlasten schriftliche Vorgehensanleitungen die konkrete Vollzugssteuerung, denn sie liefern überschaubare Verfahrensstrukturen, zielerinnernde Gedächtnishilfen und Instrumente zur Überwachung der Resultatserreichung.

Das prozessuale Verfolgen von Plänen nebst deren regelmäßiger Anpassung befördert mit zunehmender Geübtheit ein wachsendes persönliches Augenmaß für die Möglichkeiten und Grenzen beim Projektieren zukünftiger Vorhaben. Hier erscheinen in der Alltagspraxis vielfach durchaus Verbesserungen angebracht, denn „die meisten Menschen überschätzen, was man in einem Jahr schaffen kann, und sie unterschätzen, was man in zehn Jahren erreichen kann" (*Christiani*, zit. n. *von Münchhausen* 2006a, 213; vgl. *Macharzina* 1999, 304f; *Cichowski* 2002, 154ff; *Seiwert/Tracy* 2002, 44f; *Borstnar/Köhrmann* 2004, 104; *Hansen* 2004, 81f; *Züger* 2005, 35; *Bischof/Bischof* 2006, 64; *Knoblauch/Wöltje* 2006, 32ff; *Knoblauch/Hüger/Mockler* 2007, 26 u. 206f; *Meier* 2007, 12./16ff).

3.1.2.2 Planperiodisierung

(1) Lebenshorizont

Das Augenmaß für die Leistungsmöglichkeiten wächst mit der Praktizierung einer geordneten Gesamtplanung; dabei beginnt die Erfahrung mit dem Übertragen oberster persönlicher „Lebensziele" (*Gross* 2004, 346) in einen individuellen „Lebensplan" (*Seiwert* 2005c, 77).

Aus den Zusammenhängen des Zielsystems sind für die Lebensplanung zunächst zielverwirklichende Aufgaben abzuleiten und sodann aufgabenerfüllende Maßnahmen zu konkretisieren; letztere sind im weiteren Verlauf umzusetzen durch Verrichtung operationaler Tätigkeiten.

Erforderlich ist auch die Festlegung angemessener Zeitfenster (Spannen zwischen frühestsinnvollem Anfangs- und spätestsinnvollem Endtermin; siehe 1.2.1.1) sowie die Veranschlagung verrichtungsadäquater Zeiträume (in Abschätzung der jeweiligen Tätigkeitsdauer).

So könnte beispielsweise ein integrierter persönlicher Lebensplan sachlich in die Kategorien „Fortpflanzung", „Partnerschaft" und „Gelderwerb" gegliedert sein (womöglich in ebendieser Rangfolge); er benötigte sodann eine den jeweiligen Zielformulierungen und Rangstufungen entsprechende Aufgabenableitung, Maßnahmenkonkretisierung und Verrichtungsterminierung.

- Die Ziel- und Plankategorie „Fortpflanzung" etwa könnte unter dem Oberziel einer stabilen Zukunftsfähigkeit der eigenen Sprösslinge stehen. Aus diesem Streben ließe sich die zielgerichtete Aufgabenstellung einer kreaturgerechten Nachwuchsaufzucht ableiten und daraus ein aufgabenerfüllender Maßnahmenkatalog (z.B. sorgfältige Eigenvorbereitung auf die Elternschaft; Wohnsitznahme in erziehungsbegünstigendem Umfeld; reifestand- und bindungsadäquate Familienorganisation; erfolgsfördernde Aktivitätengestaltung).

- Die Ziel- und Plankategorie „Partnerschaft" könnte unter dem (hier der Fortpflanzung nachgeordneten) Leitziel einer überdauernden Vertrauensbindung in Harmonie und Solidarität stehen. Hieraus ließe sich die zielgerichtete Aufgabenstellung einer respektvollen Zweisamkeitspflege ableiten sowie ebenfalls ein aufgabenerfüllender Maßnahmenkatalog (z.B. Pflege konvergierender Umgangsformen; Praktizierung persönlicher Zuwendung und Nähe; Nutzung der geschlechtlichen Ergänzung in Paarbeziehung und Kinderaufzucht; Wahrung der Interessen, Freiräume und Andersartigkeit des Partners).

- Die Ziel- und Plankategorie „Gelderwerb" schließlich könnte unter dem (hier den vorstehenden Kategorien nachgeordneten) Leitziel einer familienverträglichen, belastungserträglichen und nutzeneinträglichen Profitkonstellation stehen. Aus solchem Streben ließe sich die Aufgabenstellung einer ausgewogenen Erwerbsentwicklung ableiten; auch diese erfordert die Festlegung eines wohlkalkulierten Maßnahmenbündels (z.B. Berufseingrenzung auf zielkompatible Einkommensfelder; Investition in Human- und Sachkapital mit Produktivitäts- und Rentabilitätspotentialen zwecks Aufbau und Absicherung einer oberzieldienlichen Unabhängigkeit).

Angesichts der existenzumspannenden Ganzheitlichkeit des Lebensplans bleibt im Rahmen einer Gesamtplanung die Konkretheit der Maßnahmen vorab noch begrenzt; dies stärkt zugleich die Übersichtlichkeit der Aufstellung. Ähnlich bleiben die terminlichen Vorstellungen zunächst beweglich.

Gleichwohl gelten durchaus einige zeitliche Einschränkungen, vornehmlich infolge langfristiger natürlicher und/oder kultürlicher Kausalzusammenhänge. So sind grundsätzlich Bildungs- und Spargewohnheiten früh zu entwickeln (aufgrund kumulierender Ertragseffekte, siehe 2.2.2.1); auch sind Karriere und Elternschaft beizeiten anzugehen (angesichts ihrer kräftezehrenden Langzeitbelastung). Ruhestand und Luxuskonsum hingegen bedürfen vorfreudiger Erarbeitung; sie können, nach erfolgreich verlaufener Anstrengung, in späteren Phasen genossen werden, sofern dem nicht persönliche Hinfälligkeiten entgegenstehen (vgl. 1.2.1.1 u. 2.2.2.1; *Ribhegge* 1993, 66ff; *Comelli/ von Rosenstiel* 2001, 76-81; *Looman* 2003, 20; *Hohenadel* 2004, 20f; *Seiwert* 2005c, 100-106; *Züger* 2005, 34; *von Münchhausen* 2006a, 212ff; *Bockholt* 2007, B4; *Heide* 2007, B9; *Knoblauch/Hüger/Mockler* 2007, 206-211; *Looman* 2007b, 22).

Aus dem Lebensplan sind sodann Epochen- und Mehrjahrespläne abzuleiten. Auch hier ist der kreatürliche Lebenszyklus zu beachten, denn er determiniert die „Fenster der Gelegenheit" (*Goleman* 1996, 282) für Lage, Länge und Abfolge der Vorhaben im angestrebten Entwicklungsverlauf (z.B. Geburt, Schulbesuch und Verselbständigung des Nachwuchses; Geschäftsgründung, Beförderung, Berufswechsel, Pensionierung u.ä.). Immerhin lassen einzelne Lebensabschnitte sich konzeptionell abstecken (z.B. 20-, 10- oder 5-Jahres-Zeiträume), hergeleitet gegebenenfalls aus einer individuell eigengeordneten Zukunftssicht.

Nach diesen Strukturierungen sind entsprechende lang- und mittelfristige Maßnahmenpläne aufzusetzen (etwa zur Kindererziehung, zur Harmonie-pflege, zur Einkommensmaximierung). Sie können weiter untergliedert werden nach Jahresperioden mit entsprechenden Jahresvorhaben; im oben ange-führten Beispiel wären dies je nach Ziel- und Plankategorie etwa konkret zu bestimmende Familienprojekte, Zweisamkeitsaktivitäten oder Karriere- und Vermögensschritte (vgl. 1.2.1.1 u. 2.2.2.1; *Seiwert* 2005c, 100-106; *Züger* 2005, 34f; *Knoblauch/Wöltje* 2006, 50; *von Münchhausen* 2006a, 212ff).

(2) Planungsinstrumente

Die Planung eines kalendarisch bevorstehenden Jahres schließlich leitet über zu einer alltagspraktischen Formalisierung des Festlegens zielführender Maßnahmen.

Angesichts seiner normierten Abschnittsvorgaben bietet der Jahresrhythmus das Basismuster für eine Vielfalt kalendarisch standardisierter Planungshilfen.

Neben traditionellen Terminkalendern (in Form von Leporellos oder ka-lendarisch geordneten Notizkladden) fand in den vergangenen Jahrzehnten zunehmend das „Ziel- und Zeitplanbuch" (*Seiwert* 2007b, 44) Verbreitung. In Gestalt eines Ringbuchs offeriert es neben dem Monatsleporello einlegbare

Kalendarien (wahlweise seitengegliedert nach Tagen, Wochen, Monaten). Darüber hinaus bietet es Raum für Geld- und Visitenkarten, für herausfaltbare Übersichten (z.B. lang-, mittel- und kurzfristige Zielordnung sowie Planung, Aufstellungen komplexer Finanz-, Berufs- und Freizeitprojekte), für Adressen- und Geburtstagsregister sowie für weitere Papiereinlagen (z.B. Notizblätter für Ideen, Check- und Aktivitätslisten, Tagebuch, Fahrten- und Kassenbücher).

Die Möglichkeit der transparenten, jederzeit greifbaren Ansammlung vielfältig und flexibel individuell zusammenstellbarer Unterlagen zu einem höchstpersönlich bestückten, informationsspeichernden Steuerungs- und Kreativitätsinstrument begeistert manche Selbstmanager; nicht wenige empfinden ein geistiges und sinnliches Vergnügen auch bei der praktischen Handhabung (genüssliches Aushaken bzw. Streichen von Erledigtem; reflektiertes Hinzutragen von Neuem; ein-, um-, und aussortierendes Ordnen abzuarbeitender Vorhaben etc.).

Den Ausschlag für die Praktikabilität eines Zeitplanbuchs freilich gibt das Ausmaß seiner Eignung zur ständigen Begleitung und manuellen Bearbeitung. Den Handlichkeitskompromiss (zwischen beschriftungsunfreundlichen Mini- und begleitungsunfreundlichen Maxi-Formaten) verkörpert das Handtaschen-/ Westentaschen-Format (DIN-A-6).

Ob die in den vergangenen Jahren hinzugetretenen elektronischen Planungshilfen, etwa Handheld, Organizer oder Personal Digital Assistent, eine dem Zeitplanbuch vergleichbare Visualisierungs-, Illustrations- und Administrationslust bereiten können, darf bezweifelt werden; es mangelt ihnen an Individualität in der formgebenden Gestaltung, an Übersichtlichkeit in der ausfaltenden Handhabung – und womöglich an Sinnlichkeitsanmutung. Dass die Elektronik zumindest zur integrierten Unterstützung sich durchsetzen wird, steht indessen außer Zweifel, denn sie ist kapazitätsstark, programmstark – und vernetzt.

Gerade die entlastende Verknüpfung von vernetzter Elektronik und veranschaulichender Papierausbreitung eröffnet dem routinierten Benutzer einen übersichtlichen Gesamtblick auf das Wesentliche, auf seine geplanten und laufenden Vorhaben, seine Schlüsselaufgaben und Verpflichtungen. Entgegen der Behauptung mancher Chaosliebhaber leitet eine derartige Selbstorganisation, sofern angemessen dosiert, keineswegs zu spontaneitäts- und kreativitätstötender Planhörigkeit, sondern tendenziell eher zu einem souveränen, situativ prioritätsgerechten Management mit dem Ergebnis treffsicherer Entscheidungen, wachsender Produktivität und nachfolgend ausgeweiteter Freiräume – nutzbar selbstverständlich auch für persönliche Kreativität und Spontaneität (vgl. *Nagel* 2001, 15; *Cichowski* 2002, 152; *Maiwald* 2004, 67-70; *Simon* 2004, 86f; *Härter/Öttl* 2005, 51-57; *Züger* 2005, 64-67; *Bischof/Bischof* 2006, 58; *Knoblauch/Wöltje* 2006, 43ff, 48-53, 57-65, 88-103, 146ff u. 157f; *Seiwert* 2007b, 44-47).

(3) Jahreshorizont

Die Planung eines Jahreszyklus lässt sich somit angesichts kalendarisch vorstrukturierter Zeitordnung formal systematisiert aufsetzen. Ihre inhaltliche Qualität freilich entscheidet sich nach den gemäß der Langfristplanung anstehenden Jahresvorhaben und deren sukzessiver Konkretisierung in Handlungen.

Aus der oben exemplarisch umrissenen Skizze denkbarer Lebensprioritäten könnten die angesprochenen Jahresvorhaben (Familienprojekte, Zweisam-keitsaktivitäten, Karriere- und Vermögensschritte) beispielsweise für eine Monatsplanung nachfolgende Maßnahmen vorsehen.

- In der Ziel- und Plankategorie „Fortpflanzung" ließen sich als Familien-projekte etwa ein Abenteuerurlaub gemeinsam bewältigen (Zielfinden,

Routenplanen, Ausrüsten etc.), ein Familientreffen gemeinsam ausrichten (Vorbereitungsorganisation, Programmgestaltung, Raumschmückung etc.) oder das Kinderzimmer neu gestalten (Ausmisten, Renovieren, Umräumen etc.).

- In der Ziel- und Plankategorie „Partnerschaft" etwa könnten als Zweisamkeitsaktivitäten ein Kurzurlaub zum Hochzeitstag (z.B. Traumreise, ohne Kinder) terminiert, eine Neuanschaffung (z.B. erwünschter Einrichtungsgegenstand) erkundet oder ein gemeinsames Kulturprogramm (z.B. Konzertabonnement) gebucht werden.

- In der Ziel- und Plankategorie „Gelderwerb" schließlich könnte sich als ergebnisleitend empfehlen, einen Berufsaufstieg anzugehen (mittels Mehrleistung, Mobilität, Mikropolitik o.ä.) und/oder einen Vermögensaufstieg (z.B. Ausweitung zukunftsträchtiger Renditeinvestitionen, finanzierbar durch Kosteneinsparung mittels Einhaltung sachlich und betraglich festgelegter Konsumbudgets).

Die konzeptionelle Jahres-, Quartals- und Monatsplanung folgt grundsätzlich zunächst den Langfristausrichtungen der periodengerecht heruntergebrochenen „Lebensziele" (*Gross* 2004, 346). Sie unterliegt freilich zugleich so mancher Zumutung, entspringend aus beruflichen oder privaten Unwägbarkeiten (von Erziehungshindernissen und Partnerschaftsgewittern über Hierarchie- bzw. Sachzwänge bis hin zum unkalkulierbaren Schicksalsschlag).

Mit der fristenverkürzend verfeinernden Näherung zum pulsierenden Tagesgeschäft rückt die Konkretisierung der Zielverwirklichung nämlich zunehmend in den Einflussbereich planwidriger Aktualitätserfordernisse.

Gegenüber der Langfristplanung haben Monats- und Wochenpläne zwar den Vorteil einer leichteren Überschaubarkeit und einer größeren Genauigkeit; sie unterliegen aber dem Nachteil zunehmender Fremdbestimmung durch nicht vorhersehbare Unumgänglichkeiten.

Es sind von daher mit wachsendem Detaillierungsgrad auch sukzessiv wachsende Anteile für Zeitverluste einzuplanen (vgl. *Looman* 2001a, 27; *Crux/ Schwilling* 2003, 20; *Hohenadel* 2004, 20f; *Härter/Öttl* 2005, 19-22; *Hildebrandt-Woeckel* 2005, 71ff; *Seiwert* 2005c, 100-106; *Steinmann/ Schreyögg* 2005, 392ff; *Wöhe/Döring* 2005, 235-238; *Züger* 2005, 34f; *von Münchhausen* 2006a, 74-86 u. 213ff; *Seiwert* 2006b, 99ff u. 105f; *Stricker* 2006, 58ff; *Conen* 2007, 195; *Knoblauch/Hüger/Mockler* 2007, 212f; *Looman* 2008b, 22; *Welge/Al-Laham* 2008, 871-877).

Ähnlich den Gliedern einer Kette sind, wie Abbildung 33 verdeutlicht, durch perioden- und hierarchiemäßig herunterbrechende Konkretisierung sämtliche Zeitabschnittspläne miteinander verzahnt. Sie sollten jeweils regelmäßig zum Ende einer Kalenderperiode für den folgenden Zeitabschnitt aufgesetzt werden.

Für die Jahresplanung eignen sich hierzu die „Tage zwischen den Jahren" (*Huhn/Backerra* 2004, 72). Eine sorgfältige Überprüfung der Lebensziele und deren Verwirklichungsgrad sowie eine etwaige Neuausrichtung dürfen ihr vorangehen; angesagt ist Muße statt Termindruck.

Die Quartals- oder Monatsplanung steht für die Abfolge der Jahresvorhaben. Daneben analysiert sie Ursachen für Verzögerungen (z.B. infolge Unterschätzung von Vollzugserfordernissen) und Nichterledigungen (z.B. infolge innerer/äußerer Widerstände), schreibt Überfälliges fort auf die Folgeperiode (gegebenenfalls unter Prioritätsanhebung) und streicht Überkommenes; hierzu bedarf es einer ruhigen Stunde (vorzugsweise in der letzten Quartals-/ Monatswoche).

Die Wochenplanung strukturiert die Schwerpunktziele der kommenden sieben Tage. Ihre Aufgaben leiten sich ab aus dem Monatsplan und aus seinem Umsetzungsstand.

Abbildung 33:

Persönliches Plansystem

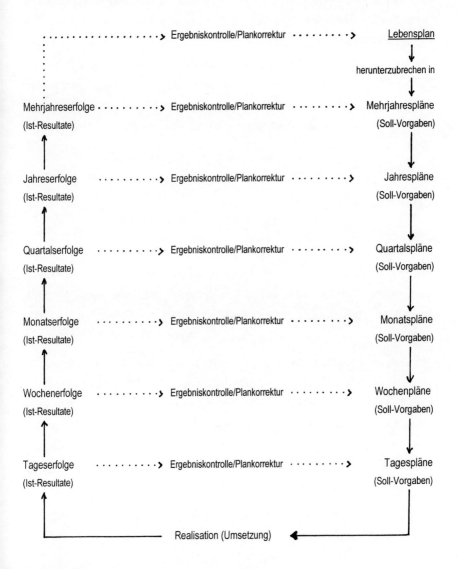

In der Wochenplanung rücken, zugespitzt angesichts der Verkürzung des Fristenhorizonts auf wenige Tageswerke, sachliche sowie terminliche Abhängigkeiten und Koordinierungserfordernisse in den Blickpunkt. Engpassgeleitetes Denken nach dem Kieselprinzip gewinnt damit an Gewicht. Die beste Einstimmung in die neue Kalenderwoche findet sich zum Wochenende; der erfahrene Selbstmanager widmet ihr etwa eine halbe Stunde (vgl. *Hansen* 2004, 148; *Huhn/Backerra* 2004, 74; *Maiwald* 2004, 60 u. 64; *Seiwert* 2005c, 100-106; *Bischof/Bischof* 2006, 64; *Knoblauch/Wöltje* 2006, 35-38; *von Münchhausen* 2006a, 212-218; *Seiwert* 2006b, 99ff; *Knoblauch/Hüger/Mockler* 2007, 206f u. 212f; *Meier* 2007, 12./14).

(4) Tageshorizont

Am kurzen Ende des Planungshorizonts steht die Tagesplanung. Sie spendet dem aktuell zu bewältigenden Aufgabenkranz eine sach- und ablaufbezogen zielführende Struktur. Wer einen Tagesplan erstellt, gibt „jeder Aufgabe Bedeutung und sich selbst die Chance auf tägliche Erfolgserlebnisse" (*Hansen* 2004, 162).

Die Aufstellung gehört an den Vorabend. Bereits ihre schiere Präsenz zu Tagesbeginn nämlich verleiht ihr Maßgeblichkeit. Das Plankonzept bestimmt eine Startaktivität (die anderenfalls erst zu entscheiden wäre) und erzeugt damit einen gewissen Einstiegsdruck (ohne den manch einer nicht beginnen mag). Zugleich widersetzt der Plan sich den zuweilen bereits frühmorgens hereinbrechenden Aufdringlichkeiten externer Einflussbegehrer; er schützt so den Tagesbeginn vor fremdinduzierter Ablenkung.

Die Ratgeberliteratur empfiehlt zur Vorwegbestimmung der Steuerung des Alltagsgeschäfts die Vorgehensweise nach der ALPEN-Methode. Deren Bezeichnung erklärt sich aus den Anfangsbuchstaben einer Schrittfolge von Tätigkeitsbündeln.

Aufgaben zusammenstellen:
Den Grundstock der vorzusehenden Verrichtungen liefern die zu übertragenden Restposten vom abgelaufenen Tag. Hinzu treten die aus Wochen- bzw. Monatsplanung abgeleiteten und nunmehr anstehenden Aufgabenstellungen sowie die unplanmäßig aufgekommenen Aktualitätserfordernisse (Familien-, Partnerschafts-, Erwerbszwänge etc.). Alle Aufgaben sollten in überprüfbar ergebnisführendem Zusammenhang mit den Persönlichkeitszielen stehen; ergänzend empfiehlt sich ein Veranschaulichen der Prioritäten (Rangvermerk zur jeweiligen Tätigkeit, z.B. A-, B-, C-Aufgabe; siehe 2.1.1.2 u. 3.1.1.1).

Länge kalkulieren:
Sodann ist die Dauer der zusammengestellten Verrichtungen abzuschätzen, festzulegen und zu visualisieren (Darstellung in Zahlenangaben, Balkenlinien o.ä.). Der Zeitaufwand sollte nicht zu knapp veranschlagt werden (denn Überforderung bewirkt Resignation und Fehlerhäufung), jedoch auch nicht zu üppig (denn Unterforderung bewirkt Lustlosigkeit und Tätigkeitsausdehnung gemäß dem „Parkinson-Gesetz"; *Stollreiter* 2006, 51, siehe 3.1.1.2).
Den ersten Überblick zur Einschätzung des persönlichen Zeitbedarfs für unterschiedliche Erledigungen verschafft eine empirische Erhebung der eigenen Arbeitsweise.
Hierzu empfiehlt sich die Selbstbeobachtung und -analyse des persönlichen Tätigkeitsspektrums und Zeitverbrauchs im Wege einer „Zeitinventur" (*Seiwert* 2005c, 25). Diese lässt sich durchführen mittels formalisierter Protokollierung des eigenen Beschäftigungsprofils über eine aussagefähige Anzahl von typischen Tagen hinweg (beschreibend etwa im Fünf-, Zehn- oder Fünfzehn-Minuten-Rhythmus mit späterer Auswertung nach A-, B- und C-Tätigkeiten sowie nach mehr oder weniger ergebnisführender Vorgehensweise).

Besonders lohnend ist die Dokumentation von Zeitverlusten infolge selbst-bzw. fremdausgelöster Störungen (zielwidrige Telefonate, Besuche, Informationsfluten, Wartezeiten, Koordinationshemmnisse etc.). Die so identifizierten „Zeitdiebe" (*Meier* 2007, 2./5) bzw. „Leistungsfresser" (*Bischof/Bischof* 2006, 53) verantworten Produktivitätsdämpfungen und somit Zeit- bzw. Geldeinbußen. Ihre Ursachen wurzeln überwiegend in Disziplindefiziten, vor allem in Konzentrationsschwäche (Ziellosigkeit, Ungeduld, Unordnung etc.), in Ablenkungsbereitschaft (insbesondere mittels Medienkonsum und Kommunikation) sowie in Desorganisation (Strukturmängel in der Vorbereitung, Durchführung und Nachbereitung von Verrichtungen). Einen Praxisansatz zur Formalisierung der persönlichen Zeitinventur vermittelt Abbildung 34.

Pufferzeiten reservieren:

Angesichts mannigfacher Störbarkeit der Planerfüllung durch Eigen- und Fremdeinflüsse sind Pufferzeiten für Unerwartetes bzw. Spontanes unverzichtbar vorzusehen; sie sind je nach schwerpunktmäßiger Aufgabenbeschaffenheit unterschiedlich zu bemessen (knapp z.B. im Fließbandtakt der kapitaldienlichen Erzeugnisfertigung eines Industriebetriebs, weit z.B. im Erziehungsgeschehen der kreaturdienlichen Kinderaufzucht eines Familienhaushalts). Da Manager bei ihren Verrichtungen durchschnittlich im Acht-Minuten-Rhythmus unterbrochen werden, empfehlen viele kaufmännisch orientierte Ratgeber Pufferzeiten von zusammengerechnet 40 bis 50 Prozent der Bürozeit.

Entscheidungen treffen:

Den Puffererfordernissen entsprechend ist ein überfrachtet zusammengestelltes Tagespensum zu reduzieren; in manchen Fällen lassen sich Aufgaben delegieren (z.B. an Mitarbeiter) bzw. ausgliedern (z.B. an Geschäftspartner). Die Kürzungsentscheidung folgt den Priorisierungen und verweist Nachrangiges in die Zukunft (Anschlusstag bzw. spätere Terminierung).

Abbildung 34:

Persönliche Zeitinventur

= Selbstbeobachtung und -analyse des persönlichen Tätigkeitsspektrums und Zeitverbrauchs
  mittels formalisierter Protokollierung des eigenen Beschäftigungsprofils
  über eine aussagefähige Anzahl von typischen Tagen hinweg
  (beschreibend etwa im Fünf-, Zehn- oder Fünfzehn-Minuten-Rhythmus mit späterer Auswertung).

1. Zeitnutzung (Beschäftigungen): Protokoll und Analyse

Nr.	Tätigkeitsbeschreibung	Uhrzeit: von – bis	Zeitdauer	Analysevermerke
				111, 112, 121, 122, 131, 132, 141, 142
				(Beispiele für Vermerkschlüssel)

111/112 War die Tätigkeit notwendig oder nicht?
121/122 War der Zeitaufwand gerechtfertigt oder nicht?
131/132 War die Ausführung zweckmäßig oder nicht?
141/142 War der Zeitpunkt der Ausführung sinnvoll oder nicht?

2. Zeitverluste (Unterbrechungen): Protokoll und Analyse

Nr.	Störungsbeschreibung	Uhrzeit: von – bis	Zeitdauer	Analysevermerke
				211, 212, 221, 222, 231, 232
				(Beispiele für Vermerkschlüssel)

211/212 War die Störung selbstverursacht oder fremdverursacht?
221/222 War die Störung zieldienlich oder nicht?
231/232 War der Zeitverlust vermeidbar oder nicht?

Es empfiehlt sich eine den Häufigkeitsverteilungen der Analysevermerke entsprechende Auswertung.

Zwecks Ersparnis erneuter Einarbeitung verbietet das Prinzip der Tagfertigkeit die unnötige Verteilung von Vorgängen auf mehrere Planabschnitte. Demgemäß sind umfangreiche und komplexe Verrichtungen am Morgen zu beginnen, im Tagesverlauf voranzutreiben und nach Möglichkeit zum Abend abzuschließen.

Nachkontrolle ausführen:
Ihre Nachbereitung findet die Tagesplanung zum Schaffensausklang. Dann wird erkennbar, ob die Vorgaben umgesetzt werden konnten, ob sie produktiv bewältigt und welche Ergebnisse erzielt wurden. Gegebenenfalls ist, wie erwähnt, Unerledigtes auf den Folgetag zu übertragen, unter Ranganhebung fest zu terminieren oder womöglich zu streichen (etwa nach mehrmalig folgenlosem Aufschieben).

Die Anwendung der ALPEN-Methode bedarf der täglichen Praxisübung. So kann im Wege ihrer Routinisierung der durchschnittlich zu veranschlagende Zeitaufwand von anfänglich ungefähr zwanzig auf fünf Minuten abgeschmolzen werden.

Durch die gewohnheitliche Tagesplanung verschafft der Selbstmanager sich einen zielsicheren Handlungsblick mit Klarheit über die nächstanstehenden Verrichtungen sowie über deren Zeitbedarf, Rangordnung und Abfolge. Er schützt seine Prioritäten und lenkt seine Konzentration auf das Wesentliche, mindert die Gefahren der Vergesslichkeit und Verzettelung. Im Ergebnis führt er sich über eine störungsreduzierte, geordnete und damit zeitsparende Aufgabenerledigung zu erhöhter Produktivität, Leistungskraft und Zielerfüllung. Im flüssigen Vollzug des Geschehens indessen genießt er bereits seine gewachsene Kompetenz sowie Souveränität und gewinnt schließlich überdies, so behauptet jedenfalls *Lothar Seiwert*, „nachweislich jeden Tag eine volle Stunde für die wirklich wichtigen Dinge" (2006b, 86; vgl. ebenda 85-89; *Seiwert/Tracy* 2002, 86f u. 95; *Schaulinski* 2003, 50f; *Borstnar/Köhrmann* 2004, 78-81; *Hansen* 2004, 142ff u. 162ff; *Hohenadel* 2004, 28; *Maiwald* 2004,

14f, 64f, 74f u. 148f; *Simon* 2004, 91ff; *Seiwert* 2005c, 106-117; *Züger* 2005, 12f, 36ff u. 59; *Bischof/Bischof* 2006, 48f u. 56-59; *Knoblauch/Wöltje* 2006, 38f, 79f u. 83; *von Münchhausen* 2006a, 59; *Stender-Monhemius* 2006, 15ff; *Knoblauch/Hüger/Mockler* 2007, 20f u. 215-219; *Meier* 2007, 1./23f, 2./5f, 2./20-27 u. 12./15; *Öttl/Härter* 2007b, 32.; *Seiwert* 2007a, 12ff u. 69ff).

3.2 Vollzugsfunktionen

3.2.1 Organisieren

3.2.1.1 Handlungsgewöhnung

Die Transformation der Planung in Realität vollzieht sich unter willentlicher Inangriffnahme des Tagesgeschehens. Dabei stellt sich dem Selbstmanager für jede konkrete Verhaltensmaßnahme (ob Unternehmung, ob Unterlassung) die zentrale Frage: „Führt mich das zu meinen Zielen?" (*Meier* 2007, 12./15).

(1) Ordnungssinn

Zielverwirklichung durch Planumsetzung braucht geordnete Verhältnisse. Deren Schwachstellen erweisen sich häufig schon im Handhaben profaner Kleinigkeiten des Alltagsgeschehens. „90 Prozent aller Menschen müssen regelmäßig nach verlegten Gegenständen suchen" (*Küstenmacher* 2004, 74), insbesondere nach Schlüsselbund, Kugelschreiber, Brille und Geldtasche.

Mangelnder Ordnungssinn begünstigt suboptimales, unergiebiges Handeln. „Voll-Tischler mit unübersichtlicher Schreibtischordnung verbringen deutlich mehr Zeit damit, Informationen wieder zu finden als Leer-Tischler mit einfacher, aber wirkungsvoller Schreibtisch-Systematik" (*Seiwert/Tracy* 2002, 96).

Ökonomisch zugespitzt bedeutet eine Vernachlässigung der Ordnung

- Unverlässlichkeit der vorstrukturierenden Selbstbestimmung des eigenen Handelns (z.B. Gefährdung des anforderungsgerechten Aktenzugriffs infolge unzulänglicher Schriftgutablage; Gefährdung des anforderungsgerechten elektronischen Datenzugriffs infolge lückenhafter Datenpflege);
- Versäumnis der selbstbestimmten Ausweitung eigener Bewegungsräume (z.B. Verzicht auf Zeiträume infolge kräftebindender Suchaktivitäten; Verzicht auf Platzräume infolge umherliegender Papierberge; Verzicht auf Entscheidungsräume infolge unübersichtlicher Sachvorlagen);
- Hinnahme der fremdbestimmten Verengung eigener Bewegungsräume (z.B. Aufkommen von Zwangsläufigkeiten gemäß untätigkeitsfolgender Zufallsentwicklung; Aufbau von Pressionen durch Einflussbegehrer aufgrund deren präzisionsbegründeter Kompetenzüberlegenheit);
- Hingabe in situativ eingeschränkt verbliebene Reaktionsmöglichkeiten (z.B. Erduldung von Sucherfordernissen, von Raumnöten, von externer Einengung durch Zufälle und Außenstehende);

Allgemein begünstigt die Missachtung der Ordnung eine Lebensgewohnheit ungeordneten Verhaltens (im Denken, Fühlen, Handeln etc.) und damit Konstellationen der Instabilität; zugleich mindert das Durcheinander die mentale Kursbeharrlichkeit, denn es provoziert ungeordnete Reaktionen (unbedacht, unbeständig, unberechenbar etc.); insoweit droht dem ungeordneten Individuum ein spiralförmiger Produktivitätsabstieg.

Ausgeprägter Ordnungssinn hingegen schützt die eigenmächtige Zielrealisierung vor den ungebetenen Einflüssen des Zufalls und der Fremdinteressen. Im einzelnen bedeutet konsequente Ordnungsverfolgung

- Übung der vorstrukturierenden Selbstbestimmung eigenen Verhaltens (z.B. Absicherung eines anforderungsgerechten Aktenzugriffs durch systematisch gegliederte, handlich eingerichtete und sorgfältig geführte Schriftgutablage; Absicherung eines anforderungsgerechten elektronischen Datenzugriffs aufgrund ablagekompatibel ausgerichteter regelmäßiger Datenpflege);

- Praktizierung der selbstbestimmten Ausweitung eigener Bewegungsräume (z.B. durch Gewinnung von Zeiträumen und Leistungspotentialen infolge effizient angelegter Schaffensabläufe und Platzverhältnisse mit entsprechend übersichtlichem Entscheidungsrahmen);

- Abwehr fremdbestimmter Verengung eigener Bewegungsräume (z.B. durch strukturgeleitete Eingrenzung von Zufälligkeiten und persönlichen Angriffsflächen);

- Nutzung situativ erweiterter Reaktionsmöglichkeiten (z.B. durch Investition der ordnungsfolgenden Zeit-, Platz- und Freiheitsgewinne in renditeträchtiges Sach- bzw. Humankapital).

Allgemein begünstigt danach ein strukturiertes Gesamtverhalten die in 2.1.1.1 herausgestellte persönliche Unabhängigkeit, Gelassenheit und Souveränität. Von daher ist Ordnung „der Feind der Reizbarkeit" (*Gross* 2005, 242). Ihre Beachtung fördert tendenziell eine Vergrößerung der Produktivitätspotentiale des Individuums (vgl. 2.1.1.2; *Nagel* 2001, 131f; *Seiwert/Tracy* 2002, 95f; *Borstnar/Köhrmann* 2004, 92-97; *Hansen* 2004, 179-182; *Küstenmacher* 2004, 74f; *Maiwald* 2004, 16f, 107f u. 112ff; *Gross* 2005, 159-165 u. 241f; *Härter/Öttl* 2005, 22f u. 65-79; *Küstenmacher/Küstenmacher* 2005, 36-43; *Seiwert* 2005b, 196-199; *Züger* 2005, 20ff; *Dadder* 2006, 63ff).

Die Erkenntnis der Vorteilhaftigkeit einer strukturierten Lebensweise durchzieht das gesamte Selbstmanagement. Über die erwähnten Beispiele hinausgehend seien hier exemplarisch Familien- und Finanzaspekte angesprochen. Immerhin gelten geordnete Familien- und Finanzverhältnisse sprichwörtlich seit jeher in jeder Traditionskultur als ein Gütesiegel vorbildhafter (weil: zukunftstauglicher) Lebensführung.

- Die geordneten Familienverhältnisse wurden hierzulande in Propagierung der Lust- und Beliebigkeitsgesellschaft herabgesetzt gegenüber alternativen Formen des Zusammenlebens. Doch die neumodischen Patchwork-Verhältnisse rauben, wie in 2.2 ausgewiesen, nicht selten in verwirrendem Durcheinander den Betroffenen geldlich, zeitlich und emotional jene Kräfte, welche in überdauernd stabilen Familien mit partnerschaftlicher Eheführung und artgerechter Kinderaufzucht für weiterführende Ziele verfügbar bleiben. Ungeordnete Familienverhältnisse wirken mithin tendenziell kontraproduktiv.

- Die geordneten Finanzverhältnisse wurden hierzulande in Propagierung der Lust- und Beliebigkeitsgesellschaft herabgesetzt gegenüber einer konsumgetriebenen Lebensführung mit Überschuldungsbagatellisierung. Doch wie in 2.2 ausgewiesen, wirkt nicht schulden- und damit abhängigkeitsfördernder Konsumwahn dauerhaft beglückend, sondern im Gegenteil eine eigentums- und damit unabhängigkeitsfördernde Investitionsperspektive. Finanziell beginnt diese mit der Disziplinübung einer vertragsgenauen Kontoführung; sie setzt sich fort in der Gewohnheitspraxis einer schrittweisen Vermögensbildung und reift schließlich zum ergebnisgeleiteten Kapital- und Renditekalkül. Ungeordnete Finanzverhältnisse wirken mithin tendenziell kontraproduktiv.

Das Phänomen einer systematischen Zersetzung der tragfähigen, dem generativen Aufbau von Human- und Sachkapital dienlichen Kulturwerte in Deutschland ist dargestellt im Kompendium der Humankapitalwirtschaft, Teil I (Humankapitalsystem), Band 2 (Kulturökonomie); die gesellschaftspolitischen Zusammenhänge bedürfen hier keiner weiteren Vertiefung.

Die traditionsverwerfende Irreleitung freilich bewirkte eine kollektive Abwertung der bereits mehrfach angesprochenen „Kunst des Widerstehens" (*Klöckner* 2001, 35). Deren so betriebene Rückbildung schwächt den individuellen Ordnungssinn und in der Folge die damit verbundenen effizienzförderlichen Gewohnheiten (vgl. 1.2 u. 2.2; *Klöckner* 2001, 34ff; *Borstnar/Köhrmann* 2004, 92-95; *Küstenmacher* 2004, 99-105; *Härter/Öttl* 2005, 65-79; *Herbert* 2005, 124f; *Bischof/Bischof* 2006, 106f; *Bräutigam* 2006, 93-96 u. 253-270; *Dadder* 2006, 63ff; *von Münchhausen* 2006a, 46f u. 74-86; *Bockholt* 2007, B4; *Heide* 2007, B9; *Looman* 2007c, 24; *Looman* 2008b, 22).

(2) Entlastungsgewohnheit

Das Ordnung-Schaffen gelingt in einem außergewöhnlichen Kraftakt zuweilen auch dem Nachlässigen (z.B. mittels Aufräumen, Ausmisten, Entrümpeln); es folgt dann nicht selten einer anlassbegründeten Aktualmotivation.

Das Ordnung-Halten dagegen gelingt dem Individuum durch die „Kunst des Widerstehens" (*Klöckner* 2001, 35) − im alltäglichen Triumph über den „inneren Schweinehund" (*von Münchhausen* 2006b, 3). Es dokumentiert den Erfolg einer regelmäßigen Selbstüberwindung durch gewohnheitsbegründete Habitualmotivation.

Zur Minimierung seiner dafür aufzubringenden Anstrengungen kanalisiert der Selbstmanager die ihm innewohnende „Macht der Gewohnheit" (*Knoblauch/ Hüger/Mockler* 2007, 198); er verwendet eine natürliche Stabilisierungsenergie seiner Kreatürlichkeit, denn „Menschen sind Gewohnheitstiere" (ebenda, 199; siehe auch 1.2.2).

Der Aufbau nutzensteigernder Gewohnheiten erfordert zunächst die Identifizierung von einerseits ziel- und planwidrigen sowie andererseits ziel- und planfördernden Verhaltensmustern; anschließend sind erstere durch letztere zu ersetzen.

Dies braucht sowohl Erkenntnis und Reflexion wie auch stete anwendende Übung (gegebenenfalls bereichert um Nachhilfe durch verstärkende Selbstbelohnung).

Beabsichtigt ist die Ausmerzung belastender und die Einschleifung entlastender Verhaltensmuster. Letztere stärken die Habitualmotivation in ihrer Abwehr zielwidriger und in ihrem Antrieb zielförderlicher Maßnahmen.

Untersteht, wie in 3.1.1.2 exemplarisch dargelegt, etwa ein Lebensplan in einer Kategorie „Partnerschaft" dem Leitziel der überdauernden Vertrauensbindung in Harmonie und Solidarität, so eröffnen sich beispielsweise aus den Erörterungen in 2.1.2 eine Fülle zielführender Entlastungsgewohnheiten, die sodann bewusst einübend zu praktizieren sind.

Untersteht, wie in 3.1.1.2 an gleicher Stelle ebenfalls exemplarisch dargelegt, der Lebensplan in einer Kategorie „Gelderwerb" dem Leitziel einer familienverträglichen, belastungserträglichen und nutzeneinträglichen Finanzkonstellation, so liegen zu Beginn der Familien- und Berufsentwicklung, anfängliche Vermögenslosigkeit unterstellt, erste zielführende Entlastungsgewohnheiten zuvorderst wohl im sparsamen Umgang mit Geld. Dieser profitiert von hauswirtschaftlich altbewährten Verhaltensmustern der Konsumdämpfung wie

- Bescheidung im Fixkostenbereich (z.B. Wohnung, Kraftfahrzeug, Medien) auf niedrigstvertretbarem Niveau (Größe, Ausstattung, Prestigewirkung etc.);
- Minimierung variabler Kosten, beispielsweise mittels Eigenproduktion statt Fremdbezug (z.B. Selbstverpflegung statt Gaststättenbesuch) oder durch Vergnügung im kostengünstigen Naturidyll statt im kostenträchtigen Kulturspektakel (z.B. Fahrradtour mit Zelt und Wasseraktivität am Badesee statt Flugreise mit Hotel und Starhuldigung in der Event-Arena);
- Selbsthemmung der Konsumbereitschaft durch Praktizierung bedachter Barzahlungslästigkeit statt unbedachter Abbuchungsbequemlichkeit (Kleckern mit knappen Kassenbeständen statt Klotzen mit üppigem Kreditrahmen);

- Vermögensaufbau zwecks Eigentumsbildung und Ertragsgewinnung aus Investitionsrenditen (z.B. durch Rücklage von jeweils einem Fünftel der Netto-Einkünfte regelmäßig zu Monatsbeginn mittels Ratensparvertrag).

„Ein positives Verhalten zur Gewohnheit zu machen ist eines der wichtigsten Erfolgsprinzipien" (*Klöckner* 2001, 144).

Freilich erscheinen gerade die ziel- und planführenden Handlungsvollzüge anfänglich zumeist unbequem, einschränkend und lästig. Von daher bedürfen sie zur ihrer Verinnerlichung in der regelmäßig mehrwöchigen An- bzw. Umgewöhnungsphase konditionierender Unterstützung.

Hier hilft erstens eine stete Bewusshaltung des Nutzenbeitrags dieser Praxismuster mittels Imagination der durch sie zu realisierenden vorteilhaften Ergebniszustände und zweitens eine individuell einfallsreiche Eigenmotivierung durch ständige Selbstkontrolle und -belohnung der Ergebnisnäherungen. Dazu empfehlen sich die Ritualisierung von Fortschrittsmessungen sowie das vorsichtig-bescheidene Feiern von Zwischenergebnissen und Meilensteinen; denn „was Belohnung erfährt, wird zur Gewohnheit" (*Comelli/von Rosenstiel* 2001, 82).

Antrieb vermittelt gegebenenfalls auch ein vorfreudiges Antizipieren der späterhin würdig zu begehenden Jubiläen erlangter Routinisierung und Souveränisierung (vgl. 1.2.2; *Bräutigam* 1995, T4; *Kutsch* 1997, 210f; *Looman* 2000, 27; *Comelli/von Rosenstiel* 2001, 81ff; *Klöckner* 2001, 34ff u. 144f; *Looman* 2001b, 27; *Eberspächer* 2002, 24-27; *Hansen* 2004, 109 u. 181f; *Küstenmacher* 2004, 100f, 119f u. 124f; *Maiwald* 2004, 36f; *Bräutigam* 2005, 128f; *Härter/Öttl* 2005, 65-79; *Küstenmacher/Küstenmacher* 2005, 44-48; *Seiwert* 2005b, 198f; *von Münchhausen* 2006b, 176-185; *Stricker* 2006, 58ff; *Beck, M.* 2007, 125-129; *Bockholt* 2007, B4; *Heide* 2007, B9; *Knoblauch/ Hüger/Mockler* 2007, 198ff u. 203ff; *Looman* 2007a, 22; *Öttl/Härter* 2007b, 23. u. 30.; *Looman* 2008b, 22).

3.2.1.2 Handlungsregelung

(1) Organisationsrahmen

Von der Ordnung über die Gewohnheit spannt sich ein sachlicher Bogen zur Organisation. Während Ordnungssinn eine innere persönliche Blickhaltung kennzeichnet, nämlich die mentale Gesamtneigung zu stabilisierender Strukturierung, sind Entlastungsgewohnheiten angeeignete einzelne Handlungselemente (ohne inhaltlichen Verbundenheitsanspruch).

Organisation umfasst „das Schaffen einer Ordnung durch dauerhafte Regelungen" (*Wöhe/Döring* 2005, 131); sie bildet ein ziel- und plangerechtes Vorgabensystem zur Erfüllung von Daueraufgaben.

Im Selbstmanagement bezeichnet danach Organisation ein wertebegründet selbstgefügtes Geflecht praxisbezogener Richtlinien zur Erfüllung der obersten Lebensaufgaben. Aus letzteren entwickelt das Individuum zunächst gemäß der persönlichen Präferenzhierarchie seine jeweils eigenartige Verfahrensform einer Ziel- und Planorganisation; sodann gestaltet sich aus den Eigenregeln ein alltagsgerichteter Ordnungsrahmen zur Umsetzung der ziel- und planführenden Maßnahmen.

Die Selbstorganisation bildet damit einen Umsetzungsrahmen, der Verfahrensweisen vorgibt und unter Zusammenführung von Ordnungssinn und Gewohnheitsmacht die Erfordernisse der Realisierung regelt.

Seine Nutzenwirkung entfaltet der Organisationsrahmen in Klarheit, Zweckmäßigkeit, Kontinuität und Flexibilität. Ein theoretisch definierbares „organisatorisches Gleichgewicht" ist erreicht, wenn in keiner Lebenskategorie Unter- oder Überorganisation (Chaotismus bzw. Bürokratismus) herrscht und das Regelungssystem bestmöglich der persönlichen Wohlbefindensmaximierung dient.

In Anlehnung an Sichtweisen der Betriebswirtschaftslehre kann der Organisationsrahmen für das Selbstmanagement zweidimensional nach Gegenstands- und nach Verrichtungskriterien gegliedert werden. Während die Verrichtungsorganisation insbesondere Prozessabläufe gestaltet, verteilt die Gegenstandsorganisation insbesondere Objektzuständigkeiten; gleichwohl treffen in der Praxis vielfach beide Dimensionen zusammen (durch Ausführung von Verrichtungen an Gegenständen; vgl. *Macharzina* 1999, 349-353; *Wöhe/ Döring* 2005, 129-136; *Beschorner/Peemöller* 2006, 97ff; *Hungenberg* 2006, 320-325; *Malik* 2006, 191ff; *Volk* 2006, 61).

(2) Sachgebietsregelungen

Die Objektzuständigkeiten werden nicht selten gebündelt nach Sachgebieten unterschieden (z.B. nach Lebensaspekten); ihre Unterteilung regelt der Selbstmanager grundsätzlich in eigener Bestimmung.

Das Individuum in einer Single-Existenz wird, zumindest solange im Vollbesitz seiner Kräfte, sämtliche Entscheidungsfelder selbstmächtig abdecken können. Indessen empfiehlt wegen der zumeist ungleichen Präferenzgewichtung verschiedener Ziele und der demgemäß inneren Verteilungskonflikte sich eine intrapersonale Auftrennung der Sachgebiete unter Zuhilfenahme entsprechend skizzierbarer innerer Rollenbilder.

Wer, wie in 2.1.1.1 und 2.2.1.1 angeschnitten, die widersprüchlichen inneren Begehrlichkeiten der Eigeninteressen je nach Sachgebiet (z.B. Zeitmanagement, Geldmanagement) zu deuten versteht als Ressortansprüche intrapersonal rivalisierender Rollen (z.B. Privatier vs. Karrierist, Investor vs. Konsument), gewinnt eine abgeklärte, kritisch abstandwahrende Selbstsicht und übt damit zugleich seine Kompetenz ausgleichender Eigenregulation.

Der Selbstmanager in einer Paarbeziehung wird mit seinem Partner Überlegungen der Ressortzuordnung treffen, denn die Vorteile der zweisamen Arbeitsteilung überwiegen in manchen Aufgabenfeldern bei weitem die zumeist begrenzten Freuden allumfassender Gemeinsamkeitsverrichtung.

Die Vielfalt der gegenstandsbezogen unterscheidbaren Ressortschwerpunkte kann hier nur angerissen werden. Am Beispiel des weiter oben bereits mehrfach zitierten Lebensplans mit den Kategorien „Fortpflanzung", „Partnerschaft" und „Gelderwerb" lassen sich denkbare Regelungsaspekte aufzeigen.

Fortpflanzung:

- Aufzuchtrichtlinien zur Urvertrauensentfaltung (z.B. Bereitstellung einer familären Bezugsperson in der Kleinkindphase zum Schutz der Geborgenheitshütung, während ergänzende Familienkapazitäten die Einkommensexistenz sichern);
- Aufzuchtrichtlinien zur Erziehungsausrichtung (z.B. kulturelle Schwerpunktsetzung: eher individualistisch bzw. kollektivistisch, geschlechtsrollenspezifisch bzw. geschlechtsrollenneutral, praktisch bzw. theoretisch, national bzw. international);
- Aufzuchtrichtlinien zur Erziehungsabgrenzung (Zulassen vs. Abwehren der Mitwirkung verantwortungsfreier Einflussinteressenten wie z.B. Großeltern, Freunde, Bekannte, Nachbarn, Lehrer, Gestalter von Medienprogrammen usw.).

Partnerschaft:

- Zweisamkeitsrichtlinien vor der Aufzuchtphase (Grad persönlicher Eigenständigkeit bzw. Gebundenheit, Verteilung beruflicher Karrieregewichte, Ausrichtung haushälterischer Zukunftsstrebungen o.ä.);
- Zweisamkeitsrichtlinien während der Aufzuchtphase (z.B. Ausmaß der Vorrangigkeit von Fortpflanzungsbelangen, Gemeinschaftsumsetzung paarbe-

zogener Genusserlebnisse, Billigung wechselseitig partnerausschließender individueller „Gegenwelt-Erfahrungen"; *Eberspächer* 2002, 166);

- Zweisamkeitsrichtlinien nach der Aufzucht (Zuständigkeitsneuordnung gemäß Nachwuchsverselbständigung, Gemeinschaftsvorbereitung lebensherbstlicher Paarfreuden, Bewahrung alterswärmender „Generativität"; *Erikson* 1988, 86, siehe 2.2.1.1).

Gelderwerb:

- Finanzwirtschaftsrichtlinien für Haushaltsbuchführung, Kostenanalysen und -planungen (einschließlich Formulierung und Zusammenstellung von Einnahmenzielen, Ausgabenbudgets etc.);

- Finanzwirtschaftsrichtlinien für Einkommensmaximierung in familienverträglicher, belastungserträglicher und nutzeneinträglicher Berufsausübung (während etwa ergänzende Familienkapazitäten die Nachwuchserziehung optimieren);

- Finanzwirtschaftsrichtlinien für Vermögensstrategien mittels Ausarbeitung, Abstimmung und Umsetzung von Investitionsmaßnahmen (Sparverträge, Geldaufnahme und -anlage, Rendite- und Versicherungskalküle etc.).

Die interpersonale Regelung von Sachgebietszuständigkeiten in dichten Partnerschaftsverbindungen bedarf feinfühlig konvergierender Abstimmung. Im Verlauf ihrer Handhabung (nebst Fortentwicklung) sind zahlreiche überdauernde Gemeinschaftsattribute gefordert, deren Aufbau und Pflege in 2.1.2.2 erörtert wurden; nicht zuletzt gehören hierzu Respekt, Vertrauen und Wohlwollen (vgl. *Hartwig* 1993, 36ff; *Looman* 2002, 26; *Crux/Schwilling* 2003, 20; *Bräutigam* 2005, 147-152; *Herbert* 2005, 124f; *Steinmann/Schreyögg* 2005, 392f; *Wöhe/Döring* 2005, 136-139 u. 235-238; *Hungenberg* 2006, 323ff u. 348; *Knoblauch/Wöltje* 2006, 46f; *Stricker* 2006, 58ff; *Meier* 2007, 6./27; *Looman* 2008a, 24; *Looman* 2008b, 22).

(3) Verrichtungsregelungen

Die Prozessabläufe vollziehen sich überwiegend in teilzielführenden Schritt-folgen. Ihre Gestaltung fordert vorab die Zerlegung der Gesamtaufgabe in Einzelelemente sowie anschließend deren rationale Verknüpfung zu einer wertschöpfenden Strukturkette bzw. -komplexion.

Eine dauerhafte Regelung von Verrichtungen lohnt insbesondere für wiederkehrende Anforderungen; das unvorhergesehene Einzelproblem fordert zumeist die Improvisation (= Stegreiflösung).

Einfachere Schrittfolgen im Selbstmanagement konkretisieren sich etwa bei der

- Inhaltseinprägung von Literaturquellen (Überblicken, Lesen, Markieren, Wiederholen);
- Erledigung des Posteingangs (Annehmen, Öffnen, Prüfen, Kennzeichnen, Weiterleiten bzw. Terminieren oder Bearbeiten, gegebenenfalls Ablegen);
- Strukturierung von Telefonverhandlungen (Zielsetzung und Vorbereitung, Gesprächsargumentation, Nachbereitung und Ergebnisauswertung).

Komplexere Schrittfolgen erschließen sich in der tieferen Durchdringung einzelner Ablaufstufen. Beim vorgenannten Beispiel der Strukturierung von Telefonverhandlungen resultiert hieraus gegebenenfalls eine Abgrenzung ver-schiedener Phasen der Gesprächsargumentation: Kontaktaufbau, Vorteils-darbietung, Beweisführung, Aufnahme von Fragen/Einwänden, Erwiderung von Antworten/Entkräftungen, Umschiffung von Tabuthemen, Auslotung der Erfordernisse an Zugeständnissen/Gesichtswahrung usw. (zur Telefon-kommunikation siehe auch Abb. 35; vgl. *Cichowski* 2002, 92-95; *Seiwert* 2005c, 224ff, 241ff, 260-267 u. 296ff; *Wöhe/Döring* 2005, 147f; *Hungenberg* 2006, 342-348; *Wilhelm* 2007, 4f, 26ff u. 58f).

Da produktivitätsorientierte Individuen anlässlich anstehender Wiederholungen eines bewährten Verrichtungsablaufs zumeist „das Rad nicht wieder neu erfinden wollen" (*Seiwert* 2005c, 288), entwickeln sie nicht selten persönliche Formulare (Mustervordrucke) und Checklisten (Abstreichformulare). Diese bieten als Leitfäden zum Abarbeiten konkret vorstrukturierter Aufgabenstellungen Vorteile der Gedächtnisentlastung, Konzentrationsstützung, Vollzugsbeschleunigung und Ergebnissicherung (siehe Abbildungen 35 und 36).

Als Ausgangsbasis für weitere Verbesserungen erleichtern sie zudem das organisatorische Vorantreiben der Effizienzfortschritte.

Die Vielfalt der Einsatzmöglichkeiten verdeutlicht sich in Beispielen individuell aufzubereitender Checklisten und Formulare für

- Finanzaufstellungen (z.b. monatliches Kassenbuch: tabellenartig strukturiert nach kontonumerisch aufgelisteten Ein- und Ausgabenpositionen; z.B. jährliche Budgetplanung: gegliedert vertikal in Kontozeilen und horizontal in Monatsspalten);
- Urlaubsabwicklungen (Schrittfolgenvorbereitung für Zielabwägung, Informationssammlung, Kostenkalkulation, Fristeneinhaltung, Formalitätenerledigung, Ausrüstungszusammenstellung, Reisedurchführung, Erfolgsauswertung, Berichterstattung etc.);
- Instandhaltungen (Tätigkeitsanforderungen zum Überprüfen und Beihalten von gewünschten Zuständen betreffend Haushaltssauberkeit, Körpergesundheit, Gerätesicherheit, Familienharmonie u.ä.).

Generell bewährt sich eine Routinisierung von Abläufen insbesondere für regelmäßig anstehende Lästigkeiten mit der Funktion einer gegebenenfalls handlungsnötigenden Gefährdungsaufdeckung (in Gesundheit, Technik, Partnerschaft o.ä.). Zur Qualitätssicherung empfiehlt sich das Entwickeln und Setzen persönlich einzuhaltender Standards (z.B. Mindest- und Höchstgrenzen, etwa in Gewichts-, Raum- oder Zeitmaßen).

Abbildung 35:

Hinweislisten zur telefonischen Kommunikation

10 Telefonsünden

1 Zielsetzung unklar
2 Improvisatorische Vorbereitung
3 Ungünstiger Zeitpunkt
4 Suche der Teilnehmernummer
5 Ohne benötigte Unterlagen
6 Keine Stichwörter (vorher) notiert
7 Keine Erklärung der Gesprächsabsicht
8 Monologisierung statt Zuhören und Fragen
9 Keine Telefonnotizen
10 Keine konkreten Abmachungen

(*Seiwert* 2005c, 261)

Telefon-Checkliste „Gesprächsführung"

1 Straffen Sie die Kontaktphase.
2 Sagen Sie zuerst, worum es geht.
3 Unterbrechen Sie nicht wegen anderer Anrufe.
4 Vermeiden Sie Nebengespräche mit Dritten.
5 Lassen Sie Bandaufzeichnungen und Mithören genehmigen.
6 Fassen Sie Ergebnisse und Maßnahmen zusammen.
7 Sorgen Sie für eine schriftliche Bestätigung.
8 Notieren Sie wichtige Einzelheiten.
9 Verfolgen Sie die Dauer = Kosten des Gesprächs.
10 Bringen Sie das Gespräch zum Ende.

(ebenda, 278)

Abbildung 36:

<u>5 Stufen zur Erstellung einer Checkliste</u>

1 Arbeit oder Tätigkeit auswählen,
   - die sich wiederholt,
   - die ähnlich erledigt wird.

2 Gesamtablauf in Arbeitsetappen und Arbeitsphasen zerlegen:
   - Was alles muß getan werden?
   - Was alles muß beachtet werden?
   - Wer muß ggf. gefragt oder kontaktiert werden?
   - Wer ist zu informieren etc.?

3 Logische Reihenfolge zusammenstellen:
   - Was hängt voneinander ab?
   - Welche zeitlichen Bedingungen sind einzuhalten?
   - Was baut sachlogisch aufeinander auf?
   - Wo werden Zwischenergebnisse gebraucht?

4 Gruppenbildung vornehmen:
   - Welche Tätigkeiten wiederholen sich?
   - Wo gibt es logische Zwischenstopps?
   - Wo werden gleiche Hilfsmittel gebraucht?

5 Vorläufige Checkliste überarbeiten:
   - Fehleranalyse
   - kritische Phasen
   - Delegationsmöglichkeiten
   - Probelauf
   - Endkorrektur
   - fertige Checkliste

(*Seiwert* 2005c, 290)

Gegen die menschliche Verdrängungsneigung wirken sachgerecht fristengestaffelt selbstverpflichtende Verrichtungsanweisungen, zu verwalten in der so genannten Wiedervorlage (= Zwischenverwahrung terminiert vorzunehmender Unterlagen, geordnet in kalendertäglich gegliederter Büromappe). Für private Zwecke ist zumeist eine Unterscheidung in Tages- und Monatsvorlage ausreichend. Die Tagesvorlage verwahrt Unterlagen, die aktuell im Blick zu halten sind, die Monatsvorlage solche, die auf den kommenden Kalendermonat terminiert oder allmonatlich (bzw. in größeren Intervallen) anzugehen sind (vgl. *Eberspächer* 2002, 24-27; *Hansen* 2004, 159; *Maiwald* 2004, 12; *Simon* 2004, 133ff; *Herbert* 2005, 124-127; *Seiwert* 2005c, 288-293; *Malik* 2006, 340ff; *Öttl/Härter* 2007a, 50f; *Welge/Al-Laham* 2008, 871-877).

3.2.2 Realisieren

3.2.2.1 Rhythmisierung

Die Maximierung der Wertschöpfung im Tagesgeschehen durch persönliches Leistungsengagement bedarf psychischer und physischer Frische. Diese wird bewahrt durch die erörterten strukturierenden Organisationsregelungen; sie entlasten den Menschen sowohl arbeitstechnisch-physisch wie darüber hinaus

- 239 -

auch motivational-psychisch, denn sie entsprechen seiner Sehnsucht nach eigenbeherrschbarer Stabilität (vgl. 1.2.1.1; *Bräutigam* 2005, 86; *Seiwert* 2005c, 160-183).

(1) Kreaturtagesrhythmus

Die tagesaktuelle Umsetzungskraft freilich schöpft der Einzelne aus seinem Energiehaushalt im Umgang mit Ermüdung und Erholung. Hierzu stellen die chronobiologischen Wissenschaften eindeutige Ratgebungen bereit. Die Leistungskraft eines jeden Menschen unterliegt tagesrhythmischen Schwankungen. Eine 24 Stunden umspannende Normalleistungskurve erreicht ihren Höchstwert morgens, ab 10 Uhr (Energiegipfel: Tagesdurchschnitt plus ca. 30 %). Sie sinkt zum Nachmittag auf ihr Durchschnittsniveau (zwischen 14 und 16 Uhr), steigt gegen Abend nochmals leicht an (bis 20 Uhr), und fällt sodann kontinuierlich ab bis zu ihrem Tiefpunkt (etwa 4 Uhr; Energietal: Tagesdurchschnitt minus ca. 50 %). Ihr Verlauf ist in Abbildung 37 graphisch dargestellt.

Die jeweils persönlichkeitsspezifische Lage der Tagesleistungs- bzw. „Energiekurve" (*Seiwert* 2006b, 145) weicht genetisch bedingt bei jedem Dritten ab von der biologischen Normallage (mit Zeitverschiebungen um bis zu vier Stunden). Früh aufstehende „Morgentypen" (so genannte „Lerchen"; *Zulley* 2006, 170) und gerne lang schlafende „Abendtypen" (so genannte „Eulen"; ebenda) sind tendenziell gleichhäufig vertreten (jeweils ca. ein Sechstel der Bevölkerung).

Zum Zweck einer optimalen Ausschöpfung des individuellen Leistungspotentials ist, soweit möglich, die jeweilige Lebensweise dem ureigenen persönlichen Tagesrhythmus anzupassen; willentliche Bemühungen zur Veränderung einer gegebenen Leistungskurve sind wenig erfolgverheißend.

Während der alltäglichen Schaffensphase hält die menschliche Konzentrationsanspannung unter Normallast kaum eine Stunde an; danach steigt die Fehlerquote. Wer intensiv arbeitet, sollte deshalb in etwa stündlichen Intervallen kurz entspannend pausieren (maximal zehn Minuten), günstigenfalls unter Frischluftzufuhr und in Bewegung (Lockerungsübungen).

Geschickt eingepasst zwischen unterschiedliche Beanspruchungen erfüllen Pausen, als „Brücken zwischen den Taten" (*Gross* 2004, 425), auch die Überleitungsfunktion mental ausgleichender „Schleusen" (*Eberspächer* 2002, 159). Ein maximal halbstündiger Mittagsschlaf – neudeutsch: „Power-Nap" (*von Münchhausen* 2006a, 68) – wirkt generell leistungsförderlich.

Im Übrigen beträgt die durchschnittliche Nachtschlafdauer eines Deutschen weniger als acht Stunden (gegenüber neun Stunden vor 100 Jahren). Mehr Nachtruhe wäre für viele Bürger zuträglich, denn Schlafdefizite mindern die Leistungskraft.

„Zeitdruck am Morgen ist oft die Quittung für Schlendrian am Vorabend" (*Küstenmacher/Küstenmacher* 2004, 16) – und nicht selten Auslöser von Beeinträchtigungen des Schaffensverlaufs (Stimmungsreizung, Müdigkeit, Tatkraftdämpfung etc.). Die Tagesleistung entscheidet sich somit zu einem Großteil bereits am Vorabend (vgl. *Sprenger* 1999, 38; *Cichowski* 2002, 150ff; *Eberspächer* 2002, 108-111 u. 159ff; *Kutter* 2002, 96-102; *Gross* 2004, 378f u. 424f; *Hansen* 2004, 167f; *Maiwald* 2004, 15, 86f u. 137ff; *Simon* 2004, 90f; *Härter/Öttl* 2005, 26-32; *Seiwert* 2005b, 72-81; *Volk* 2005, 63; *Züger* 2005, 58f; *von Münchhausen* 2006a, 60-69; *Pajonk* 2006, 106; *Seiwert* 2006a, 50f; *Volk* 2006, 61; *Zulley* 2006, 170; *Loll* 2007b, C4; *Öttl/Härter* 2007b, 12.-14., 17., 22. u. 25.f; *Ruf* 2007, 47ff u. 124; *Schlesiger* 2007a, 84-92; *Seiwert* 2007b, 62-65).

Abbildung 37:

<u>Tagesleistungskurve</u>

= Abbildung der tagesrhythmischen Schwankungen menschlicher Leistungsenergie
(Normalkurve – Darstellung prozentualer Abweichungen vom Tagesdurchschnittsniveau)

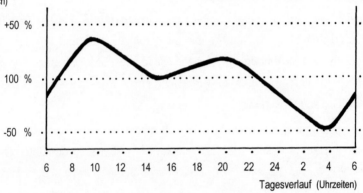

Leistungskraft
(physiologisch)

(vgl. *Seiwert* 2005c, 178)

(2) Kulturtagesrhythmus

Für den Tagesbeginn empfehlen einschlägige Ratgeber dem Selbstmanager zuvorderst eine positive Einstimmung in seine zielführenden Vorhaben. Beizeiten ausgeruht aufgestanden und günstigenfalls auch bereits körperlich ertüchtigt, soll er nach einem ausgiebigen Frühstück ohne Hast die Umsetzung seines am Vorabend aufgestellten Realisierungsplans angehen.

Zur Stärkung der inneren Ordnung mögen konstante Zeitregeln und -rituale beitragen; Anlaufzeremonien freilich sind stets kurz zu halten (Zeitungslektüre, Kaffeeschwätzchen, Eingangspost u.ä.).

Rasch verrinnt die morgendliche Hochleistungsphase und bald schließt sich das Zeitfenster, in das am Vorabend die komplizierten und wichtigen Schwerpunkttätigkeiten eingeplant wurden. Diese indessen betreffen, wie stets zu beachten ist, A-Aufgaben zur Erreichung von A-Ergebnissen – im Dienste der Erfüllung von Oberzielen.

Freilich kulminieren während des Vormittags zuweilen die konzentrationswidrigen Störeinflüsse. Die Tagesstörkurve (= Abbildung der Unterbrechungshäufigkeiten im Tagesverlauf) erreicht im Büroalltag zwischen 10 und 12 Uhr ihren Höhepunkt (ein zweiter, flacherer Gipfel liegt zwischen 14 und 16 Uhr). Ihr graphischer Verlauf ist in Abbildung 38 dargestellt.

Die daraus entspringenden Konzentrationseinschnitte (nebst der nachfolgenden Erfordernisse zur Wiedereinarbeitung) sind einerseits zu umgehen durch antizyklische Zeitplanung (Ausweichen auf ruhigere Phasen: etwa frühmorgens, mittags, abends – unter Berücksichtigung chronobiologischer Veranlagungen). Andererseits kann manchem Störfeuer begegnet werden durch Ablehnung bzw. Terminierung zusätzlicher Gefälligkeitsanliegen (Telefonate, Besuche, Projekte, etc.), auch unter Wägung der diesen zuweilen anhaftenden Anschlusserfordernisse.

Abbildung 38:

<u>Tagesstörkurve</u>

= Abbildung der Unterbrechungshäufigkeiten im Tagesverlauf
(hier: gewöhnlicher Büroalltag)

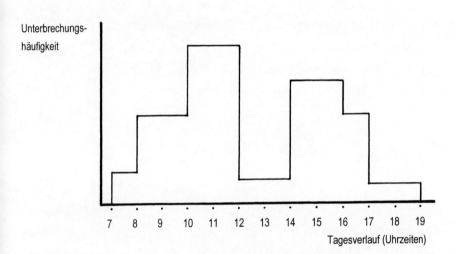

Unterbrechungs-
häufigkeit

7 8 9 10 11 12 13 14 15 16 17 18 19

Tagesverlauf (Uhrzeiten)

(vgl. *Seiwert* 2005c, 172)

Bei regelmäßigem Bedarf an unterbrechungsfreien Schaffensphasen bewährt sich die Einrichtung von „Zeit-Oasen" (*Ruf* 2007, 81). So kann es nützlich sein, routinemäßig einen hochrangigen „Termin mit sich selbst" (*Seiwert* 2007b, 66) zu institutionalisieren, sozusagen eine tägliche „Stille Stunde" (ebenda, 65), eine rituelle „Sperrzeit" (ebenda), in welcher der Selbstmanager abgeschirmt von Außeneinflüssen „sich konzentriert seinen wichtigsten Aufgaben widmen kann" (ebenda, 68; vgl. 3.1.1.2; *Borstnar/Köhrmann* 2004, 76f; *Gross* 2004, 382ff; *Hansen* 2004, 169f; *Jensen* 2004, 88-93; *Küstenmacher* 2004, 133 u. 173f; *Maiwald* 2004, 15 u. 85f; *Simon* 2004, 92-96; *Gross* 2005, 259; *Härter/Öttl* 2005, 24f u. 30f; *Züger* 2005, 58; *von Münchhausen* 2006a, 56ff; *Seiwert* 2006a, 54f; *Meier* 2007, 1./23f, 2./14 u. 22-27 u. 3./7f; *Öttl/Härter* 2007b, 23.; *Seiwert* 2007b, 49, 59f u. 65-68).

(3) Entlastungsfragen

Grundsätzlich hilfreich im Alltagsbetrieb ist ein Arbeitsstil konsequenter persönlicher Selbstentlastung. Zur Vermeidung der Verzettelung in fremd-stimulierte Unwesentlichkeiten empfiehlt sich die Schnelleinschätzung der subjektiven Bedeutsamkeit eines jeden Außenanspruchs. Hierzu dient die regelmäßige Beantwortung von „vier erfolgreichen Entlastungsfragen" (*Seiwert* 2005c, 198):

1. „Warum überhaupt?" (ebenda).
   Konkret: Muss der erhobene Anspruch wirklich erfüllt werden?
   Falls nicht: Handlungsempfehlung „Ignorieren!" bzw. „Eliminieren!" (ebenda).
   Tatsächlich erledigen manche Praxisanforderungen sich durch kalkuliertes Liegenlassen.

2. „Warum gerade ich?" (ebenda, 199).

Konkret: Muss der Anspruch unbedingt von mir erfüllt werden?

Falls nicht: Handlungsempfehlung „Delegieren!" (ebenda).

Delegations- bzw. Ausgliederungs-Partner (Familienangehörige, Mitarbeiter, Service-Betriebe u.a.) sind vielfach aufgeschlossen, so etwa Kinder für interessante Herausforderungen, betriebliche Nachwuchskräfte für karriereförderliche Aufgabenstellungen, selbständige Dienstleister für verschiedenartigste Hilfestellungen (Einkaufen, Reinigen, Instandhalten etc.).

3. „Warum ausgerechnet jetzt?" (ebenda).

Konkret: Muss der Anspruch tatsächlich sofort erfüllt werden?

Falls nicht: Handlungsempfehlung „Terminieren!" (ebenda).

Häufig ist die Reservierung eines freien Termins einer Verrichtung zuträglicher als ihre Einkeilung zwischen etliche Anforderungen des bereits vollgepackten Tagesgeschehens.

4. „Warum in dieser Form?" (ebenda, 200).

Konkret: Muss der Anspruch in geforderter Weise erfüllt werden?

Falls nicht: Handlungsempfehlung „Rationalisieren!" (ebenda).

Nicht wenige formell eingeleitete Vorgänge lassen sich informell erledigen (z.B. per handschriftlicher Antwort auf einer Kopie des zugegangenen Geschäftsbriefs, per Fax, per E-Mail oder, zuweilen ergiebiger, per Telefon).

Mit der Durchsetzung dieser bzw. ähnlicher selbstbestimmter Verfahrensmuster realisiert der Selbstmanager sein Leistungsengagement in rationeller Abwicklung und eigenwilliger „Zeitsouveränität" (*Hansen* 2004, 169). Er betreibt Wertschöpfung nach einem sachbezogenen Produktivitäts- sowie einem verlaufsbezogenen Individualitätsprinzip: „Nicht alles zu seiner Zeit, sondern alles zu meiner Zeit" (*Seiwert* 2005c, 206; vgl. *Cichowski* 2002, 152; *Hohenadel* 2004, 36f; *Küstenmacher* 2004, 170f; *Maiwald* 2004, 17f u. 82f; *Simon* 2004, 92-96; *Gross* 2005, 259; *Härter/Öttl* 2005, 34ff; *Züger* 2005, 58; *Seiwert* 2006b, 112; *Meier* 2007, 3./5f).

(4) Erledigungsgrundsätze

Gleichwohl ist im üblichen Tagesgeschehen kaum zu übersehen, dass mitunter die Handelnden sich selbst im zielführenden Weg stehen. Manche ökonomische Unzulänglichkeiten gehören hierzulande fast schon zum gesellschaftlichen Kulturstil; einige lassen sich kennzeichnen als „Unterlassungs-bzw. Unternehmungssünden".

„Unterlassungssünden" sind die womöglich etabliertesten Verfahrensdefizite. Sie manifestieren sich in lästigkeitsmeidendem Passivverhalten.

Vielfach unterlassen wird beispielsweise die ergebnisgerichtete Abstimmung mit engsten Kooperationspartnern (ob Vorgesetzte, Kollegen oder Mitarbeiter, ob Eltern, Partner oder Kinder usw.); Abstimmungen erscheinen zuweilen als unnötige, zeitraubende Umständlichkeit; sie sind indessen oftmals unverzichtbar für ein wohlwollendes Zusammenspiel (nicht zuletzt, weil ihre bequemlichkeitsbegründete Vernachlässigung Reibungen provoziert).

Zahlreiche Individuen versäumen auch eine überlegt ablaufgestaltende Verrichtungsvorbereitung (z.B. effizienzfördernde Kommunikations-, Produktions- bzw. Routenplanungen) und vergeuden damit Zeit (gemäß empirischen Erhebungen durchschnittlich fünf Minuten je unvorbereitetes Telefongespräch).

Sogar zum Führen einer schlichten „ToDo-Liste" (*Knoblauch/Wöltje* 2006, 79) fehlt mitunter die Habitualmotivation; das Notieren anstehender Aufgaben (ergänzt um Vermerke zu Priorität und Dauer) und deren Streichen nach Erledigung (bzw. Übertragen auf das Folgeverzeichnis) sind keineswegs durchgängige Alltagspraxis (selbst nicht in der profanen Form des Führens einer Einkaufsliste).

Die dargestellten „Unterlassungssünden" offenbaren wohl eine kreatürliche Tendenz zur Meidung produktivitätsgeleiteter Handlungsaktivität, begründet in sinnlicher Abweisung der damit verbundenen Lästigkeiten.

„Unternehmungssünden" sind nicht minder problematisch. In spiegelbildlicher Ergänzung zum beschriebenen lästigkeitsmeidenden Passivverhalten verkörpern sie verzichtmeidendes Aktivverhalten. Manche „Unternehmungssünden" offenbaren eine kreatürliche Tendenz zur Umgehung produktivitätserforderlicher Verzichtübung, begründet in sinnlicher Abweisung der damit verbundenen Entsagungen.

Exemplarisch für entsagungsmeidendes Aktivverhalten ist das Betreiben einsamer Alleingänge (gemieden wird der in Koordination mit anderen zu übende Verzicht auf Eigensinn) bzw. das kommunikative Ausschweifen in Plaudereien (persönlich, telefonisch, per E-Mail; gemieden wird der in Konzentration auf das Wichtige zu praktizierende Verzicht auf Zerstreuung). Ähnliches gilt für den Hang zur Verrichtung überflüssiger oder delegierbarer Tätigkeiten (z.B. aus triebhaft-motorischer Aktivitätslust, etwa wenn der Hotelier die Straße kehrt, den Vorgarten wässert und Fassadenfenster putzt, oder wenn der Konzernchef Kaffee kocht, seinen Dienstwagen chauffiert und sich mit dem Kopiergerät auseinandersetzt).

Schließlich gehören hierhin auch viele spontaner Laune entspringende ungezügelte Impulsaktivitäten (z.B. Verabredungen, Geldausgaben) mit unbedachten, womöglich ziel- und planwidrigen Konsequenzen (z.B. Zeit- und Geldverschwendung, anhängende materielle und immaterielle Folgekosten).

Die erwähnten „Unterlassungs- und Unternehmungssünden" umgehen regelmäßig die mit der Konzentration auf das Wesentliche verbundenen Unannehmlichkeiten. Deren Verdrängung freilich gleicht einer Flucht vor dem „inneren Schweinehund" (*von Münchhausen* 2006b, 3). Um letzteren zu überwinden bedarf es zuvorderst der in dieser Schrift wiederholt angemahnten „Kunst des Widerstehens" (*Klöckner* 2001, 35).

Angesagt zur Überwindung der verbreiteten Disziplinschwächen ist somit das Unterbinden der dargestellten Fluchtpraktiken im Wege des Stärkens der eigenen Selbstbeherrschung. Dieses gelingt mit zunehmender Fortentwicklung der eigenen „Realisierungskompetenz" (*Gross* 2004, 346) – unter ständig praktizierender Übung.

Am Beispiel seiner Kompetenz zur kunstfertigen Darbietung klassischer und moderner Violinwerke gestand einst der weltberühmte Geigenvirtuose *Yehudi Menuhin*: „Wenn ich einen Tag nicht übe, merke ich den Unterschied. Wenn ich zwei Tage nicht übe, merken es meine Freunde. Wenn ich drei Tage nicht übe, spricht das Publikum darüber" (zit. n. *Sprenger* 1995a, 80).

Wie in der Musik geht es im alltagsökonomischen Selbstmanagement um die willentliche Einpassung des persönlichen Momentanverhaltens in die perspektivischen Erfordernisse; konkret bedarf dies der regelmäßigen Übung ergebnisleitender Planumsetzung durch Befolgung vorwegbestimmter Handlungsanweisungen.

Der dazu erforderlichen Konzentrationsdisziplin dienen neben der Strahlkraft anvisierter Zielattraktionen auch einzelne handwerkliche Verrichtungsgrundsätze. Hierzu zählen beispielsweise die

- Soforterledigung von absehbar nur wenige Minuten beanspruchenden Einzeltätigkeiten (zwecks Vermeidung der Anhäufung wiederaufzunehmender Bagatellen) nach dem klassischen „Direkt-Prinzip" (*Seiwert* 2005b, 223): „Jedes Stück Papier nur einmal in die Hand nehmen und gleich erledigen" (*Küstenmacher* 2004, 33; z.B. unmittelbare Abheftung einer Einkaufsrechnung, hurtige Telefonanfrage eines Bezugspreises, umstandslose Terminabstimmung mit Kollegen);
- Serienproduktion von gleichartigen Kleinverrichtungen durch rationelle Erledigung in gesammelt vorbereiteten und routinegemäß geschwind abzuarbeitenden Leistungsblöcken (Telefonate, E-Mails, Kurzbesprechungen u.ä.);
- Leerzeitenfüllung bzw. Nutzung von Zeitüberhängen (Phasen des Wartens bei Ärzten, an Haltestellen, in Verkehrsmitteln etc.) durch Informationsaufnahme (aus Schriften, Telefonaten, Internetrecherchen o.ä.) und -verarbeitung (z.B. in Handheld, Organizer, „Ziel- und Zeitplanbuch"; *Seiwert* 2007b, 44);

- Aktivitätsfertigstellung durch ziel- und plangerecht sorgfältiges Abschließen begonnener Verrichtungen, denn „Arbeitsspringerei" (*Seiwert* 2005c, 170) und „Aufschieberitis" (*Stollreiter* 2006, 1) kosten Zeit und Energie (infolge ihres Verursachens von Unordnung, Hektik, Fehlerhäufung usw.); angesagt ist die Werkvollendung (Feinschliff, Endkontrolle, Ergebnisauswertung etc.) ebenso wie die Nachbereitung genutzter Betriebsmittel, etwa durch Verschließen (Behältnisse, Räumlichkeiten etc.), Reinigen (Arbeitstisch, Werkzeuge etc.) und Wegräumen (Kleidungsstücke, Unterlagen etc.) einschließlich der Erledigung von Resterfordernissen (Ablage, Entsorgung etc.).

Das Fertigstellen von Aufgabenbearbeitungen hat Relevanz nicht zuletzt für die Genussempfindung der Selbstwirksamkeit (siehe 2.1.1.1). „Nur der vollständige Abschluss liefert Befriedigung, innere Ruhe und die Möglichkeit, sich dem nächsten Schritt zuzuwenden" (*Gross* 2004, 384).

Zum Ende eines Schaffenstags erzeugt der Abschluss, neben Freiräumen für den Folgetag (Zeit- und Kraftersparnis erneuter Einarbeitung), einen psychohygienischen Nutzengewinn für den aktuellen Abend (Genugtuung zuträglicher Selbstüberwindung). So mag im speziellen Einzelfall das Erfüllen von Restanforderungen (z.B. liegengebliebener Kleinkram) zwar einige abendliche Freizeitminuten kosten; es befreit aber subjektiv von Aufschub-bedrückungen und objektiv von zukunftsbelastender Erledigungsverpflichtung (vgl. 2.1.1.2 u. 3.1.1.2; *Cichowski* 2002, 151-157, 168f u. 206ff; *Seiwert/Tracy* 2002, 95; *Borstnar/Köhrmann* 2004, 97ff u. 103f; *Gross* 2004, 346f u. 383f; *Hansen* 2004, 147f, 157, 160f, 166f u. 177f; *Hohenadel* 2004, 37; *Huhn/ Backerra* 2004, 255ff; *Maiwald* 2004, 13-17, 65, 85f u. 152f; *Simon* 2004, 92ff; *Härter/Öttl* 2005, 22f, 43ff u. 176f; *Herbert* 2005, 132ff; *Züger* 2005, 58; *Knoblauch/Wöltje* 2006, 79f; *Koenig/Roth/Seiwert* 2006, 8-17; *von Münch-hausen* 2006a, 59; *Stollreiter* 2006, 64f; *Volk* 2006, 61; *Meier* 2007, 1./17f, 2./18-27 u. 3./8; *Öttl/Härter* 2007b, 33.; *Seiwert* 2007a, 13ff).

3.2.2.2 Optimierung

Die Optimierung der Zielverwirklichung beginnt mit der allabendlichen Planung für den Folgetag. Diese erfordert das Zusammenstellen anstehender Aufgaben und damit eine Rückschau auf den aktuellen Erledigungsstand (siehe 3.1.2.2).

Die Tagesrückschau ermöglicht einen kritischen Vergleich von Soll- und Ist-Daten. Sie gibt Aufschluss über den Fortschritt der Annäherung an die individuell erstrebten Zielzustände, verkörpert also eine persönliche Erfolgskontrolle. Mit dieser verknüpft sich die Analyse etwaiger Abweichungen (nebst ihrer Ursachen und Wirkungen) sowie gegebenenfalls auch eine Entscheidung über zu ziehende Konsequenzen (Anpassung von Maßnahmen, Plänen, Zielen o.ä.). So schließt der in 3.1 beschriebene „Managementprozeß" (*Wöhe/Döring* 2005, 63) sich zum „Management-Regelkreis" (*Züger* 2005, 26): Vom Zielen, Planen, Organisieren und Realisieren über das Kontrollieren zurück zum Ursprung (vgl. *Seiwert/Tracy* 2002, 45; *Simon* 2004, 74 u. 77ff; *Seiwert* 2005c, 40ff u. 208f; *Wöhe/Döring* 2005, 62ff u. 187f; *Züger* 2005, 26; *Knoblauch/Wöltje* 2006, 46f; *von Münchhausen* 2006b, 168ff).

(1) Erlebensbewertung

Eine Tagesrückschau kann sachliche und mentale Bewertungen umfassen (vgl. *Simon* 2004, 97; *Öttl/Härter* 2007a, 116f; *Seiwert* 2007b, 60).

Die sachliche Erlebensbewertung folgt einem objektiv nachvollziehbaren Soll-Ist-Vergleich der Ziel- und Plangemäßheit von Resultaten (z.B. Umsatzbeträge, Vorgangszahlen, Ergebnisse von Vertragsverhandlungen o.ä.) und von Prozessen (z.B. Häufigkeit und Handhabung von Störeinflüssen, Dauer und Fehlerquoten ungeliebter Verrichtungen, Koordinationsverlauf komplexer Problembearbeitungen u.ä.).

Sofern beim überprüfenden Soll-Ist-Abgleich keinerlei Defizite bzw. Verbesserungspotentiale aufscheinen, mangelt es dem Selbstmanager gegebenenfalls an Selbstkritik – und nachfolgend an Lernmöglichkeiten. Denn das Erkennen von Fehlern ist unverzichtbar für ein leistungsoptimierendes „Kaizen" (= Prozess kontinuierlicher Verbesserung sämtlicher Verfahren und Erzeugnisse), umzusetzen durch persönliches „Total Quality Management" (= übergreifendes Management zur Qualitätsoptimierung sämtlicher Verfahren und Erzeugnisse). Selbsterkannte Fehler liefern hierfür das „Lernmaterial" (*Michael Frese*, zit. n. *Grosse-Halbuer* 2006, 67).

Zur Übung einer realistischen Soll-Ist-Bewertung empfiehlt sich das ständige Bewussthalten erstens der im Ziel- und Plangefüge verankerten eigenen Resultatsansprüche (quantitativ wie qualitativ) und zweitens der aus einer persönlichen „Zeitinventur" (*Seiwert* 2005c, 25; siehe 3.1.2.2) abzuleitenden eigenen Prozessansprüche (Geordnetheit, Schnelligkeit, Genauigkeit, Anpassbarkeit etc.).

Mit zunehmender Bewertungspraxis lässt sich sonach eine selbstkontrollierende Handlungs- und Lebensweise verinnerlichen, deren Schaffensmuster davon geprägt ist, bei jeder Verrichtung stets mit einem prüfenden Seitenblick auch die Optimierung von Effektivität und Effizienz im Auge zu halten.

Letzteres gelingt umso besser bei regelmäßiger Reflexion der wegbereitenden Beitragsfunktion des Aktualgeschehens zur Erfüllung der langfristig angestrebten sinnstiftenden persönlichen Lebensziele (vgl. *Macharzina* 1999, 743ff; *Ridder* 1999, 316ff; *Robbins* 2001, 33 u. 525f; *Crux/Schwilling* 2003, 20; *Hohenadel* 2004, 41; *Maiwald* 2004, 16; *Seiwert* 2005c, 210-218; *Züger* 2005, *Grant/Nippa* 2006, 340; *Grosse-Halbuer* 2006, 67; *Hungenberg* 2006, 226f; *Malik* 2006, 373-381; 61f; *Wilhelm* 2007, 78ff).

Die mentale Erlebensbewertung folgt einem Soll-Ist-Vergleich vollzogener Empfindungen. Hierzu ist zu prüfen, ob bzw. inwieweit im Geschehensverlauf das persönliche Ist-Befinden einem angestrebten Soll-Befinden entsprochen bzw. sich diesem genähert hat. Da keineswegs durchgängig Höchstgefühle erwartet werden dürfen (Paradies- bzw. Schlaraffenland-Zustände sind lebensfern), ist das ziel- und plangerecht definierte Sollbefinden nüchtern zu kalkulieren.

Im Übrigen obliegt die Erzeugung eines angemessenen Wohlbefindens keinesfalls der Umwelt. Der Erdball und die ihn bevölkernde Menschheit übernehmen keine Verantwortung für die Gefühlsregungen eines einzelnen Individuums − sie wären damit auch überfordert (siehe 2.1.2.2). Insoweit ist Wohlbefinden eine vom Individuum per Selbstmanagement zu erbringende Eigenleistung.

Die subjektive Erlebensrückschau kontrolliert demgemäß den durch „emotionale Kompetenz" (*Seidel* 2004, 80) selbsterzeugten Gefühlserfolg, zustandegebracht womöglich gegen alle Widrigkeiten der jeweils aktuellen Situation, in von Außeneinflüssen unabhängiger innerer „Selbstmächtigkeit" (*Gross* 2004, 149).

Das Resultat zielführender „Gefühlsbeherrschung" (*Seidel* 2004, 36) lässt sich erspüren, in einem Tages-Resümee bewerten und schließlich sogar skalenmäßig beziffern, spielerisch beispielsweise in einem so genannten „Launometer" (*Seiwert/Konnertz* 2006, 49), gegebenenfalls verdichtet mittels schulnotenähnlicher Rangeinstufung, etwa von 1 bis 6 (1 = Tag voller Genussfreuden, 6 = Tag voller Verdrussleiden).

Eine sorgfältige Erlebensbewertung reflektiert positive wie negative Gefühlseindrücke; sie regt dazu an, die mitunter stimmungstrübenden Nichtigkeiten des Alltags in ihren Gesamtkontext zu stellen.

Häufig erhellt eine derartige relativierende Gefühlswägung das Gesamtbild und damit die mentale Geschehenssicht.

Über längere Zeiträume verfolgt, befördert die alltäglich quantifizierende Empfindungseinstufung (nach statistischer Auswertung, etwa durch Ermittlung von Durchschnittsnoten o.ä.) nicht selten die Erkenntnis, dass unser Leben insgesamt mehr Wohlbefinden begründet, als manche Menschen spontan zu vermuten geneigt sind.

Zu dieser Einsicht dürften auch jene Individuen gelangen, die ein so genanntes „Erfolgsjournal" (*Küstenmacher/Küstenmacher* 2005, 28) bzw. „Glückstagebuch" (ebenda) führen. Das regelmäßige Suchen, Erinnern und Ausformulieren von selbst- bzw. fremdveranlassten Erfolgserlebnissen des Tagesgeschehens zum Abend hin kann über Negatives hinwegtrösten, Unzufriedenheiten dämpfen und eine emotionale Ausgleichslage begünstigen. *Lothar Seiwert* behauptet gar: „Nichts motiviert mehr!" (2005b, 147).

Damit verkörpert das „Erfolgstagebuch" (*von Münchhausen* 2006b, 169) ein Musterinstrument für die Selbstmotivation durch praktizierte „Positivität" (2.1.1.2). Es erschließt die optimistische Weltsicht (vgl. 1.2 u. 2.1; *Seiwert/ Tracy* 2002, 89; *Gross* 2004, 422-429; *Hohenadel* 2004, 41; *Küstenmacher/ Küstenmacher* 2005, 25-29; *Seiwert* 2005c, 217f; *Radloff* 2006, 7; *Seiwert* 2006a, 47f).

(2) Erfolgsbewusstsein

Die einschlägigen Empfehlungen zu einem versöhnlichen, entspannend erholsamen und motivierenden Tagesausklang werden abgerundet durch die Ermunterung, der Selbstmanager möge schlussendlich „jedem Tag seinen Höhepunkt geben" (*Seiwert* 2005c, 175).

Dieser Gefühlshöhepunkt wird günstigenfalls vorausbestimmt im Wege der Tagesplanung, mithin am Vorabend festgelegt; er verheißt sozusagen den Genussgipfel des Folgetags, ein krönendes Abschlussvorhaben (ob natur- oder kulturbetont, ob in Gesellschaft, mit der Familie, mit dem Partner, einem Freund oder allein).

Die Attraktivität des Abendgipfels spendet im Tagesverlauf verdruss- überbrückende Vorfreude auf das bevorstehende Abschlussereignis und erhellt so die „subjektive Erlebenswirklichkeit" (*Bräutigam* 1984, 25).

Die Genusspotentiale vergrößert auch der oben zu Kontrollzwecken emp- fohlene prüfende Seitenblick auf das eigene Handeln.

Bei nüchterner Betrachtung nämlich sind es nicht wenige Alltags- angelegenheiten, die, teilweise wie selbstverständlich, immer wieder wunsch- gemäß verlaufen, deren Gelingen aber kaum stimmungshebend registriert wird. Eine ständige Selbstbeobachtung indessen schärft über die kontrollierende Wahrnehmung eigener Wirksamkeit den Blick für die vielen kleinen objektiven und subjektiven Tageserfolge. Das gilt auch für äußerlich unmerkliche Bereicherungen wie beispielsweise den umständebedingt er- gebnislos verbliebenen eigenen Leistungsfortschritt, den persönlich läuternden Erkenntniszuwachs, den Spaziergang in der Frühlingssonne oder den unver- hofften, intensiv genossenen Austausch mit einem anderen Menschen.

Die beobachtende Selbstkontrolle erhöht somit die Sensibilität zum Erspüren sowohl von Verbesserungsmöglichkeiten wie auch von Glücksempfindungen.

Damit erweitert eine regelmäßige Selbstkontrolle die Persönlichkeitspotentiale zur Wohlbefindensmaximierung. Sie stärkt die Wachsamkeit für den günstigen Moment zur ernsthaften Verbesserungsinvestition wie auch zur heiteren Renditeabschöpfung. Die stete Wahrnehmung der Leistungs- und Genuss- gelegenheiten befördert letztlich eine produktive Lebensführung in selbst- bestimmt habituellem Wohlbefinden.

Der pulsierende Wechsel von Investitionsanstrengung und Renditeschwelgen ist durchaus naturkonform. Das ökologische Gesetz von Saat und Ernte gebietet zwar vorleistende Feldarbeit, verheißt aber auch Früchtegenuss. Auf diese Wachstumszuversicht ist der Mensch kreatürlich ausgerichtet, demgemäß ist er hoffnungsfroh profitorientiert. Ohne Vorfreude freilich kann er kaum Anstrengungsbereitschaft entfalten.

Insoweit sind auch kombinierende Ratgebungen zu Anstrengungsleistung plus Ergebnisbelohnung kreaturgerecht.

So empfiehlt *Lothar Seiwert*: „Arbeiten Sie mit Ausdauer auf Ihr Ziel hin" (2006b, 77), ergänzt aber gleichzeitig: „Der Weg zum Ziel soll Freude machen und nicht zu einem verbissenen Gewaltakt werden, der Ihnen den Spaß an Ihrem Ziel verdirbt" (ebenda).

Tiki Küstenmacher formuliert sinnlich: „Wenn Sie die Aufgabe ... erledigt haben, feiern Sie das! Alleine oder mit anderen. Tanzen Sie durchs Zimmer, legen Sie sich ins Gras oder bummeln Sie durch die Straßen, gönnen Sie sich ein frisches Pils am Abend in der Kneipe an der Ecke oder ein fürstliches Essen mit Ihrem Lebenspartner. Lassen Sie das gute Gefühl, etwas geschafft zu haben, an sich heran, und genießen Sie es" (*Küstenmacher* 2004, 133f).

Schließlich erinnert *Stefan Gross* an die Verzahnung von Selbstüberwindung, Triumphgefühl und Renditegenuss: „Rufen Sie sich ins Gedächtnis, wie sehr Sie gearbeitet und vielleicht auch gekämpft haben, um das zu erlangen, was Ihnen im Augenblick zur Verfügung steht. ... Genießen Sie das, was Sie haben. Schöpfen Sie es aus. Nur wenn Sie etwas nutzen, spüren Sie auch seinen Wert!" (*Gross* 2004, 418).

Wer nämlich die Erfolgsmomente des Daseins missachtet, „erlebt sein Leben nur als Last, seinen Beruf nur als Tretmühle" (*Küstenmacher* 2004, 134; vgl. 2.1.1.1 u. 2.1.1.2; *Seiwert/Tracy* 2002, 88f; *Gross* 2004, 416-426; *Küstenmacher* 2004, 133f; *Maiwald* 2004, 89; *Pajonk* 2006, 106; *Seiwert* 2007b, 61).

(3) Einseitigkeitsdetermination

Angesichts ihrer einseitig positiven Ausrichtung mögen die zuletzt empfohlenen Maßnahmen den Eindruck einer Anregung wohlfärbender Selbstmanipulation wecken. Zweifelsohne korrespondieren sie mit der als „Positivität" (2.1.1.2) bezeichneten Neigung, „das Leben von der schönen Seite her zu sehen" (*Huhn/Backerra* 2004, 144).

Hier könnte der Anspruch aufkommen, die Materie differenzierter zu durchdringen, der positiven, lebensbejahenden eine negative, lebensverneinende oder wenigstens -kritische Sicht gegenüberzustellen, vermeintlich aus Gründen wissenschaftlicher Redlichkeit, zwecks Argumentation in sozusagen kulturpolitisch proportionaler Ausgewogenheit.

Indessen ist dreierlei bewusst zu halten:

- Erstens ist eine einseitig daseinsbejahende Erfolgsausrichtung evolutionär angelegt und existenztragend. So ist etwa das Tier „instinkthaft allem Lebensförderlichen zu- und allem Lebensschädlichen abgewandt" (*Bräutigam* 2005, 73). Jedes Naturgeschöpf folgt normalerweise einseitig eigennützigen Strebungen. Der evolutionäre Menschheitserfolg kam präzise hierdurch zustande; er wäre anders nicht realisierbar gewesen.
- Zweitens sind die in dieser Schrift vertretenen Ansätze zum Selbstmanagement tatsächlich – empirisch überprüft – für den Einzelnen erfolgverheißender als alternativ gegenläufige Verhaltensmuster. Die ausgebreiteten Empfehlungen entsprechen damit der einseitigen kreatürlichen Erfolgsorientierung, sind mithin naturzuträglich.
- Drittens schließlich weist bereits im Titel die vorliegende Schrift offen auf ihre einseitige Ausrichtung hin. Es geht in ihr zuvorderst um Handlungsmuster, die Erfolgswirksamkeit fördern. Dieser Ansatz entspricht zudem der wissenschaftlichen und praktischen Einseitigkeit des ökonomischen Postulats, nämlich explizit einseitig nur „das Beste aus dem Leben zu machen" (*George Bernard Shaw*, zit. n. *Becker* 1993, 1).

Kreatürliche Einseitigkeit, dies bedarf bisweilen durchaus auch wissenschaftlicher Hervorhebung, ist ein biologisch verwurzeltes „Grundgesetz der
Natur: Leben setzt sich durch" (*Küstenmacher/Küstenmacher* 2004, 129).
Alles, was der Selbsterhaltung und Fortpflanzung dient, wird kreatürlich
gefördert im Wege sinnlicher Lustbereitung und sinnstiftender Geisteserfüllung
– ob Ernährung, Vereinigung, Kinderaufzucht, Nachwuchsförderung, oder,
übergreifend, „Generativität" (*Erikson* 1988, 86).

Was also liegt dem Menschen näher als das Streben nach einseitig
wohlbefindenshebender Ausschöpfung seiner diesbezüglichen Erfolgs-
potentiale?

Interessierte Kreise mögen – insbesondere in dekadenten Kulturräumen –
dieses menschliche Daseinsfundament gesellschaftspolitisch wegzu-
diskutieren versuchen; naturwissenschaftlich wegzuforschen ist es nicht.

Unter den Vorzeichen ökonomisch-evolutionärer Determination verbieten sich
von daher auch jegliche Sichtweisen, „die einen Tag diffamieren" (*Gross* 2004,
423), beispielsweise mittels der subjektiven Einstufung, dies sei „ein
schlechter Tag" (ebenda); denn objektiv gibt es keine guten oder schlechten
Tage. Tatsächlich verläuft die Zeitspanne zwischen stets wiederkehrendem
Sonnenauf- und Sonnenuntergang (ob winterlich kalt und kurz, ob sommerlich
warm und lang, ob stürmisch oder windstill, ob regnerisch oder sonnig) völlig
unabhängig vom menschlichen Werturteil.

„Die meisten Menschen verschwenden zu viel Zeit auf den Wunsch, das
Leben solle anders sein, als es ist. Der Schlüssel zum Glück aber liegt darin,
das Erreichte genießen zu können – auch wenn es von außen als noch so
wenig erscheint" (*Küstenmacher* 2004, 85).

Aus ökonomischer Sicht zu beherzigen ist demgemäß abschließend auch der
mahnende Appell von *Stefan Gross*: „Vernichten Sie nicht alle 24 Stunden, nur
weil zwei oder drei nicht so laufen, wie Sie es sich vorstellen" (2004, 424),
sondern „machen Sie das Beste aus jedem Tag" (ebenda, 423), bzw., konkret

zugespitzt, gerichtet an Gefühlsmenschen mit Offenheit für emotionale Ansprachen: „Machen Sie jeden Tag zu Ihrem Freund!" (ebenda, 422; vgl. 1.2.1, 1.2.2 u. 2.1.1; *Carnegie* 2003, 187f u. 211; *Gross* 2004, 422ff; *Küstenmacher/Küstenmacher* 2004, 10f u. 129f; *Bräutigam* 2005, 39-45 u. 52-60; *Etrillard* 2005, 81; *Gross* 2005, 268; *Dyer* 2006, 244-257; *Malik* 2006, 155-165; *Knoblauch/Hüger/Mockler* 2007, 225-236).

Quellenverzeichnis:

Ackermann, Rolf (2007): Bunt und flexibel. Die Arbeitnehmer werden künftig zu Unternehmern in eigener Sache – die Unsicherheit wächst, aber auch die Freiheit. In: WW 12.02., S. 38-39.

Ackermann, Rolf / Graef, Peter (2005): Ins schwarze Loch. Der deutsche Gleichheitswahn lähmt. Um die Arbeitslosigkeit zu senken und die Wirtschaft zu beflügeln, brauchen wir wieder mehr Ungleichheit. In: WW 18.08., S. 20-24.

Amberger, Hermi (2000): Wer glaubt, lebt länger. Glauben heilt – Beten hilft – und Ärzte können es beweisen. Wien.

Arnim, Hans Herbert von (2001): Das System. Die Machenschaften der Macht. München.

Aronson, Elliot / Wilson, Timothy D. / Akert, Robin M. (2004): Sozialpsychologie. 4. Aufl. München.

Balzter, Sebastian (2008): Für einen Sack voll Dollar. Wo die Wirtschaft mit Vollgas wächst, haben Talente gute Karten. In: FA 02.02., S. C4.

Baron, Stefan (1999): Aktives Leben. In: WW 19.08., S. 5.

Baron, Stefan (2002): Lieber nach Amerika. In: WW 21.03., S. 3.

Baron, Stefan (2006): Traurig und wütend. Über den Reform-Stillstand im Lande. In: WW 04.09., S. 5.

Beck, Hanno (2004): Der Alltagsökonom. Warum Warteschlangen effizient sind … und wie man das Beste aus seinem Leben macht. Frankfurt am Main.

Beck, Martha (2007): Enjoy your life. 10 kleine Schritte zum Glück. München.

Beck, Siegfried (2007): Managementfehler führen zur Insolvenz. Viele Mängel im Risikomanagement. In: FA 20.08., S. 18.

Becker, Gary S. (1993): Der ökonomische Ansatz zur Erklärung menschlichen Verhaltens. 2. Aufl. Tübingen.

Berk, Laura E. (2005): Entwicklungspsychologie. 3. Aufl. München.

Beschorner, Dieter / Peemöller, Volker (2006): Allgemeine Betriebswirtschaftslehre. Grundlagen und Konzepte. 2. Aufl. Herne/Berlin.

Bisani, Fritz (1985): Personalführung. 3. Aufl. Wiesbaden.

Bischof, Anita / Bischof, Klaus (2006): Selbstmanagement – effektiv und effizient. 5. Aufl. Planegg bei München.

Biehl, Brigitte (2006): Rollenspiele. Sei einfach du selbst? Bloß nicht. Karrieren werden durch Außenwirkung gemacht – und beendet. In: JK 02, S. 63-64.

Blankenburg, Pia (2006): Schuften bis zum Herzinfarkt. Immer mehr Manager fühlen sich ausgebrannt. In: FA 07.10., S. C5.

Blom, Herman / Meier, Harald (2004): Interkulturelles Management: Interkulturelle Kommunikation, Internationales Personalmanagement, Diversity-Ansätze im Unternehmen. 2. Aufl. Herne/Berlin.

Bockholt, Heinrich (2007): Eigenheim, Glück allein. Für die Aussicht, im Rentenalter mietfrei wohnen zu können, nehmen Wohneigentümer vor allem in den ersten Jahren teilweise erhebliche finanzielle Mehrbelastungen in Kauf. In: FA 17.10., S. B4.

Böhm, Dorothea (2007): Konstant in der Obhut der Eltern. In: FA 23.11., S. 11.

Bonneau, Elisabeth (2006): Vorsätze. Es heißt ständig, man sollte seine Ziele definieren – wie macht man das? In: FA 07.01., S. 52.

- 261 -

Borstnar, Nils / Köhrmann, Gesa (2004): Selbstmanagement mit System. Das Leben proaktiv gestalten. Kiel.

Bräutigam, Gregor (1984): Kursleiterverhalten und seine Auswirkungen auf das Lernen. Eine Untersuchung in kaufmännischen Abendkursen des Volkshochschulbereichs. Reinheim.

Bräutigam, Gregor (1995): „Wir wollen ihn nicht mehr missen!" Autos über Jahre hinweg: VW Multivan mit Dieselmotor und seine Wirkungen auf Familie und Lebensform. In: FA 21.11., S. T4.

Bräutigam, Gregor (2004): Arbeitsmarktökonomie. Marktlogik - Marktpolitik – Marktkonsequenzen. Wie politische Machtverhältnisse den Wettbewerbsrahmen des Humankapitals bestimmen. Aachen.

Bräutigam, Gregor (2005): Verhaltensökonomie. Kreatur - Persönlichkeit - Gruppe. Wie natürliche Eigeninteressen die Kernausrichtung des Humankapitals vorgeben. Aachen.

Bräutigam, Gregor (2006): Kulturökonomie. Kulturgenerierung - Kulturanalyse – Kulturkontakt. Wie gesellschaftliche Verfahrensmuster die Ausprägung des Humankapitals beeinflussen. Aachen.

Braun, Carolyn (2003): Jacke wie Hose. Die Deutschen legen wieder mehr Wert auf stilvolle Geschäftskleidung – zum Glück: International fallen hiesige Manager mit allzu legerem Outfit bisher eher negativ auf. In: WW 27.11., S. 103-106.

Brenner, Doris (2005): Mit Stress und Angst im Job umgehen lernen. Psychische Erkrankungen nehmen zu. Neue Herausforderungen für die Unternehmen. In: FA 15.10., S 58.

Bröckermann, Reiner (2000): Personalführung. Arbeitsbuch für Studium und Praxis. Köln.

Büchner, Bernward (2005): Abtreiben ohne Unrechtsbewußtsein. In: FA 17.06., S. 9.

Burger, Reiner (2006): Schwangerschaftsabbruch als Sozialleistung. Kritik an staatlicher Hilfe für Abtreibung. In: FA 29.06., S. 4.

Buss, David M. (2004): Evolutionäre Psychologie. 2. Aufl. München.

Carnegie, Dale (2003): Sorge dich nicht – lebe! Die Kunst, zu einem von Ängsten und Aufregungen befreiten Leben zu finden. Frankfurt.

Carnegie, Dale (2006) Wie man Freunde gewinnt. Die Kunst, beliebt und einflussreich zu werden. Frankfurt.

Cassens, Manfred (2003): Work-Life-Balance. Wie Sie Berufs- und Privatleben in Einklang bringen. München.

Cichowski, Rolf Rüdiger (2002): Ihr Weg zum Erfolg. Selbstmanagement, Kommunikation, Qualifikation, Strategien. Erlangen.

Comelli, Gerhard / Rosenstiel, Lutz von (2001): Führung durch Motivation. Mitarbeiter für Organisationsziele gewinnen. 2. Aufl. München.

Conen, Horst (2007): Sei gut zu dir, wir brauchen dich. Vom besseren Umgang mit sich selbst. Frankfurt/New York.

Covey, Stephen R. (1994): Die sieben Wege zur Effektivität. Ein Konzept zur Meisterung Ihres beruflichen und privaten Lebens. 3. Aufl. Frankfurt/New York.

Covey, Stephen R. (2006): Der 8. Weg. Mit Effektivität zu wahrer Größe. 2. Aufl. Offenbach.

Crux, Albrecht / Schwilling, Andreas (2003): Die sieben Fallstricke der strategischen Planung. Durch bessere strategische Planung in Krisenzeiten Wettbewerbsvorteile sichern und die Basis für langfristig wertschaffendes Wachstum legen. In: FA 23.06., S. 20.

Cube, Felix von (2005): Fordern statt verwöhnen. Die Erkenntnisse der Verhaltensbiologie in der Erziehung. 15. Aufl. München.

Dadder, Rudolf (2006): Anleitung zum Selbstmanagement. Weimar.

Deekeling, Egbert (2004): Verwirrte Visionäre. Vorstandsvorsitzende und CEO erreichen mit ihren Botschaften immer schlechter die Öffentlichkeit und die eigene Belegschaft. In: FA 13.09., S. 20.

Degen, Rolf (1996): Kleine Freuden des Augenblicks machen glücklich. In: DW 20.02., S. 9.

Deysson, Christian (1999): Die Kraft des Einfachen. Über die Rebellion gegen die Kompliziertheit. In: WW 02.12., S. 148-149.

Deysson, Christian (2000): Frisch schmeckt er am besten. Über die Flüchtigkeit und Vergänglichkeit des Erfolgserlebnisses. In: WW 21.12., S. 154-158.

Di Fabio, Udo (2005): Die Kultur der Freiheit. München.

Disse, Jörg (2007): Genügend kleine Gruppen. In: FA 06.03., S. 8.

Domke, Britta / Obmann, Claudia (2006): Nix mehr fix. Lebenszeitstellen und Festgehalt waren gestern. In: JK 02, S. 48-57.

Doucet, Friedrich W. (1987): Menschenkenntnis − Selbsterkenntnis in Partnerschaft und Beruf. 2. Aufl. Genf.

Drumm, Hans Jürgen (2005): Personalwirtschaft. 5. Aufl. Berlin/Heidelberg/New York.

Drummond, Helga (1993): Machtspiele für kleine Teufel. Mit List und Tücke an die Spitze. Landsberg/Lech.

Dudenhöffer, Ferdinand (2007): Erfolg durch Kostenführerschaft. Einfachstprodukte verlangen andere Prozessabläufe. In: FA 10.09., S. 28.

Dyer, Wayne W. (1986): Führen Sie in Ihrem Leben selbst Regie. Manipulations-versuche erkennen und sofort kontern. 4. Aufl. Landsberg am Lech.

Dyer, Wayne W. (2006): Der wunde Punkt. Die Kunst, nicht unglücklich zu sein. Zwölf Schritte zur Überwindung unserer seelischen Problemzonen. 31. Aufl. Reinbek bei Hamburg.

Eagleton, Terry (2001): Was ist Kultur? Eine Einführung. München.

Eberspächer, Hans (2002): Ressource Ich. Der ökonomische Umgang mit Streß. München/Wien.

Eichen, Stephan A. Friedrich von den / Stahl, Heinz K. (2002): Führungskrise: Ist etwa unser Erbe schuld? Anthropologische Invarianten als Hindernisse und Weg-weiser der Führung. In: FA 05.08., S. 18.

Elverfeldt, Felicitas von (2005):   Selbstcoaching für Manager. Zürich.

Elverfeldt, Felicitas von (2006a):   Gelassenheit: Wie werde ich gelassener? In: FA 21.01., S. 53.

Elverfeldt, Felicitas von (2006b):   Selbstbild: Schätzen Sie sich realistisch ein? In: FA 02.09., S. 57.

Erikson, Erik H. (1988): Der vollständige Lebenszyklus. Frankfurt am Main.

Etrillard, Stéphane (2005): Die Magie der Effektivität. Effektiv handeln – erfolgreich sein. Göttingen.

FA (2007): Berufstätigkeit von Frauen umstritten. Familienbilder in Europa: Besonders Ostdeutsche halten Kind und Karriere für gut vereinbar. 15.09., S. 12 (ohne Verfasser).

Farin, Tim / Parth, Christian (2007): Einfach mal abschalten. Multitasking ist in Mode, ebenso wie die ständige Erreichbarkeit. In: FA 08.12., S. C1.

Feser, Herbert (2003): Der menschliche Lebenszyklus. Entwicklung des Selbstkonzeptes und des Sozialverhaltens über elf Lebensabschnitte. 2. Aufl. Schwabenheim.

Fischer, Heinz-Joachim (2004): Jenseits politischer Ingenieurkunst. In: FA 25.10., S. 1.

Flick, Hans / Onderka, Wolfgang (2008): Wer länger lebt, muss sorgfältiger vererben. Mehr Lebenserwartung bedeutet mehr Vorsorge. In: FA 06.05., S. 22.

Frank, Anette (1995): Faulpelze sterben früher. US-Langzeitstudie kommt zu einem überraschenden Ergebnis. In: DW 01.09., S. 10.

Franz, Wolfgang (2003): Arbeitsmarktökonomik. 5. Aufl. Berlin/Heidelberg/New York.

Friedman, Howard S. / Schustack, Miriam W. (2004): Persönlichkeitspsychologie und Differentielle Psychologie. 2. Aufl. München.

Geißler, Karlheinz A. (2005): Verdichtete Zeiten. Eine neue Zeitkultur hat den Typus des Simultanen hervorgebracht: den Menschen, der die Dinge nicht nacheinander tut, sondern gleichzeitig. In: FA 28.07., S. 6.

Gersemann, Olaf (2004): Amerikanische Verhältnisse. Die falsche Angst der Deutschen vor dem Cowboy-Kapitalismus. 2. Aufl. München.

Gigerenzer, Gerd (2007): Bauchentscheidungen. Die Intelligenz des Unbewussten und die Macht der Intuition. 2. Aufl. München.

Goleman, Daniel (1996): Emotionale Intelligenz. München/Wien.

Graf, Friedrich Wilhelm (2002): Was kann die Politik dafür? Das Volk will getäuscht werden. In: FA 27.12., S. 33.

Grant, Robert M. / Nippa, Michael (2006): Strategisches Management. Analyse, Entwicklung und Implementierung von Unternehmensstrategien. 5. Aufl. München.

Gross, Günter F. (2005): Beruflich Profi, privat Amateur? Berufliche Spitzenleistungen und persönliche Lebensqualität. 19. Aufl. Heidelberg.

Gross, Stefan F. (1997): Beziehungsintelligenz. Talent und Brillanz im Umgang mit Menschen. Landsberg/Lech.

Gross, Stefan F. (2004): Life Excellence. Die Kunst, ein souveränes, erfolgreiches und glückliches Leben zu führen. München/Wien.

Grosse-Halbuer, Andreas (2005): Die Wutprobe. Wie ein Hamburger Kriminologe sanfte Manager mit gezielter Aggression durchsetzungsstärker machen will. In: WW 22.09., S. 91-95.

Grosse-Halbuer, Andreas (2006): „Wunderbares Rohmaterial". Der Gießener Organisationspsychologe Michael Frese über den fruchtbaren Umgang mit Fehlern, unausweichliches Versagen und die schädlichen Folgen verängstigter Mitarbeiter. In: WW 21.08., S. 66-67.

Grosse-Halbuer, Andreas / Sprothen, Vera / Mai, Jochen (2005): Der feine Unterschied. Noch nie waren Knigges Weisheiten so wertvoll wie heute. Wer beruflichen Erfolg will, braucht gute Manieren. In: WW 02.06., S. 85-91.

Häcker, Karin (2007): Finanzielle Bildung: Mit Geld richtig umgehen. In: WU 1.

Härter, Gitte / Öttl, Christine (2005): Einfach gut organisieren. So arbeiten Selbstständige und Kleinunternehmer effektiver. Nürnberg.

Hakemi, Sara (2001): Etikette ist die Kür, Höflichkeit die Pflicht. Korrekte Umgangsformen im Geschäftsleben. Mit tadellosem Äußerem wird Kompetenz assoziiert. In: FA 03.11., S. 65.

Hamer, Eberhard (2000): Deutschland geht krank in dieses Jahrtausend. In: Eigentum Aktuell 02, S. 1.

Hansch, Dietmar (2004): Evolution und Lebenskunst. Grundlagen der Psychosynergetik. Ein Selbstmanagement-Lehrbuch. 2. Aufl. Göttingen.

Hansen, Katrin (2004): Selbst- und Zeitmanagement. Optionen erkennen. Selbstverantwortlich handeln. In Netzwerken agieren. 2. Aufl. Berlin.

Hansen, Klaus P. (2000): Kultur und Kulturwissenschaft. Eine Einführung. 2. Aufl. Tübingen und Basel.

Hartwig, Karl-Hans (1993): Partnerschaften – Ökonomie zwischenmenschlicher Beziehungen. In: Ramb, Bernd-Thomas / Tietzel, Manfred (Hrsg.): Ökonomische Verhaltenstheorie. München. S. 33-61.

Hayek, Friedrich A. von (2003): Der Weg zu Knechtschaft. Neuausgabe. München.

Heide, Sven (2007): Vorsicht, Fallen! Bei der finanziellen Planung der privaten Altersvorsorge können schwerwiegende Fehler gemacht werden. Viele Anleger fangen beispielsweise viel zu spät damit an, Vermögen aufzubauen, oder legen zu wenig zurück. In: FA 17.10., S. B9.

Heidegger, Martin (2006): Der Feldweg. 11. Aufl. Frankfurt am Main 2006.

Hellbrügge, Theodor (2007): Kollektiverziehung im Säuglingsalter. In: FA 10.09., S. 15.

Helm, Siegfried (1999): Geld macht doch glücklich. Wissenschaftler haben errechnet, dass eine gute Liebesbeziehung 180 000 Mark wert ist. In: DW 06.11., S. 1.

Henkel, Hans-Olaf (2002): Die Ethik des Erfolgs. Spielregeln für die globalisierte Gesellschaft. 5. Aufl. München.

Henkel, Hans-Olaf (2004): Die Kraft des Neubeginns. Deutschland ist machbar. München.

Herbert, Ina (2005): Unternehmen Haushalt. So managen Sie Ihr Zuhause. München.

Herkner, Werner / Olbrich, Andreas (2004): Verhaltenserwerb und Verhaltensänderung. In: Gaugler, Eduard / Oechsler, Walter A. / Weber, Wolfgang (Hrsg.): Handwörterbuch des Personalwesens. 3. Aufl. Stuttgart. Sp. 1958-1968.

Hermani, Gabriele (2002): Auf dem gesellschaftlichen Parkett sind Geld und Politik tabu. Erfolgreicher Small talk stärkt berufliche Beziehungen. Gute Umgangsformen haben Konjunktur. In: FA 28.12., S. 45.

Hilb, Martin (2000): Transnationales Management der Human-Ressourcen: das 4P-Modell des Glocalpreneuring. Neuwied/Kriftel.

Hildebrandt-Woeckel, Sabine (2005): Nicht drängeln. Große Karrieren basieren häufig nicht auf schnellem Handeln und großem Ehrgeiz, sondern auf einer unterschätzten Tugend: Ausdauer. In: WW 18.08., S. 71-73.

Hildebrandt-Woeckel, Sabine (2006): Fatale Selbstüberschätzung. Nur wer die Spielregeln eines Unternehmens kennt, der steigt auf. Karrieren scheitern oft nicht an schlechten Leistungen, sondern an Fehleinschätzungen. In: FA 14.10., S. C5.

Hildebrandt-Woeckel, Sabine (2007): Zu viele Bälle in der Luft. Wenn jeder alles gleichzeitig macht, arbeiten alle schneller. So denken viele Unternehmen noch immer. In: FA 06.10., S. C5.

Hildebrandt-Woeckel, Sabine (2008): Mama, was verdienst du eigentlich? Nirgendwo wird so wenig über Geld gesprochen wie in Deutschland. Das hat katastrophale Folgen – für unsere eigene Altersvorsorge und für die unserer Kinder. In: FA 19.01., S. 19.

Hinterhuber, Hans H. (2007): Leadership. Strategisches Denken systematisch schulen von Sokrates bis heute. 4. Aufl. Frankfurt am Main.

Hinterhuber, Andreas M. / Hinterhuber, Hans H. (2007): Gute Strategien von schlechten unterscheiden. Die Strategie ist kein Aktionsplan. In: FA 02.01., S. 20.

Hofstede, Geert (2001): Lokales Denken, globales Handeln. Interkulturelle Zusammenarbeit und globales Management. 2. Aufl. München.

Hondrich, Karl Otto (2003): Wie sich Gesellschaft schafft. In: FA 23.06., S. 7.

Hohenadel, Werner (2004): Professionelles Selbstmanagement. Erprobte Methoden für mehr Effektivität und Arbeitsfreude. Zürich.

Hüther, Michael (2004): Deutsche Mythen. Schwierigkeiten mit der Marktwirtschaft. Angebotspolitik reicht nicht mehr. In: FA 07.08., S. 11.

Huhn, Gerhard / Backerra, Hendrik (2004): Selbstmotivation. FLOW – statt Stress oder Langeweile. 2. Aufl. München/Wien.

Hungenberg, Harald (2006): Strategisches Management im Unternehmen. Ziele – Prozesse – Verfahren. 4. Aufl. Wiesbaden.

Jensen, Bill (2004): Radikal vereinfachen. Den Arbeitsalltag besser organisieren und sofort mehr erreichen. Frankfurt/New York.

Jörges, Hans-Ulrich (2008): Die vergrabene Bombe. Die ungelöste Integration von Zuwanderern ist das gefährlichste soziale Problem in Deutschland. In: Stern 31.07., S. 46.

Kals, Ursula (2003): Lächle mehr als andere! Was es nicht alles gibt: Sympathietraining. Freundlichkeit zahlt sich aus. In: FA 19.05., S. 24.

Kals, Ursula (2004): Ein gutes Betriebsklima ist die beste Burn-out-Prävention. Ausgebrannte Mitarbeiter können das Ergebnis schlechter Führung sein. In: FA 03.04., S. 55.

Kals, Ursula (2006a): Karriereberater entdecken das Thema Resilienz. Innere Robustheit schützt in Krisenzeiten. In: FA 07.01., S. 51.

Kals, Ursula (2006b): Arbeitstyp erkannt, Zeitproblem gebannt. Aufschieberitis läßt sich mit klugen Strategien kurieren. In: FA 26.08., S. 51.

Kals, Ursula (2006c): Die seelischen Kosten der Karriere. Karriere zu machen bedeutet viel Verzicht, kostet Zeit, soziale Bindungen und mitunter den guten Charakter. – Ein gutes Leben auf fünf Säulen. In: FA 14.10., S. C 1.

Kaminski, Barbara (2008): Das Kind und die Gewaltspirale. In: FA 25.07., S. 11.

Kappler, Ekkehard (2004): Individueller Lebenszyklus und Lebensplanung. In: Gaugler, Eduard / Oechsler, Walter A. / Weber, Wolfgang (Hrsg.): Handwörterbuch des Personalwesens. 3. Aufl. Stuttgart. Sp. 1069-1080.

Kappler, Wolfgang (2005): Nicht ärgern oder Trübsal blasen! Macht positives Denken gesund? „Mentale Medizin" sucht nach Antworten. In: KR 15.11., S. 15.

Kaußler, Uta (2005): Profitieren Sie von Ihrem Potenzial. Entdecken Sie Ihre innere Aufgabe als Kraftquelle Ihres Lebens. In: SY 02, S. 9.

Kilb, Andreas (2005): Das Ende der Kindheit. Ein erster Schultag in Berlin. In: FA 12.08., S. 35.

Kirchgässner, Gebhard (2000): Homo Oeconomicus. Das ökonomische Modell individuellen Verhaltens und seine Anwendung in den Wirtschafts- und Sozialwissenschaften. 2. Aufl. Tübingen.

Kirchhof, Paul (2003): Geprägte Freiheit. In: FA 09.09., S. 10.

Kirchhof, Paul (2004): Der sanfte Verlust der Freiheit. Für ein neues Steuerrecht – klar, verständlich, gerecht. München/Wien.

Klein, Stephan (2003): Wie läßt sich durch psychologische Techniken das Selbstmanagement verbessern? In: FA 10.05., S. 53.

Klöckner, Bernd W. (2001): Die Magie des Erfolges. Ihr Weg zu persönlichem und finanziellem Reichtum und Wohlstand. München.

Knoblauch, Jörg / Wöltje, Holger (2006): Zeitmanagement. Perfekt organisieren mit Zeitplaner und Handheld. 2. Aufl. Freiburg i. Br.

Knoblauch, Jörg W. / Hüger, Johannes / Mockler, Marcus (2007): Dem Leben Richtung geben. In drei Schritten zu einer selbstbestimmten Zukunft. Frankfurt/Main.

Köcher, Renate (2007): Großes Sicherheitsbedürfnis. Über die gewandelten Erwartungen der Deutschen an ihren Job. In: WW 26.02., S. 154.

Köcher, Renate (2008): Schleichende Veränderung. Die Altersklasse bis 30 Jahre fügt sich nicht nahtlos in die Gesamtbevölkerung ein. Sie informiert sich anders und interessiert sich anders als die Generation davor. In: FA 20.08., S. 5.

Koenig, Detlef / Roth, Susanne / Seiwert, Lothar J. (2006): 30 Minuten für optimale Selbstorganisation. 8. Aufl. Bonn/Offenbach.

Koschik, Anne (2005): Mit Macht an die Spitze. Jung, weiblich, hoch begehrt: Nie standen für Frauen die Chancen besser, in der Wirtschaft Karriere zu machen. In: JK 10, S. 40-44.

Koslowski, Peter (2006): Das Ende der Sozialen Marktwirtschaft. Die Zeiten nationaler Solidarität sind vorbei. In: FA 11.11., S. 15.

KR (2007): Klassische Familie erwünscht. 04.09., S. 1 (ohne Verfasser).

Kräkel, Matthias (2004): Arbeitsproduktivität. In: Gaugler, Eduard / Oechsler, Walter A. / Weber, Wolfgang (Hrsg.): Handwörterbuch des Personalwesens. 3. Aufl. Stuttgart. Sp. 339-347.

Küstenmacher, Marion / Küstenmacher, Werner Tiki (2004): simplify your life. Mit Kindern einfacher und glücklicher leben. Frankfurt/New York.

Küstenmacher, Marion / Küstenmacher, Werner Tiki (2005): simplify your life. Den Arbeitsalltag gelassen meistern. Frankfurt/New York.

Küstenmacher, Werner Tiki (2004): simplify your life. Einfacher und glücklicher leben. 11. Aufl. Frankfurt/Main.

Kuhl, Julius (2004): Was bedeutet Selbststeuerung und wie kann man sie entwickeln? Ein neuropsychologisch erweitertes Verständnis von Selbststeuerung und Ansätze für ihre individuelle Diagnostik und Entwicklung. In: PF 4, S. 30-39.

Kutsch, Thomas (1997): Haushaltssoziologie. In: Kutsch, Thomas / Piorkowsky, Michael-Burkhard / Schätzke, Manfred: Einführung in die Haushaltswissenschaft: Haushaltsökonomie, Haushaltssoziologie, Haushaltstechnik. Stuttgart. S. 185-318.

Kutter, Susanne (2002): Aus dem Takt. Wissenschaftler haben herausgefunden, wie verschiedene innere Uhren die Leistungsfähigkeit und Kreativität des Menschen beeinflussen. In: WW 24.10., S. 96-102.

Kutter, Susanne (2007): Sozialer Klebstoff. Hirnforscher und Gelotologen entschlüsseln, warum das Lachen für unsere Gesundheit so wichtig ist. In: WW 02.04., S. 76-79.

Laer, Hermann von (2007): Auf die Freiheit kommt es an. In: FA 06.03., S. 8.

Lange, Wolfgang (2006): Lebenszyklus von Haushalten. Anforderungen an den Wohnungsmarkt. In: IV 10, S. 45-46.

Langguth, Veronika (2006a): Schönheit des Herbstlaubs. Über positives Denken. In: WW 23.10., S. 180.

Langguth, Veronika (2006b): Platz zum Rückzug. Über den Erholungswert der Stille. In: WW 22.12., S. 122.

Laske, Stephan / Habich, Jörg (2004): Kompetenz und Kompetenzmanagement. In: Gaugler, Eduard / Oechsler, Walter A. / Weber, Wolfgang (Hrsg.): Handwörterbuch des Personalwesens. 3. Aufl. Stuttgart. Sp. 1006-1014.

Leander, Karin (2005): Kind oder Cabrio? Der Fruchtbarkeitsfalle entkommen. In: FAZ.NET; 09.11.2005. www.faz.net/s/RubCD 01.11., S. 1-6.

Liesem, Kerstin (2005): „Man braucht einen, der mit großen Stiefeln vorangeht". Welche Faktoren auf der Karriereleiter nach oben führen. In: FA 26.03., S. 55.

Liesem, Kerstin (2006): Bei Männern streikt das Herz, bei Frauen die Psyche. Was beruflicher Streß bei Führungskräften anrichtet. In: FA 06.05., S. 57.

Lohse, Reinhard (2008): Philosophisch-evolutionäre Betrachtung. In: FA 26.04., S. 10.

Loll, Anna (2007a): Ehrlichkeit kann riskant sein. Ehrlichkeit ist für viele Führungskräfte eine Grundvoraussetzung, um auf der Karriereleiter hoch hinauszukommen. In: FA 21.04., S. C 4.

Loll, Anna (2007b): Freiheit für Langschläfer. In Dänemark wehren sich Nacht-menschen gegen die festen Arbeitszeiten. In: FA 26.05., S. C 4.

Loll, Anna (2007c): Studentenglück in Gefahr. Sie sind jung, gesund und haben beste Chancen auf Erfolge. In: FA 10.11., S. C 8.

Looman, Volker (2000):   Selbstbewusstsein und Verzicht sind die Grundlagen des Wohlstands. Größe des Autos und der Wohnung sollten gut überlegt werden. In: FA 15.01., S. 25.

Looman, Volker (2001a): Der richtige Umgang mit Geld ist für junge Menschen ein schmerzhafter und teurer Lernprozeß. Die meisten Privatleute wissen nicht, wofür sie ihr Geld verwenden, und geraten durch überhöhte Konsumausgaben und mangel-hafte Risikovorsorge in finanzielle Engpässe. In: FA 24.03., S. 27.

Looman, Volker (2001b): Fleiß und Sparsamkeit sind auf dem langen Weg zu finanziellem Wohlstand die besten Begleiter. Junge Leute sollten nicht auf „heiße" Geldtips warten, sondern jeden Monat 10 Prozent ihres Nettoeinkommens zur Seite legen und in solide Sparverträge stecken. In: FA 07.04., S. 27.

Looman, Volker (2002):   Buchführung ist in den meisten Privathaushalten ein Fremdwort. Gewinn- und Verlustrechnung bietet Übersicht über Einnahmen und Ausgaben. In: FA 16.02., S. 26.

Looman, Volker (2003):   Arbeit weg und die Rente in weiter Ferne – wie soll es weitergehen? Der Verlust des Arbeitsplatzes mit 53 Jahren ist für viele eine Katastrophe. In: FA 31.05., S. 20.

Looman, Volker (2006):   Die goldenen Jahre sind vorbei. Erhebliche Kürzungen der Altersbezüge von 2012 an. In: FA 11.03., S. 22.

Looman, Volker (2007a): Flotter Lebenswandel ist Gift für die Altersvorsorge. Das Wichtigste bei der Altersvorsorge ist, früh mit dem Sparen anzufangen. In: FA 13.10., S. 22.

Looman, Volker (2007b): Disziplin ist die wichtigste Übung in der Altersvorsorge. Renten- und Sparverträge mit festen Strukturen sind für viele Geldanleger ein wahrer Segen. In: FA 24.11., S. 22.

Looman, Volker (2007c): Für einen langen Lebensabend ist eine Million Euro nicht viel Geld. Das Lottofieber der vergangenen Wochen hat die alten Diskussionen über die richtige Verteilung von Geld wiederbelebt. Tatsächlich sind die Streuung des Vermögens und die Kosten für die Verwaltung entscheidende Voraussetzungen für hohe Erträge. In: FA 08.12., S. 24.

Looman, Volker (2008a): Teure Absicherung gegen Berufsunfähigkeit. Neben dem Abschluss der Berufsunfähigkeitsversicherung sollten junge Menschen auch Geld für die Altersversorgung ansparen. Das ist für viele ein Kraftakt. In: FA 10.05., S. 24.

Looman, Volker (2008b): Aktien und Immobilien sind die besten Helfer gegen Inflation. Die meisten Menschen haben für den Aufbau des freien Privatvermögens nicht viel Zeit und sind auf ordentliche Renditen angewiesen. In: FA 26.07., S. 22.

Lütz, Manfred (2006a): Zwecklos, aber sinnvoll. Über wahre Muße und warum Deutsche sich so schwer mit ihr tun. In: WW 19.06, S. 124.

Lütz, Manfred (2006b): Würze des Lebens. Über Angst und Lebenslust. In: WW 30.10, S. 100.

Macharzina, Klaus (1999): Unternehmensführung. Das internationale Managementwissen. Konzepte – Methoden – Praxis. 3. Aufl. Wiesbaden.

Mai, Jochen (2003a): Was Frauen wollen. In: WW 25.09., S. 115.

Mai, Jochen (2003b): Schön und gut. Warum der eine aufsteigt und der andere nicht, hängt nicht nur von der Leistung ab. Aussehen, Stimme und Duft beeinflussen die Karriere enorm. In: WW 09.10., S. 105-111.

Mai, Jochen / Ruess, Annette (2007): Stress ohne Ende. Bereits jeder fünfte Deutsche leidet unter Stress. In: WW 19.03., S. 96-108.

Mai, Jochen / Schlesiger, Christian (2007): Wie viel Teufel steckt in Ihnen? Lug, Betrug, Diebstahl, Kunden anschmieren, Kollegen hintergehen − der Job kann den Charakter verderben. In: WW 03.12., S. 145-149.

Maiwald, Josef (2004): Zeit-Gewinn. Der Weg zur besseren Selbstorganisation. Unternehmensführung. 2. Aufl. Norderstedt.

Malik, Fredmund (2000): Management − die Kunst der Wirksamkeit. Transformation von Ressourcen in Nutzen − Begabungen und Talente verrotten jedoch häufig ungenutzt. In: DW 13.06., S. 19.

Malik, Fredmund (2006): Führen. Leisten. Leben. Wirksames Management für eine neue Zeit. 13. Aufl. München.

Matthes, Sebastian (2007): Verkaufe dich selbst! Die Werbeindustrie schwärmt vom viralen Marketing − einer Art Mundpropaganda mit Schneeballeffekt. Die Techniken lassen sich ebenso für die eigene Karriere einsetzen. In: WW 27.08., S. 79-81.

Maxeiner, Dirk / Miersch, Michael (2001): Andere machen lassen. Vom Segen des Nichtstuns und der unterlassenen Hilfeleistung. In: WW 26.04., S. 166-168.

May, Peter (2007): Was den Unternehmer vom Manager unterscheidet. Vorstände wissen um ihre begrenzte Zeit an der Spitze. In: FA 17.09., S. 20.

Mayrhofer, Wolfgang (1992): Individueller Lebenszyklus und Lebensplanung. In: Gaugler, Eduard / Weber, Wolfgang (Hrsg.): Handwörterbuch des Personalwesens. 2. Aufl. Stuttgart. Sp. 1240-1254.

Meier, Harald (2002): Unternehmensführung. Aufgaben und Techniken betrieblichen Managements. 2. Aufl. Herne/Berlin.

Meier, Rolf (2007): simplify Selbstmanagement-Kurs. Entdecken Sie Ihre Möglichkeiten! In 6 Monaten zu einem selbstbestimmten, zufriedenen Leben. Bonn u.a.

Metzler, Albert (2005): Alternatives Denken. Vom fremden Chaos zu eigener Struktur. Göttingen.

Miegel, Meinhard (2002): Die deformierte Gesellschaft. Wie die Deutschen ihre Wirklichkeit verdrängen. 3. Aufl. Berlin/München.

Mohr, Hugo / Wodok, Andreas (2006): Erfolg mit der Generation 50plus. Ein Leitfaden für kleine und mittlere Betriebe. Köln.

Mohr, Mirjam (2004): Trendwende bei der Armut. Datenreport 2004: Einkommensungleichheit wächst. In: KR 24.08., S. 2.

Müller, Günter F. (2004): Die Kunst, sich selbst zu führen. Konzept, Strategie, Messung von Selbstführung. In: PF 11, S. 30-43.

Müller, Günter F. (2006): Mitarbeiterführung durch kompetente Selbstführung. In: ZM Januar 2006, S. 8-22.

Müller, Reinhard (2006): Die Abschaffung der Hausfrauenehe. In. FA 24.08., S. 1.

Müller-Lindenlauf, Uta (2006): Totgeschwiegene Bindungsforschung. In: FA 17.02., S. 9.

Münchhausen, Marco von (2006a): Die vier Säulen der Lebensbalance. Ein Konzept zur Meisterung des beruflichen und privaten Alltags. 2. Aufl. Berlin.

Münchhausen, Marco von (2006b): So zähmen Sie Ihren inneren Schweinehund! Vom ärgsten Feind zum besten Freund. 6. Aufl. München.

Nagel, Kurt (2001): Erfolg. Effizientes Arbeiten, Entscheiden, Vermitteln und Lernen. 9. Aufl. München.

Nelles, Wilfried (2004): In guten wie in schlechten Zeiten. Liebe, Lust und Wachstum in der Partnerschaft. München.

Noack, Hans-Christoph (2005): „Management ist Handwerk". Ein Gespräch mit Fredmund Malik. In: FA 31.10., S. 22.

Nöcker, Ralf (2006): Wer vieles zugleich tut, macht nichts richtig. Was der Computer kann, können Manager noch lange nicht. In: FA 13.05., S. 57.

Nöcker, Ralf (2007): Der Verhaltensforscher. Felix von Cube ist der Naturwissenschaftler unter den Management-Vordenkern. In: FA 28.07., S. C4.

Noelle-Neumann, Elisabeth (1999): Ein Museum der Irrtümer. Die Ergebnisse der empirischen Sozialforschung finden keinen Eingang in die Gesellschaft. In: FA 13.01., S. 5.

Noelle-Neumann, Elisabeth (2001): Die Schweigespirale. Öffentliche Meinung – unsere soziale Haut. 6. Aufl. München.

Noelle-Neumann, Elisabeth (2002): Freiheit und Glück. Ein in der Politik vernachlässigter Kontext. In: FA 03.07., S. 5.

Notz, Petra (2001): Frauen, Manager, Paare. Wer managt die Familie? Die Vereinbarkeit von Beruf und Familie bei Führungskräften. München und Mering.

- 279 -

NZ (2006): Deutschland – ein Hort des Pazifismus? Bundeswehr-Studie zeigt zunehmenden Hang zum Isolationismus. 28.07., S. 4 (ohne Verfasser).

Öttl, Christine / Härter, Gitte (2006): Zweite Chance Traumjob. Mehr Erfolg durch berufliche Neuorientierung. 2. Aufl. Heidelberg.

Öttl, Christine / Härter, Gitte (2007a): Selbst-Marketing. Zeigen Sie, was in Ihnen steckt. 3. Aufl. München.

Öttl, Christine / Härter, Gitte (2007b): Weg mit dem Stress. Entspannt und effektiv im Job. Die besten Tipps für jeden Tag. 2. Aufl. München.

Pajonk, Dirk (2006): Auszeiten einplanen. Über aktive Entspannung und die Folgen für Körper und Geist. In: WW 04.09., S. 106.

Panagiotidou, Maria (2004): Der Liebespfeil ist kaum zu lenken. Der Wuppertaler Professor Manfred Hassebrauck erforscht, warum Menschen sich verlieben. In: KR 20.12., S. 36.

Peters, Tom (1995): Das Tom Peters Seminar. Management in chaotischen Zeiten. Frankfurt/Main.

Pilsl, Karl (2006): 10 Schritte zu einem erfüllten, ervollgreichen, sinnvollen Leben. Ervollgreich im 3. Jahrtausend. Vorderschmiding.

Piorkowsky, Michael-Burkhard (1997): Haushaltsökonomie. In: Kutsch, Thomas / Piorkowsky, Michael-Burkhard / Schätzke, Manfred: Einführung in die Haushaltswissenschaft: Haushaltsökonomie, Haushaltssoziologie, Haushaltstechnik. Stuttgart. S. 13-183.

Plewnia, Ulrike (2008): Alarmierender Befund. Forscher bestätigen es, Politiker schweigen darüber: Arm sind insbesondere Migranten, Ostdeutsche und Alleinerziehende. In: FS 08.09., S. 40-47.

Radloff, Martina (2006): Wege zum Glück. Warum sind einige Menschen glücklicher als andere? In: Eins (Quartalszeitschrift der Allianz Private Versicherung AG) Herbst, S. 5-7.

Ramb, Bernd-Thomas (1993): Die allgemeine Logik des menschlichen Handelns. In: Ramb, Bernd-Thomas / Tietzel, Manfred (Hrsg.): Ökonomische Verhaltenstheorie. München. S. 1-31.

Rampersad, Hubert K. (2006): Personal Balanced Scorecard. Der Weg zu individuellem Glück, Persönlichkeitsbildung und Managementerfolg. Berlin.

Ramthun, Christian / Handschuch, Konrad (2005): Kapitalismus für alle. Im internationalen Vergleich ist der Anteil der Deutschen mit Eigentum am Produktivkapital gering, ein zentraler Grund für ihre schwache Bindung an die Marktwirtschaft und die Wachstumsschwäche der Wirtschaft. In: WW 11.08., S. 20-27.

Reichwald, Ralf (2004): Arbeit. In: Gaugler, Eduard / Oechsler, Walter A. / Weber, Wolfgang (Hrsg.): Handwörterbuch des Personalwesens. 3. Aufl. Stuttgart. Sp. 37-45.

Reimer, Jürgen-Michael (2005): Verhaltenswissenschaftliche Managementlehre. Bern/Stuttgart/Wien.

Remplein, Heinz (1975): Psychologie der Persönlichkeit. 7. Aufl. München/Basel.

Ribhegge, Hermann (1993): Ökonomische Theorie der Familie. In: Ramb, Bernd-Thomas / Tietzel, Manfred (Hrsg.): Ökonomische Verhaltenstheorie. München. S. 63-87.

Ridder, Hans-Gerd (1999): Personalwirtschaftslehre. Stuttgart/Berlin/Köln.

Robbins, Stephen P. (2001): Organisation der Unternehmung. 9. Aufl. München.

Roski, Ulrich, (o.J.): Es geht auch anders ... ... aber so geht es auch. Doppel-CD. Hamburg/Berlin.

Roßbach, Henrike (2006): Zwischen Schreibtisch und Leben. Nahezu jedes Unternehmen, das auf sich hält, nimmt die persönlichen Belange seiner Mitarbeiter ernst und hat Programme etwa zu „Work-Life-Balance" zu bieten. In: FA 04.11., S. C 1.

Roßbach, Henrike (2007): Mütter, kommt zurück! Sie sind die am besten ausgebildete Frauengeneration, die es je gab. Weil viele berufstätige Frauen aber auf Kinder nicht verzichten wollen, sind ihnen Grenzen gesetzt. In: FA 03.03., S. C 1.

Roßbach, Henrike (2008): In der Gehaltslücke. Frauen verdienen weniger als Männer, weil sie schlecht bezahlte Jobs wählen, Teilzeit arbeiten und Kinder erziehen. In: FA 16.08., S. C 1.

Roth, Werner (1995): Erfüllung im ganzen Leben. Mit Methode Erfüllung, Erfolg, Energie. Springe.

Ruf, Kathrin (2007): Nimm dir Zeit zum Leben. Bindlach.

Sattler, Ralf R. (2003): Unternehmerisch denken lernen. Das Denken in Strategie, Liquidität, Erfolg und Risiko. 2. Aufl. München.

Schanz, Günther (1998): Der Manager und sein Gehirn. Neurowissenschaftliche Erkenntnisse im Dienst der Unternehmensführung. Frankfurt am Main/Berlin/Bern/ New York/Paris/Wien.

Schaulinski, Anja (2003): Zeitmanagement von Führungskräften. In: PL 03, S. 50-52.

Schieffer, Alexander (1998): Führungspersönlichkeit. Struktur, Wirkung und Entwicklung erfolgreicher Top-Führungskräfte. Wiesbaden.

Schlesiger, Christian (2006): Neue Kräfte. Menschen mit Charisma beeindrucken allein schon durch ihre Präsenz. Forscher haben das Geheimnis des gewissen Etwas entschlüsselt. In: WW 14.08., S. 102-108.

Schlesiger, Christian (2007a): ZZZZZ... . Je hektischer das Arbeitsleben, desto mehr wird ein gesunder Schlaf zum kritischen Erfolgsfaktor. Dennoch wird seine Bedeutung weithin völlig verkannt. In: WW 29.01., S. 84-92.

Schlesiger, Christian (2007b): Zurück auf Los. Viele Manager entdecken erst in einer Sinnkrise ihre wahre Leidenschaft und beginnen dann noch einmal von vorne: Sie machen ihr Hobby zum Beruf. In: WW 23.07., S. 88-98.

Schmid, Wilhelm (2007): Lebenskunst: 4 Arten von „Glück". Warum es so wichtig ist, die Bedeutung dieses Wortes zu ergründen. In: SY 01, S. 1-2.

Schmidt, Marcus (2005): Workophil statt Workaholic. Arbeit ist Luxus, den wir schätzen sollten. In: WW 13.10., S. 114.

Schmidt, Patrick LeMont (2003): Die amerikanische und die deutsche Wirtschaftskultur im Vergleich. Ein Praxishandbuch für Manager. 5. Aufl. Göttingen.

Schmoll, Heike (2007): Bindungssicher. Kinderkrippen sind Hilfseinrichtungen für Erwachsene. In: FA 24.02., S. 1.

Schnaas, Dieter (2005): „Wir Tropen-Krulls". Philosoph Peter Sloterdijk über Athleten der Ignoranz, kosmische Idioten, die Verlierer der Globalisierung und über den Dschihad gegen den Kapitalismus in Deutschland. In: WW 19.05., S. 22-29.

Schnaas, Dieter (2006): „Nur noch Wracks". Der Kulturwissenschaftler Norbert Bolz über Opfer der Selbstverwirklichung – und die Tragödie, dass sich die Moderne nicht mit der Familie verträgt. In: WW 24.04., S. 46-53.

Schnaas, Dieter (2007a): Mindestens drei. Wie stark darf der Staat die Lebensentwürfe der Bürger steuern? Eine Streitschrift zur ökonomischen Theorie der Familie und zur Politik der Regierung. In: WW 18.01., S. 32-33.

Schnaas, Dieter (2007b): Möglichst abhängig. Karriere plus Ehe plus Kinder – geht das zusammen? In: WW 07.04., S. 96-108.

Schneck, Ottmar (1995): Management-Techniken. Techniken zur Planung, Strategiebildung und Organisation. Frankfurt/New York.

Schulz, Rüdiger (2008): Gründe für und gegen Kinder. Was Eltern und Kinderlose jeweils empfinden. In: FA 09.01., S. 8.

Schwägerl, Christian (2007): Wir müssen unsere Lebensläufe völlig neu denken. Der Demograph James Vaupel sieht den „Aufstand der Alten" als Mahnung, das verlängerte Leben für die Gesellschaft zu nutzen. In: FA 16.01., S. 31.

Schwarz, Christopher (2003a): Kleidung als Code. Was der Anzug über seinen Träger verrät – ein Führer durch den Kleiderkosmos. In: WW 07.08., S. 77-79.

Schwarz, Christopher (2003b): „Gnadenloses Spiel". Der Wuppertaler Sozialpsychologe Hassebrauck über die Rolle von Schönheit, Status und Geld auf dem Partnermarkt. In: WW 28.08., S. 86-89.

Seidel, Wolfgang (2004): Emotionale Kompetenz. Gehirnforschung und Lebenskunst. Heidelberg.

Seiwert, Lothar J. (1999): Wenn Du es eilig hast, gehe langsam. Das neue Zeitmanagement in einer beschleunigten Welt. Sieben Schritte zur Zeitsouveränität und Effektivität. 3. Aufl. Frankfurt/New York.

Seiwert, Lothar J. (2001): Life-Leadership. Sinnvolles Selbstmanagement für ein Leben in Balance. Frankfurt/New York.

Seiwert, Lothar J. (2005a): Balance Your Life. Die Kunst, sich selbst zu führen. 3. Aufl. München.

Seiwert, Lothar (2005b): Das Bumerang-Prinzip. Mehr Zeit fürs Glück. 2. Aufl. München.

Seiwert, Lothar J. (2005c): Mehr Zeit für das Wesentliche. Besseres Zeitmanagement mit der SEIWERT-Methode. 10. Aufl. Frankfurt.

Seiwert, Lothar (2006a): Das neue 1 x 1 des Zeitmanagement. Zeit im Griff, Ziele in Balance. Kompaktes Know-how für die Praxis. 5. Aufl. München.

Seiwert, Lothar (2006b): Noch mehr Zeit für das Wesentliche. Zeitmanagement neu entdecken. Kreuzlingen/München.

Seiwert, Lothar J. (2007a): 30 Minuten für deine Work-Life-Balance. 6. Aufl. Offenbach.

Seiwert, Lothar J. (2007b): 30 Minuten für optimales Zeitmanagement. 10. Aufl. Offenbach.

Seiwert, Lothar / Gay, Friedbert (2006): Das neue 1 x 1 der Persönlichkeit. Sich selbst und andere besser verstehen mit dem DISG-Modell. Der Praxisleitfaden zu mehr Menschenkenntnis und Erfolg. 3. Aufl. München.

Seiwert, Lothar J. / Konnertz, Dirk (2006): Zeitmanagement für Kids – fit in 30 Minuten. 4. Aufl. Offenbach.

Seiwert, Lothar J. / Müller, Horst / Labaek-Noeller, Anette (2006): 30 Minuten Zeitmanagement für Chaoten. 8. Aufl. Offenbach.

Seiwert, Lothar J. / Tracy, Brian (2002): Lifetime-Management. Mehr Lebensqualität durch Work-Life-Balance. Offenbach.

Simon, Walter (2004): GABALs großer Methodenkoffer: Grundlagen der Arbeitsorganisation. Offenbach.

Sinn, Hans-Werner (2005): Deutsches Dilemma. In: RM 24.02., S. 12.

Soldt, Rüdiger (2005): Von sittlicher Stärkung zum Sozialprojekt. Vor fünfzig Jahren erhielten die Familien in der Bundesrepublik zum ersten Mal ein Kindergeld. In: FA 03.05., S. 3.

Sommer, Claus-Peter (2005): Weniger ist mehr. In: WW 07.07., S. 78.

Spieker, Manfred (2006): Frauen, Familie und Beruf. In: FA 13.05., S. 7.

Spieker, Manfred (2007): Ein Instrument der Arbeitsmarktpolitik. In: FA 04.04., S. 8.

Sprenger, Reinhard K. (1995a): Das Prinzip Selbstverantwortung. Wege zur Motivation. Frankfurt/New York.

Sprenger, Reinhard K. (1995b): Mythos Motivation. Wege aus einer Sackgasse. 8. Aufl. Frankfurt/New York.

Sprenger, Reinhard K. (1999): 30 Minuten für mehr Motivation. Offenbach.

Staehle, Wolfgang H. (1994): Management. Eine verhaltenswissenschaftliche Perspektive. 7. Aufl. München.

Stehling, Wolfgang (2000): Ja zum Stress. Höchstleistungen bringen und im inneren Gleichgewicht bleiben. Frankfurt/New York.

Steindorff, Ernst (2007): Nicht en vogue. In: FA 01.03., S. 8.

Steinmann, Horst / Schreyögg, Georg (2005): Management. Grundlagen der Unternehmensführung. Konzepte – Funktionen – Fallstudien. 6. Aufl. Wiesbaden.

Stender-Monhemius, Kerstin (2006): Schlüsselqualifikationen. Zielplanung, Zeitmanagement, Kommunikation, Kreativität. München.

Stiegler, Barbara (2008): Gender Mainstreaming. In: net edition simas; Dezember 2001. Friedrich Ebert Stiftung. www.fes.de/gender/gm.htm 13.02., S. 1-5.

Stitzel, Michael (2004): Werte und Wertewandel. In: Gaugler, Eduard / Oechsler, Walter A. / Weber, Wolfgang (Hrsg.): Handwörterbuch des Personalwesens. 3. Aufl. Stuttgart. Sp. 1989-1998.

Stollreiter, Marc (2006): Aufschieberitis dauerhaft kurieren. Wie Sie sich selbst führen und Zeit gewinnen. 2. Aufl. Heidelberg.

Stricker, Katja (2006): Kassensturz. Zwei Wochen nach Gehaltseingang schon wieder Ebbe auf dem Konto? Regelmäßige Ausgabenaufstellungen helfen, Geldfresser zu entlarven und Sparpotenziale besser zu nutzen. In: karriere moneystyle Frühjahr, S. 58-60.

SY (2005a): Geld: Das Paradox des Glücks. Warum immer mehr Geld nicht noch glücklicher macht. 03, S. 1-2 (ohne Verfasser).

SY (2005b): Kommunikation: Die 5 Schutzhüllen der Dankbarkeit. So wird Ihr Alltag glücklicher. 06, S. 7 (ohne Verfasser).

Tietzel, Manfred (1993): Die Ökonomie der Natur. In: Ramb, Bernd-Thomas / Tietzel, Manfred (Hrsg.): Ökonomische Verhaltenstheorie. München. S. 387-413.

Todenhöfer, Jürgen (2002): Und wer zieht den Karren aus dem Dreck? Auch in Deutschland schaffen nur freie Unternehmer Wachstum und Arbeitsplätze. In: FA 24.12., S. 11.

Tschammer-Osten, Berndt (1979): Haushaltswissenschaft. Einführung in die Betriebswirtschaftslehre des privaten Haushalts. Stuttgart/New York.

Voigtmann, Martin (1997): Genies wie du und ich. Kreativ sein hat System. Heidelberg.

Volk, Hartmut (2003): Wie lassen sich innovationshemmende Zwänge überwinden? Auf die Behaglichkeit eingefahrener Routinen verzichten. Als Gewinn winken ein Mehr an Flexibilität, Kreativität und Motivation. In: FA 17.02., S. 22.

Volk, Hartmut (2005): Strategisch klug mit den eigenen Kräften umgehen. Der überlegte Umgang mit den eigenen Energiepotentialen steigert die Belastbarkeit und die berufliche Standfestigkeit spürbar. In: FA 05.11., S. 63.

Volk, Hartmut (2006): Zehn Schritte zur Konzentration. Sich selbst intelligent organisieren. Konzentriertes Arbeiten beschert Selbstentlastung und Selbstaufwertung. In: FA 29.04., S. 61.

Weber, Wolfgang / Mayrhofer, Wolfgang / Nienhüser, Werner / Kabst, Rüdiger (2005): Lexikon Personalwirtschaft. 2. Aufl. Stuttgart.

Wehmeier, Peter Matthias (2001): Selbstmanagement. Organisationsentwicklung und Interaktion. Sternenfels.

Wehr, Gerhard (2001): Fehlzeiten der Erziehung. In: FA 19.07., S. 8.

Welch, Jack / Welch, Suzy (2006a): Es gibt kein „richtig" oder „falsch". Ist es für eine Führungspersönlichkeit möglich, Topleistungen zu bringen und dennoch ein ausgeglichenes Verhältnis zwischen Arbeit und Privatleben zu erzielen? In: WW 27.11., S. 112.

Welch, Jack / Welch, Suzy (2006b): Wenn Kollegen garstig sind. Was macht man, wenn ein Kollege permanent bei allem und jedem dazwischenfunkt? In: WW 04.12., S. 140.

Welch, Jack / Welch, Suzy (2007): Tun Sie, was Sie sagen! Gibt es eine kurze Antwort auf die Frage, wie man Vertrauen am Arbeitsplatz aufbauen kann? In: WW 01.10., S. 146.

Welge, Martin K. / Al-Laham, Andreas (2008): Strategisches Management. Grundlagen – Prozess – Implementierung. 5. Aufl. Wiesbaden.

Welp, Cornelius (2002): Lalelu am Laptop. Immer mehr Frauen und Männer wollen beides zugleich: beruflichen Erfolg und Familienglück. Aber wie lässt sich der Wunsch realisieren? In: WW 28.03., S. 98-104.

Welp, Cornelius (2006): Subtile Signale. Hirnforscher entschlüsseln, wie Marken auf Menschen wirken und was Kunden wirklich beim Kaufen bewegt. In: WW 18.12., S. 74-79.

Werner, Erwin (2003): Schlüsselqualifikationen. Persönliche Voraussetzungen für beruflichen Erfolg. Heidelberg.

Wettach, Silke (2001): Super-GAU Trennung. Die Volkswirte haben das Glück als Forschungsgebiet entdeckt – ihre Ergebnisse bestätigen alte Volksweisheiten. In: WW 04.01., S. 40.

Wettwer, Brigitte (1996): In der Pflicht. In den Industrienationen lösen sich die traditionellen Familienstrukturen auf – Gefahr für den Wohlstand? In: WW 05.12., S. 34-46.

Weuster, Arnulf (2008): Personalauswahl. Anforderungsprofil, Bewerbersuche, Vorauswahl und Vorstellungsgespräch. 2. Aufl. Wiesbaden.

Wilhelm, Rudolf (2007): Prozessorganisation. 2. Aufl. München/Wien.

Wiswede, Günter (2000): Einführung in die Wirtschaftspsychologie. 3. Aufl. München/ Basel.

Wöhe, Günter / Döring, Ulrich (2005): Einführung in die Allgemeine Betriebswirtschaftslehre. 22. Aufl. München.

Wolf, Doris (2006): Sei willkommen, Freiheit! Nutzen Sie Ihre neu gewonnene Unabhängigkeit. In: SY Umbrüche, S. 3.

WW (2005): „Man ist nicht nur verantwortlich für das, was man tut, sondern auch für das, was man nicht tut." Laotse, chinesischer Philosoph und Begründer des Taoismus. 27.01., S. 130 (Zitat ohne Text).

Zimbardo, Philip G. / Gerrig, Richard J. (2004): Psychologie. 16. Aufl. München.

Zitelmann, Rainer (1995): Wohin treibt unsere Republik? 2. Aufl. 1995.

Züger, Rita-Maria (2005): Selbstmanagement – Leadership-Basiskompetenz. Theoretische Grundlagen und Methoden mit Beispielen, Repetitionsfragen und Antworten. Zürich.

Zugbach, Reggie von (1996): Nur Einzelkämpfer siegen. Im Team kommen Sie nie an die Spitze. Düsseldorf.

Zulley, Jürgen (2006): Von inneren Uhren bestimmt. Über die Bedeutung des richtigen Rhythmus bei der Arbeit. In: WW 22.05., S. 170.